「学校芸能」の民族誌

創造される八重山芸能

呉屋淳子

森話社

装丁　吉田勝信

「学校芸能」の民族誌

創造される八重山芸能

目次

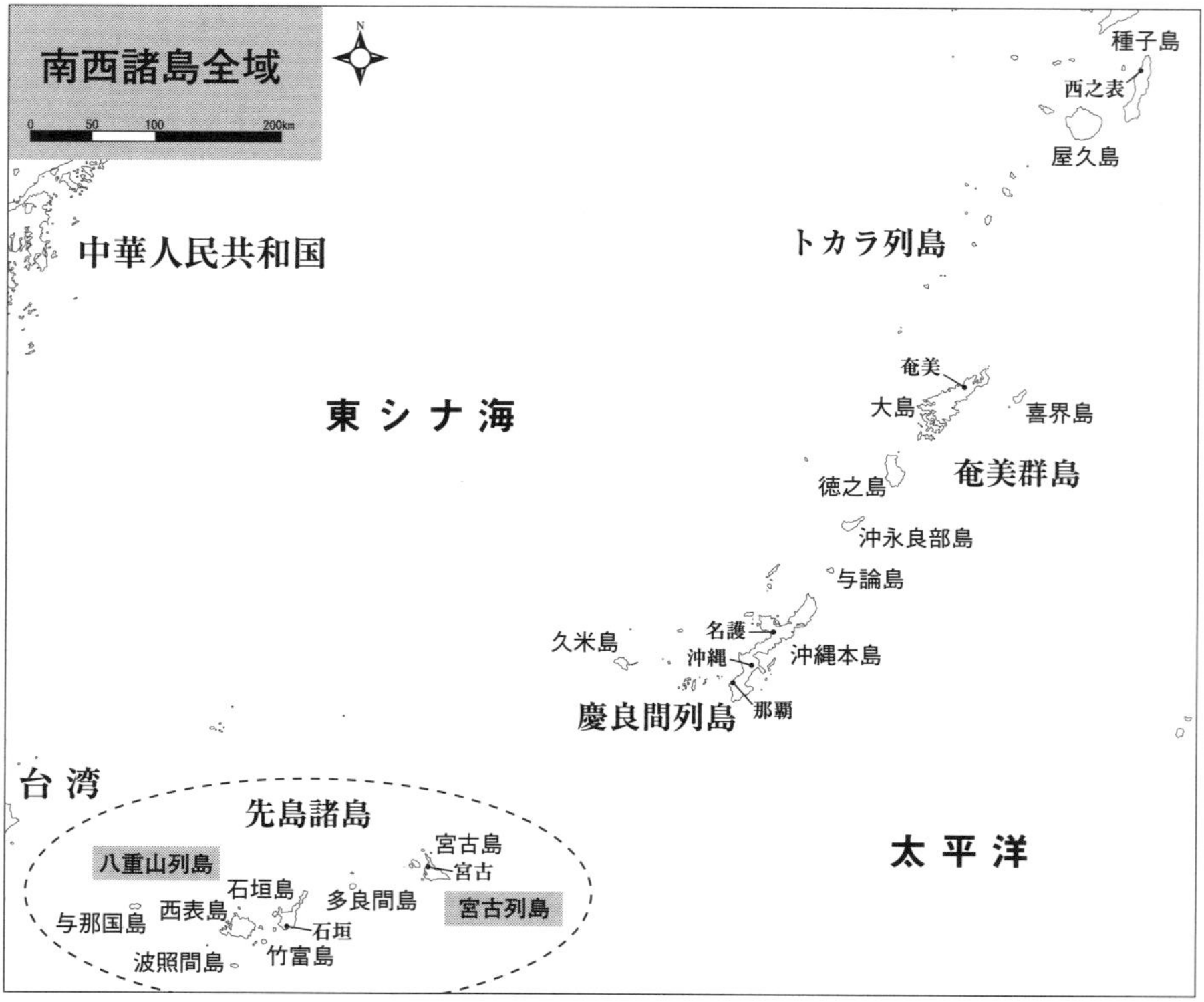
南西諸島全域
N
0
50
100
200km
種子島
西之表
屋久島
中華人民共和国
トカラ列島
奄美
大島
喜界島
東シナ海
奄美群島
徳之島
沖永良部島
与論島
久米島
名護
沖縄
沖縄本島
那覇
慶良間列島
台湾
先島諸島
宮古島
宮古
八重山列島
石垣島
多良間島
宮古列島
与那国島
西表島
石垣
波照間島
竹富島
太平洋

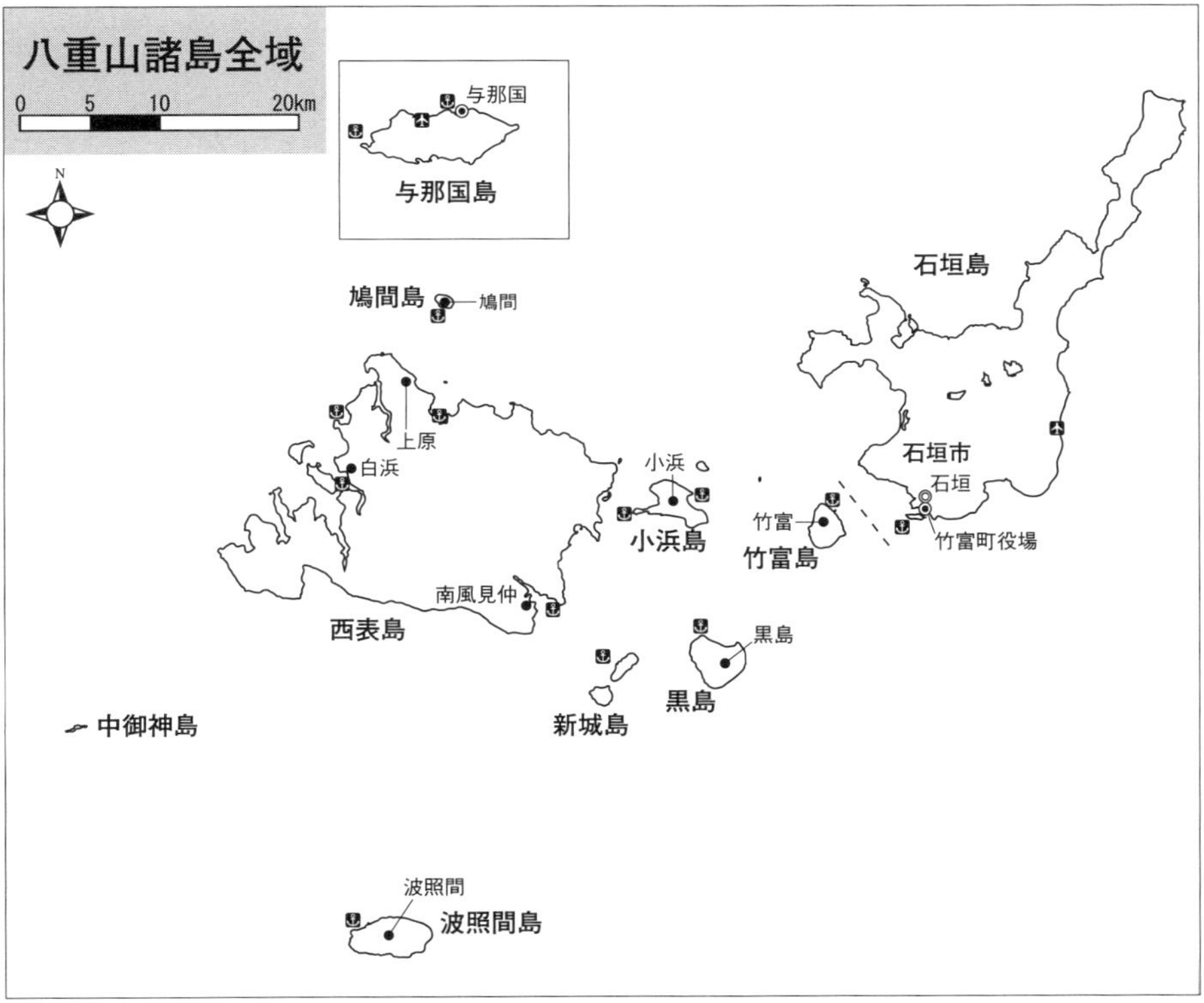

八重山諸島全域
0
5
10
20km
N
与那国
与那国島
石垣島
鳩間島
鳩間
上原
白浜
小浜
石垣市
石垣
竹富
小浜島
竹富島
竹富町役場
南風見仲
西表島
黒島
黒島
新城島
中御神島
波照間
波照間島

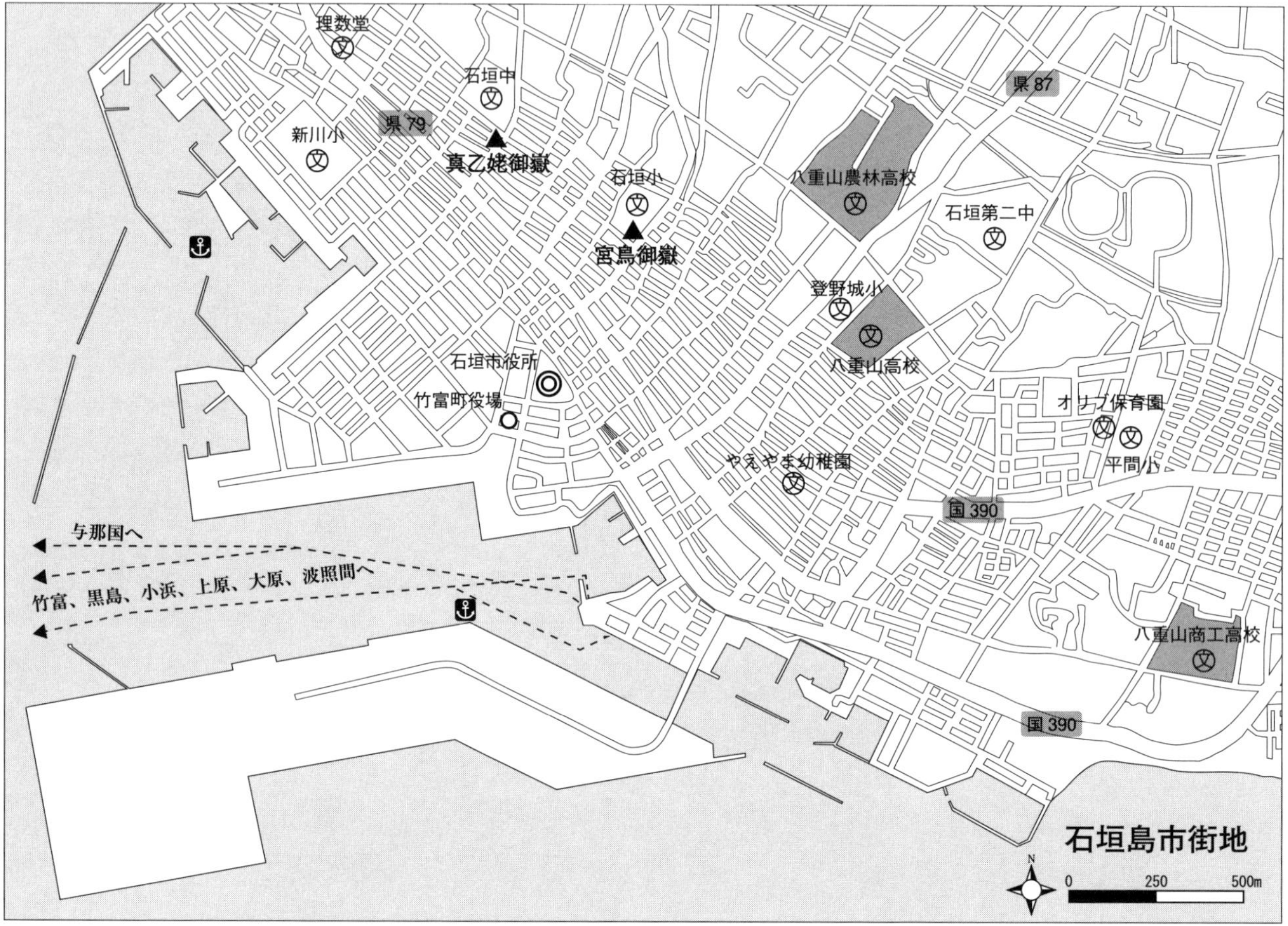
石垣島市街地
N
0
250
500m
理数堂
石垣中
県 79
新川小
真乙姥御嶽
石垣小
宮鳥御嶽
県 87
八重山農林高校
石垣第二中
登野城小
八重山高校
石垣市役所
竹富町役場
オリブ保育園
平間小
やえやま幼稚園
国 390
与那国へ
竹富、黒島、小浜、上原、大原、波照間へ
八重山商工高校
国 390

はじめに　「学校芸能」とは

近年、学校教育のなかで民俗芸能が積極的に教えられている。学校教育のなかで芸能を生徒に教える過程に注目すると、地域社会で育まれてきた民俗芸能が学校と地域社会の関わりのなかで新たに創り変えられ、新しい芸能を生み出していることがわかる。しかし、それらは、地域社会と切り離されて教授されてきたのではなく、むしろ地域社会と密接な関わりを保ちながら実践されている。つまり、学校と地域社会の相互作用によって新たな民俗芸能が生み出されている。

本書は、こうした学校で行われている民俗芸能を分析するために「学校芸能」という新しい概念を用いて、学校教育の現場から民俗芸能の継承の理解にむけた新たな視座を提供しようとするものである。また、「学校芸能」は、筆者の造語であるが、単に、学校という場で行われる民俗芸能すべてを包括するものではない。「学校芸能」は、次の三点の特徴をもつ。まず第一に、学校と地域社会の相互作用の過程で新たに創造されている点である。筆者は、本書で扱う民俗芸能の実践を真正な（Authentic）文化現象として捉えるのではなく、学校と地域社会の相互作用から生成した文化として捉えている。第二に、他の地域の民俗芸能や国の文化政策などの影響を受けながらも、地域社会の文脈のなかで展開している点である。たとえば、学校で学ぶ民俗芸能は、民俗芸能の継承基盤である村落という単位と連携しながらも、より大きな単位（国や県）からの影響も受けつつ展開している。そして第三に、地域の民俗芸能の「継承者」を生み出している点である。ここでの継承者とは、演じる側だけでなく、芸能を支える「見る側」、つまり観客をも指している。

本書では、このような特徴をもつ「学校芸能」がどのようにして生み出されるのかを示し、学校と地域社会の双方が協力し、民俗芸能の継承に力が注がれるとき、そこでは何が重要とされ、どのような取り組みが行われているのかについて考えてみたい。具体的には、八重山諸島に所在する三つの県立高校の郷土芸能部による八重山芸能の事例をもとに、学校を民俗芸能の新たな継承の場として位置づけ、現代社会における民俗芸能の継承過程を捉える必要性を指摘する［1］。

さらに、本書では、従来の「民俗芸能」に付与された「古風」「伝統的」というような言説に捉われずに、現代社会の文脈のなかで創造される芸能を民俗芸能と定義し、「学校芸能」の概念を通して、民俗芸能を「学ぶ」学校としての役割や機能だけでなく、民俗芸能を「創造する」場として学校を捉える視座を提供したい。八重山諸島という限られた範囲ではあるが、学校で新たに創造される民俗芸能を「学校芸能」と捉えることによって、学校と地域社会との関係を読み解き、学校という場がもつ多様な機能と役割の考察から、民俗芸能の持続的な継承の可能性を検討することができればと考えている。

［1］現在、「郷土芸能」は、主に学校教育のなかで教えられる民俗芸能を指す言葉として用いられている。そのため、本書では民俗芸能の概念と同じ意味で「郷土芸能」の語を用いる。

第Ⅰ部

序章　現代社会における民俗芸能と学校

一　本書の背景と目的

筆者はこれまで、民俗芸能が創造される場としての学校に強い関心をもって研究を進めてきた。こうした研究への関心は、韓国での経験がきっかけとなっている。筆者は二〇〇四年から約二年半、韓国・ソウルで伝統音楽の教育に関するフィールドワークを行ったが、多くの韓国人が「西洋音楽は好きだが、国楽には愛着を持てない」と話していたことに衝撃を受けた。ここでいう国楽とは、韓国の伝統音楽のことを指す。彼らのこうした発言は、筆者のこれまでの音楽文化に対する捉え方を大きく変化させた。

一九九〇年代後半の韓国社会は、急速な国際化が進行したと同時に、国楽を韓国の音楽文化として積極的に世界へ発信し始めた時期でもあった。一九九七年には、小学校の音楽教科課程に国楽が西洋音楽と同じ比率で導入され、「国楽教育」[1]が推し進められていった。しかし、当時の国楽はある特定の職能者によって継承されている音楽であり、日常生活で耳にすることも少なかったため、多くの韓国人にとって馴染みの薄い音楽でもあった。そのため、国楽自体を知らない教員も多く、カリキュラムに沿った国楽の教育を実施することは現実的に不可能であった。

こうした状況を受けて、韓国政府は国楽の指導方法を具体的に示した指導書の作成や国立国楽院における教員養成研修の実施を急務とし、国を挙げて国楽教育に取り組み始めた。その結果、教師たちは長期の研修を通して国楽に関する技術や知識を修得するとともに、それまで馴染みが薄かった国楽を自国の音楽として新たに認識することになった。そして、教育現場に戻った教師たちにとって国楽は、もはや「愛着を持てない音楽」ではなく、「自文化の音楽」として子どもたちに教えられていったのである［呉屋（고야）二〇〇七］。

韓国における国楽、すなわち伝統音楽は、国を代表する音楽のことを指しているため、韓国の小学校では、国によって「伝統」と決められた音楽のみが教えられた。一方で、国家のいう伝統音楽には、ある特定の地域で育まれてきたものも少なくない。しかし、そのような地域の伝統音楽は、国家によって学校教育に取り込まれていく過程で地域特有の芸能らしさが淘汰され、国家を代表する伝統音楽として新たな価値が付与された。そのため、国内各地で育まれてきたはずの独特の音楽が、その地域の音楽として教育されるという状況にはならなかった。

学校教育でどのような音楽を教えていくのかという問題については、日本においても韓国と同様の状況がみられた。例えば、東京芸術大学教授で民族音楽研究者として知られる小泉文夫と作曲家の團伊玖磨によって一九七〇年に行われた対談［小泉・團 二〇〇一］のなかに、その一面をみることができる。

小泉と團は、対談の中で一九六〇年代に訪ねた小浜島と宮古島の小学校における音楽教育について紹介している。彼らは、当時の小学校で沖縄音階の楽曲が歌われていたことを理想的な学校の音楽教育だと述べ、地域の音楽を理解した上で、西洋音楽やその他の民族音楽について理解を深めることが重要だと指摘した。特に、彼らが対談を行った時期は、西洋式の音楽教育理論を参照しながら、わらべ歌や民謡といったレベルから出発して、徐々に他の音楽へと学習を展開していくような音楽教育を確立していこうとする動きがあった［小田野 一九九六：九八］。そのため、小泉や團も日本の音楽教育を形作る上で、学校の教師たちが地域独自の音楽を理解していくことの重要性について認識していたと考えられる。

しかしながら、筆者の聞き取り調査によると、当時の小浜島や宮古島で行われていた音楽教育は、小泉や團をはじめ、当時の音楽教育界が構想していたものとはやや異なっていた。なぜなら、小浜島や宮古島の学校で歌われていた曲は、沖縄にちなんだ創作歌謡（八重山出身の宮良長包が作曲した『えんどうの花』など）が中心だったからであり、八重山では、必ずしも地域独自の音楽を採用していたわけではなかったからである。

それでは、なぜ小浜島や宮古島の小学校では沖縄の創作歌謡を歌っていたのだろうか。それにはまず、その背景である当時の政治的な状況を考慮する必要がある。当時の沖縄は米軍統治下にあったため、日本的な音楽の導入は、基本的に禁じられていた。そのため、沖縄の小学生は日本のわらべうたや民謡を知る由もなく、教えられた音楽はすべて沖縄本島におかれた琉球政府が定めたものであった。その際に採用される「地域の音楽」とは、必然的に沖縄本島で馴染みの深い音楽であり、小浜島や宮古島独自の音楽が学校教育の中に取り入れられることはほぼなかった。つまり、小浜島や宮古島の子どもたちにとって馴染みの薄い音楽が教えられていた可能性もある。そのため、小泉や團が想定した「理想の音楽教育」は、その当時でも達成されていなかったのである。

日本の学校教育制度において、小泉らが想定したような音楽教育が実際に志向され始めたのは、「伝統と文化」に関わる教育が学習指導要領に加えられた二〇〇〇年になってからである［2］。学校における音楽教育については、音楽教育や民俗音楽を研究対象にする諸学会でも注目され、伝統音楽や伝統芸能を学校教育にいかに取り入れることができるかという問題提起が行われた〔3〕。

ところが、教育課程に「伝統と文化」が取り入れられる以前から、学校教育のなかで地域の民俗芸能を実践していた学校が存在していた。それが、本書で対象とする八重山諸島である。

八重山諸島（以下、八重山）は、日本の最南西端に位置し、サンゴ礁に囲まれた自然豊かな地域である。日本の中で八重山は、沖縄県に属する一地域として位置づけられているが、その歴史は複雑である。特に、八重山と沖縄県あるいは沖縄本島（以下、沖縄）は、しばしば同じような歴史を辿っていると理解されがちであるが、実際には長期にわたって支配（琉球）と被支配（八重山）という関係が維持されていた。詳細は後述するが、八重山は、一五世紀に琉球王国の版図に組み込まれてから、琉球王府と薩摩藩という二重の統治構造によって搾取の対象となってきた場所であった。特に、約二七〇年におよぶ琉球王国による支配—被支配という琉球と八重山の関係は、八重山の文化形成にも大きな影響を与えてきたが、芸能もその例外ではない。

そもそも八重山には、農耕儀礼と密接に結びついた歌や踊りが存在したが、やがて琉球王国の統治下にあった一八世紀頃に琉球（沖縄）から伝えられた琉球古典芸能と大和芸能の影響を受けながらその形を変化させてきた。しかし、一九七二年の沖縄本土復帰以降には、より地域の独自性を強調した八重山芸能という独自の芸能が確立されてきた。

このような動きに敏感に反応したのが、学校であった。特に、戦後につくられた八重山の高等学校では、一九六四年に郷土芸能クラブ（のちに郷土芸能部に変更）が創設され、今日に至るまで活発な活動を続けている。八重山のすべての高等学校では、民俗芸能が地域と切り離されて教授されてきたわけではなく、むしろ地域社会と密接な関わりを保ちながら、新たな芸能が生み出されていた。そして、そこで生まれた新しい芸能も地域社会に受け入れられていた。

以上を踏まえて、本書は、民俗芸能を創造する場としての学校に着目し、現在、八重山諸島石垣島の県立高校で展開されている民俗芸能の創造とその継承過程を明らかにすることを目的とする。その際、学校と地域社会が相互に関わりながらなされる「学校芸能」の創造とその展開について、民族誌的なアプローチを試みる。具体的には、現地に比較的長期間滞在して行ったフィールドワークで得られたデータにもとづき、それを整理して記述するとともに、その他のさまざまな事実や資料と突き合わせて考察する。前述した通り「学校芸能」という新しい概念を用いて、学校教育が民俗芸能の新たな継承の場として加わりながら、新しい民俗芸能が創生される過程を分析していく。学校のような教育現場と地域とを包括的に捉え、現代的な文脈における文化継承のあり方について考察する。

八重山芸能は、八重山地域の人びとによって継承されてきたが、近年は学校のなかでも八重山芸能が積極的に教えられるようになっている。学校は、地域のさまざまな力が働く場であり、地域ごとの特異性が複雑に入り込む場である。そのため、学校教育では、地域の人びとによって育まれてきた八重山芸能が刷新され、「学校芸能」という新しい芸能が生み出されていることがわかる。さらに、「学校芸能」は、学校のみならず、地域における伝統芸能の一つとして展開し、かつ地域社会に受容されている。

また、本書で示すように「学校芸能」は、民俗芸能の継承基盤である村落という単位と連携しながらも、より大きな行政単位（国や県）からの影響も受けつつ展開している。特に、「学校芸能」が演じられる機会が、文化庁による施策の影響を受けた舞台を中心としているため、演じられる場や条件によって「学校芸能」に変化が見られる。そのため、本書では、文化庁による文化政策が「学校芸能」に及ぼす影響についても考察しながら、学校と地域社会の間で展開する「学校芸能」について検討していく。

二　先行研究の検討

近年は地域社会のみならず、学校でも民俗芸能の教育がおこなわれるようになっており、民俗芸能の継承をめぐる状況は大きく変化している。一九九九年には、江戸東京博物館で東京国立文化財研究所芸能部主催による民俗芸能研究協議会が開かれ、「学校教育と民俗芸能」をテーマとした議論がなされた。このことは現代の民俗芸能が、学校という場と密接なかかわりがあることを、民俗芸能研究者の多くが認識していることを示している。しかしながら、これまでの民俗芸能に関する研究では、専ら地域社会とのかかわりに着目したものが多数を占めており、学校のような教育現場で実践される民俗芸能に焦点を当てたものはいまだ少ない。

そのため、先行研究を検討するにあたり、本書の主要な考察対象である「学校芸能」を民俗芸能研究のなかに位置づけるべく、近年の民俗芸能の継承形態に関する議論を中心にみていく。まず、民俗芸能という概念をめぐる言説およびその変容について検討する。そして、民俗芸能に生ずる「見る／見られる」という行為が民俗芸能研究においてどのように捉えられてきたのかを把握した上で、「学校芸能」について検討する。それらを踏まえて、民俗芸能研究における本書の位置づけを示したい。

1　民俗芸能の概念をめぐる言説

まず、民俗芸能の概念の変遷について検討した後、本書における民俗芸能の定義を示したい。

そもそも「民俗芸能」という概念は、一体何を指しているのか。「民俗芸能」という用語について、戦後日本を代表する民俗芸能研究者の三隅治雄は、『民俗芸能辞典』の「概説」において、次のように述べている。

一民族の範囲内において、各地域社会の住民が、みずからの手で伝承してきた演劇・舞踊・音楽、およびそれに類する行動の伝承を、広く『民俗芸能』と総称したい。（中略）『民俗』とは、一般の人々が、慣習として繰り返し伝承していることばや行為、または観念のことである。したがって民俗芸能は、各地域社会において、だれそれの創作といったものではなく、その社会における前代から受け継いだ習慣として、住民一般が毎年繰り返し行っている芸能の類を意味することになろう。〔三隅 一九八一：二四〕

三隅が示した「民俗芸能」の定義について、久万田晋は、三隅の言う「一民族の範囲内」における共通の性質、様式的特徴を明らかにする必要性を指摘している。なぜなら、「沖縄や奄美の民俗芸能を扱うとき、果たして日本本土と同一の民族とみなすことが妥当なのか、アイヌや沖縄の人々は日本本土人とは別個の文化を持った独立した民族ではないのか」〔久万田 二〇一二：一〇〕という問題について言及がされていないからである。たとえば、日本民俗学は、沖縄を中心とした南島の文化が、今日の日本文化の源流あるいは基層文化であるという立場から、一世紀にわたって研究を推進してきた。その結果、「沖縄文化の独自性は、日本本土の文化と全く異質なものではなく、時間的に遡れば、日本本土の文化と何らかの意味で繋がりうるものである」〔久万田 二〇一一：一一〕と仮定されてきた。

しかし、沖縄は、歴史的には一五世紀初頭の琉球王国の成立から一九世紀末の琉球処分まで、日本とは個別の国家として隣の中国（明・清）や他のアジア諸国と外交や貿易を通じて交流を維持してきた。このような近代以前の状況のなかで成立・展開した芸能については、当然日本本土以外の地域からの文化的影響を考慮する必要がある〔久万田 二〇一一：一二〕。

また、民俗芸能という用語が使用されはじめたのは、決して古いことではない。本田安次は、民俗芸能という用語が誕生した背景について、以下のように述べている。

> 「民俗藝能」という言葉は、最初われわれが用いたと思う。昭和二四、五年のことであった。先の民俗藝術の会が、戦後名ばかりになっていたのを復興しようという相談をぽつぽつはじめ、しかし先人たちの業績ある会の名をそのままおそうよりはと、藝術を藝能にかえ、「民俗藝能の会」とした。一代若手のわれわれの会たることを明らかにしようとの趣意もあった。当時藝能の語感は、今日とやや異なっていたので、「民俗藝能」に少々おちつきなさを感じたが、あえてそれを押し通すことにした。一方、民俗藝能には、造形藝術、文藝など、藝能ならざるものも含められていたのを、一応藝能にしぼろうとする考えもあった。ともあれ、民俗藝術という言葉は、民俗藝術の会以後だが、民俗藝能と熟させたのは、われわれの会以来なのである。
>
> （傍点は筆者による。以下、特記しない場合は同じ）〔本田 一九六〇：三八〕

民俗芸能という言葉は、戦後以降に使用されたものであり、それより前は、郷土芸能、郷土舞踊、民俗芸術、民間芸能などが頻繁に使用されていたようである。戦後は、「郷土〜」の語感が中央対地方という図式を連想させ、ローカリティを強調したものとして一般的に捉えられていたため、これを払拭するために「郷土」を「民俗」に変更した点について、三隅は『民俗芸能辞典』「概説」において、以下のように説明している。

「郷土芸能」「郷土舞踊」「民俗芸術」（このほか「民間芸能」「地方芸能」なども）などさまざまの語が用いられてのちに普及するようになった「民俗芸能」であるが、この語を先行のものと替えて特に使用するようにわれわれが努めた背景には、いくつかの理由があった。その一つは、「郷土…」といった場合、戦後の昭和二、三十年ごろは、とかく、「おらが国さのわがふるさと」を連想させ、また、都会に対するいなか、中央に対する地方を思わせる語感が底にあったことである。郷土会・郷土史研究・郷土愛……いずれもどこか、おのれを生んだ土地を持ち上げ、そのよさを肩肘張って誇示しようとする趣きがあり、その気分で郷土芸能、郷土舞踊、郷土民謡などの語を使用する例が各地に多かった。また、本来、より客観的であるべき郷土史研究なども、とかくふるさとよかれのミクロな観察が先行して、「郷土研究」の名をいち早くうたった民俗学ですら、同名の使用を、学問の態度を誤解されるとして避けるほどのものになっていた。その点から、われわれの芸能研究も、単なる地方いなかの歌舞の研究でもなく、またある特定地域の芸能をのみ闡明にするものでもなく、端的にいえば、都会・地方を問わず、日本民族が構成する社会がすべてわがフィールドであり、そこに存在する歌舞のすべてがわが対象であって、ただ、どの芸能の中の伝承的部分を特に観察したいためにそうした伝承性——いいかえれば民俗的要素を豊富にたくわえている、地方の芸能を数多く研究するのだということを示したかった。つまりは、従来とかくローカルカラーという点においてのみ価値をとわれがちだった土地土地の芸能に、日本人全体の芸能の歴史にかかわる民俗資料としての意義を認めて、それより鮮明に名称の上にあらわしたい気持ちがあり、そのことからなるべくは「郷土芸能」の名を避けて、民俗資料としての内容と意義をそなえた芸能に「民俗芸能」の名をたてまつったという事情も、わたしなどにはあったのである。［三隅 一九八一：二五］

ここで示される三隅の「民俗芸能」の定義について、筆者はいくつかの問題があると考える。三隅はあえて戦前に使用されていた「郷土」という語を避け、日本全体の（民俗）芸能の広がりを視野に入れた比較研究を目指して「民俗芸能」という語を使うことになったと述べている。しかし、この語りにおける「芸能の中の伝承的部分」について、久万田は、「すなわち明治以降の近代的な意思にもとづく創作や演出ではなく、近代以前から連綿と続けられてきた庶民の日々の暮らしの中で生まれて、口頭伝承によって伝えられてきた芸能ということを意味している。いいかえれば、芸能の近代的変容の層を除いて、その下の古層ともいうべき民俗的部分に注目しようという意図がある」［久万田 二〇一二：一四］と指摘している。つまり、このような三隅の視座は、日本の各地に分布している芸能の中に、より古いもの、より古層の要素のみを見いだしていこうとする潜在的な態度を反映している。

また、それに対して橋本裕之は、三隅［一九八一：二五］と本田［一九六〇：三八］による「民俗芸能」の分類を検討し、彼らの「民俗芸能」の定義には、ストリップ、サーカス、見世物、大衆演劇、浪曲、河内音頭、女相撲などが排除されていることを指摘している［橋本 一九八九：九五］。たしかに、ストリップをはじめとするこれらの「民俗芸能」は、しばしば「郷土」「地方」「伝統」「素朴」「古風」「始源」といったイデオロギーと無批判に連結する「民俗芸能」（神楽、田楽、風流）と比較すると、異質であり、違和感があることは否めない。これらは、「巷間芸能」あるいは「大衆芸能」の範疇として捉えられることから「民俗芸能」として扱われなかったのかもしれない。しかし、橋本は、「巷間芸能」や「大衆芸能」の概念を押さえたうえで、慎重な検討を行う必要性について指摘している［橋本 一九八九：九五］。橋本のこうした議論は、従来の「民俗芸能」を捉える視点に、芸能の本質を重視する傾向があったことへの批判である。

さらに、俵木悟は、重要無形文化財に指定された民俗芸能の保存と継承に関わる検討を通して、従来の民俗芸能研究が「『民俗芸能』には、何らかの『本質』が存在する」、「その『本質』は、歴史的に不変のものであり、今後も変えてはならない」［俵木 一九九七：三四］といった、本質主義に立脚していると指摘している。こうした本質主義的理解は、何よりも現代に生きる担い手たちの多様な実践を見えなくしてしまう。このような状況について、俵木悟は、本質主義にともなう文化表象は、「民俗芸能」という無形の身体表現が超世代的に受け継がれてきた「もの」のように扱われてしまうことを指摘している［俵木 一九九七：四四］。そして、このような文化表象によって、「民俗芸能」の伝承にともなう困難や葛藤、そしてそこに見られる試行錯誤や新たな意味の発見が看過される可能性について言及している。

一方、「民俗芸能」の本質的な側面が注目されていた時期に、画期的な視座を提供した者がいた。池田弥三郎は、近代以降に誕生した芸能であっても、民俗学的考察の対象として扱われる場合には、「民俗芸能」と見なすことが可能であると主張したのである［池田 一九五四：二五〇］。橋本は池田の議論を援用し、「民俗芸能」という語が誕生した戦後という時代は、「民俗芸能」が急速に変化する転換期であったことを指摘した。そして、「民俗芸能」の目の前で起きている変化を踏まえた上で、民俗芸能の再考について課題を提示した［橋本 一九八九：一〇〇―一〇四］。

その後、民俗芸能を幅広く捉え、新たな民俗芸能研究について模索してきた橋本は、近年の民俗芸能について、民俗芸能を利用して地域を活性化しようとする近代的な観光活動を介して対象化されたものであると主張している［橋本 二〇一四：一一九］。これは、一九九二年に制定された「地域伝統芸能等を活用した行事の実施による観光及び特定地域商工業の振興に関する法律」、いわゆる「おまつり法」を背景としているという。

また、観光資源としての民俗芸能は、「伝統」「素朴」「古風」などの価値をもつものとして考えられていたため［橋本 二〇一四：一二二］、その芸能が「本物」あるいは「純粋な」ものかどうかといった、真正性（authenticity）を問われる対象となった。

民俗芸能の真正性をめぐる議論の一例として、地域社会の観光化が挙げられる。山下晋司は、バリにおいて観光用の芸能が創造される過程を論じ、観光客とそれを迎える現地の人びととの「真正性」の捉え方とそこから生じる問題について指摘している。観光客は、バリに伝統的で真正な文化を求めて訪れる。一方、バリ人にとって、観光は地域の経済開発の一環として位置づけられており、観光客とバリ人の間には観光をめぐる意識のすれ違いが生じている［山下 一九九九：一一五―一二六］。ホストであるバリ人は、観光客の前で「伝統的」な芸能を披露している。しかし、ゲストである観光客は、観光用の芸能を「偽物」だと捉えており、「本物」の芸能とは区別している。ここで重要なことは、提供された芸能が「本物」であるか「偽物」であるかということではない。むしろ、「伝統文化」や「伝統芸能」の中に「真正な文化」を見ようとする、ゲストである観光客のイデオロギー的な態度にこそ問題がある。山下は、こうした視点を、西洋近代の対極にある世界を近代文明によって失われてしまった本源的な世界として語るオリエンタリズムに他ならないと指摘している［山下 一九九六：一一〇―一一一］。

太田好信は、観光を担う側のホスト社会に注目し、ホスト社会の人びとによって文化要素に関する「真正さ」が解釈される過程を提示した。また、太田は、「伝統は連続性と非連続性の二つを共に合わせ持つ解釈のプロセスであり、本物の伝統と偽物の伝統という二項対立的把握をしうるものではない」というR・ハンドラーとJ・リネキンの議論［ハンドラー&リネキン 一九九六：一二六］を受けて、実態として「真正な」文化が存在するのではないと述べている。つねに現在における解釈の結果として「真正な」文化という考えが主張されるのである。文化や伝統はある価値体系によって解釈された結果、初めて「真正さ」を獲得すると論じている［太田 一九九八：七〇―七三］。

また、担い手による選択や主張の結果作りだされたものは真正ではないという意見がある。それに対して太田は、真正であるかどうかを判断するのはホスト社会の人びとであり、真正さは過去から発掘されるのではなく現在行われている解釈の所産であり、C・ギアーツが指摘している通り、解釈は論争の対象であり続ける［ギアーツ 一九八七：五〇］と述べている［太田 一九九八：七二―七三］。つまり、太田は、E・ホブズボウムが「創出された伝統」と「伝統」社会の慣習としての伝統を区別し、前者には「真正さ」が欠けると論じたのに対し［ホブズボウム 一九九二：一二］、文化の非本質論的な立場に立ち、どのような文化も常に解釈の結果生成すると論じたのである［太田 一九九三：四〇二］。

こうした真正性をめぐる言説は、現代社会における民俗芸能が、当事者たちが民俗芸能を「伝統文化」として相対化し、意識的に操作することによって創られる「伝統芸能」であるということを踏まえた議論の必要性を示している。たとえば、観光と深く結びついている民俗芸能は、観光を介して生成した文化、つまり観光文化の一つとしても捉えることができる［梅田 二〇〇一：一二六］。しかし、ここで注意しなければならないのは、このような観光文化には、ホスト（演じ手）がゲスト（観光客）の嗜好に応えるための民俗芸能を演じようという意図的な意識が、生まれているということである。たとえば森田真也は、沖縄県竹富島の事例を通して、島の人びとが自ら「伝統文化」（赤瓦やミンサー織など）を演出し、独自の観光資源を創り上げ、それを利用している様相を分析した。そこでは、島の人びとと自らが民俗芸能を選択し、何を観光資源として用いるかが決定されていた［森田 一九九七：六二］。つまり、「文化の客体化」の過程に当事者の選択が働いていることを示している。

以上のことから、本書では、従来の「民俗芸能」に付与された「古風」「伝統的」というような言説に捉われずに、現代社会の文脈のなかで創造される芸能を「民俗芸能」と定義する。特に、民俗芸能が創造される場において、民俗芸能の指導者や学習者が、どのような意識に基づいて「伝統」と「創作」を取捨選択していくのかに着目しながら、検討していく。

2 民俗芸能の「見る／見られる」の関係をめぐる言説

民俗学者の柳田国男は、「日本の祭の最も重要な一つの変わり目は何だったか」という議論のなかで、「一言でいうと見物と称する群の発生、すなわち祭の参加者の中に、信仰を共にせざる人々、言わばただの審美的の立場から、この行事を観望する者の現れたことであろう」と述べた［柳田 一九九〇：三八二］。柳田は、祭を「祭」と「祭礼」に区分し、前者を行為の当事者しか存在しない儀礼のことを指し、後者は、前者の「祭」に見る人が加わり「見られる」ことを前提したものであると定義した。つまり、「祭礼」とは「見られる祭」のことである。このような観客の存在を前提とすることは、現在の多くの民俗芸能が「見る／見られる」という関係性のもとに成立していることを把握する上で、最も重要な視点であるといえる。

また、観光資源としての民俗芸能の登場によって、民俗芸能は「見る／見られる」という状況のなかで行われるようになった。民俗芸能が観光を介して観光文化を生成する過程において、実践者だけでなく鑑賞者の存在も関わっているということが顕著になり、もはや民俗芸能と観光は切っても切り離せない関係である［橋本 二〇一四：一二二］。

観光資源としての民俗芸能は、無形民俗文化財との関わりも深い。橋本によれば、無形民俗文化財と観光資源という二つの社会的文脈が併存もしくは複合する事態は、地域社会における民俗芸能の存在形態に少なからず影響し、新しい文化現象が生み出される契機として作用しているという［橋本 二〇一四：一三二］。このような新しい文化現象が生み出される過程には、無意識的に伝統を受け継いでいくだけでなく、自分らしさを表現するのにふさわしい素材を意識的・主体的に取り込み創りだしていく、自らの文化を客体化する状況がみられる［久万田 二〇〇〇：六二―六三］。

また、安藤直子は、岩手県盛岡市の民俗芸能である「チャグチャグ馬コ」と「さんさ踊り」の事例を通して、民俗芸能の担い手が、観光における「真正な」文化の表象を通して「先祖が継承してきた生活を追体験できる自分たちの『伝統的』で豊かな暮らしを相対化する契機になっている」［安藤 二〇〇一：三五九］と指摘した。ここでいう「真正な」文化とは、地元の人びとによって文化が客体化され、解釈されることで真正さを獲得した［太田 一九九八：七〇―七三］文化のことを指している。また、これまで自分たちだけで担っていた行事が、観光客をはじめメディアに取り上げられ、さらに行政が発行する広報誌に担い手たちの顔が掲載されるといった経験は、地域における自身のプレステージを高めることに繋がっている［安藤 二〇〇一：三六〇］。さらに、この祭は外部からの訪問者なしでは、存続しえないものとなっているという。従来の民俗芸能研究では、このような文化現象は本来の社会的な文脈を失い真正性を欠いたものとして等閑視されてきた。しかし、民俗芸能に生ずる「見る／見られる」という行為は、文化を操作して新たなものに作り上げる「文化の客体化」〔太田 一九九三：三九一〕として捉えられる必要がある。その場合、芸能の担い手と観客の双方が芸能を作り出していく過程に注目しなければならない。つまり、担い手と観客の関係性に見られる相互作用の詳細な過程を明らかにすることによって、民俗芸能の継承に与える影響を、より具体的に検討することが可能になる。

一方、過疎化や少子化などの社会問題によって、民俗芸能の継承が困難になる場合もある。それによって、芸能自体の存続が危ぶまれることも少なくない。しかし、実際には、さまざまな試行錯誤をしながら、現実の状況を切り抜けている〔セルトー 一九八七〕。

菅原和孝らは、世襲制度における技の継承について、民俗芸能の継承形態の変容を論じている。そこでは、それまでの継承形態とは異なる新しい組織の生成が従来にはなかった競合の機会を生み出したことによって、持続的な継承が担保されている〔菅原・藤田・細馬 二〇〇五：一九九〕と述べた。技芸を競い合うことは観光の文脈とは異なるが、誰かに「見られる」ことによって他者を意識し、自らの技芸を高める機会となっていると捉えることもできる。

さらに、他者から「見られる」という行為は、民俗芸能の舞台化とも関係している。これは、観光地で行われるような舞台での演舞だけではなく、コンクールや発表会の場にも当てはめて考えることができる。民俗芸能の舞台化は、もちろん、「見る側（観客）」が楽しむことを意識したものである〔橋本 二〇一四：五八〕。エンターテイメント性が重要視される一方で、「見られる側（担い手）」にとっては、自らの芸能の技の達成度を確認する機会になる場合も少なくない。また、コンクールは、普段「見られる側」の人びとが異なる民俗芸能を鑑賞する側にもなる。つまり、このような機会は、芸能の実践者が「見られる側」だけでなく「見る側」にもなることを意味する。このとき、芸能の実践者は、舞台の上の民俗芸能に対する単なる鑑賞者ではなく、お互いの技に関心を持ち、技を高めるために意図的に民俗芸能を見ている可能性もあるだろう。

そこで、本書では、民俗芸能における「見る側」の存在意義についてSmallの「Musicking」を通して検討していく。

「Musicking」〔4〕とは、アメリカの音楽学者Smallが提案した造語で、音楽を取り巻く「すべての活動」の総称である。Smallは、「音楽の根本的な本質と意味は、音楽の対象、またはその作品にあるのではなく、この音楽を取り巻くあらゆる行為、すなわち人々が行動する過程のなかにある」と主張した〔Small 1998: 23〕。また、Smallは、「楽譜（テキスト）」や「作品」のみを音楽と捉えるのではなく、音楽が実践される場の「活動」や「出来事」をも音楽と捉えている。たとえば、演奏者がある曲を作曲し、公演に向けて練習することや、公演会場で演奏すること、そして聴衆がそれを聴くことといった一連の行為を、公演（音楽）に参加することと捉える。そして、公演を無事に行うために会場整備を行う者、チケットを売る者、さらには会場の清掃員までを含む人びとが公演に関わることによって一つの公演、つまり音楽活動が成立するという〔Small 1998: 25〕。このように、Smallが述べる「音楽活動に参加するすべての人びとの行動」によって、人びとの音楽への関心が「Musicking」、つまり「音楽をすること」を通して、音楽を体で感じたり、記憶したり、「音楽する身体」〔山田 二〇〇五：二一―三〕として個人の「身体」に内在化される〔山田 二〇〇八：二一―四〕。

Smallが提示した「Musicking」の重要な点は、音楽活動が「聴衆」を成立させる非常に重要な要素であると示したことである。たとえば、音楽活動は、演奏者と鑑賞者の両方が揃って初めて成立する。そして、演奏者と鑑賞者の間で音楽の価値が共有されることによって、その音楽活動が継承される。さらに、鑑賞者の拍手や掛け声、その他音楽活動に積極的に参画しているというさまざまな反応が、演奏者への激励となり、公演は音楽の熟達度を試す機会となる。つまり、こうした鑑賞者による「反応」は、音楽活動の継承において非常に重要な役割を担っている。しかし、鑑賞者は、定期的に音楽活動に参加し、音楽をただ聴くだけでは、その役割を充分に果たしているとはいえない。鑑賞者も演奏者と同じように、「Musicking」、つまり、音楽をするという行為を通して、音楽を楽しみ、演奏者と価値観を共有してこそ、「音楽をする」ことができるようになるからである。

このようなことから、本書では、学校と地域社会の相互作用を通して新たに創造されていく民俗芸能の詳細をみていくために、Small〔1998〕が定義する「Musicking」の視点を用いる。特に、学校における民俗芸能の教育について考察し、教授者と学習者の間の相互作用が、学校における「学校芸能」の創造過程にどのような影響を与えているのかについてみていく。これらを通して、地域の民俗芸能を継承する上で重要な担い手である「演じる側」と「見る側」の両方の育成に学校が与える影響を明らかにし、「学校芸能」の意義と可能性について議論を行う。

以上より、本書では沖縄県八重山諸島の事例をもとに、学校と地域社会が相互に作用しながら、新たに創造される芸能を「学校芸能」と捉え、民俗芸能を創造・継承する主体としての学校の機能と役割について人類学的な視点から明らかにする。

3　学校と流派の間の相互作用

近年、民俗芸能が豊富な地域においては、その指導者として教職員以外の者、例えば、地域で芸能を指導する人材や職能として芸能活動を行う芸能家が、教育活動に参与するといった事例が顕著に見られる。これは、文部科学省（以下、文科省）による、学校と地域との連携を目的に「地域力」を活用した教育活動の積極的な取り組みを背景としている。

一方、多くの芸道には、師匠と弟子の関係性のなかで継承されている「型」が存在する。安部崇慶は、学校教育で伝統芸能を教授する場合における「型」の継承をはじめ、その教授方法や思想についても検討を行う必要性を指摘している。芸道の世界は、「型に入りて型を出る」という伝統的な思想を基盤としてきた［安部 二〇〇八：三五］。そのため、学校教育に導入された芸道をみる場合は、技芸の教授構造について留意する必要があるという。安部のこのような指摘は、従来の教育学研究が西欧のパラダイムを重視したことによって、日本社会における稽古の思想的概念が等閑視されてきた［安部 二〇〇八：三六］ことへの批判的な意見を含んでいる。

沖縄圏域においても、「流派」の師匠と弟子によって構成された「舞踊・三線《さんしん》研究所」といった修練の場が戦後に登場し、技の継承過程においては日本の家元と共通する側面を有している。しかし、沖縄の芸能は、日本の芸能の影響を大きく受けながらも、技を継承する主体を特定の継承者に限定せず、一般の人びとにも参入を認めてきた点に特徴がある。

このような沖縄特有の伝統芸能の継承形態は、多くの一般人の参加を可能にしたが、他方で技の正当性や伝統性を問う「流派」間の熾烈な競争をも生み出した。それゆえ、技の担い手は「流派」を意識した活動を展開してきた。このような「流派」の影響は、教育現場で伝統芸能を教授・学習する過程においても顕著に現れている。たとえば、公的な教育機関である学校であっても、学習者は自身がこれまで学んできた「流派」とは異なる指導者から技の教授を得ることができない場合もある。

しかしながら、安部も指摘したように、学校教育の場における「型」や「流派」が伴う芸道の教授構造については、ほとんど論じられてこなかった。本書では、『高等学校学習指導要領』の改変や教育課程の特徴など、教育現場における芸能教育の外面的な構造を概略的に示すだけではなく、伝統芸能の技や知識が教授・学習される過程で、学校と流派の間に働く相互作用にも注目しながら考察する。その際、流派以外の研究所を含む地域社会との相互作用も考慮に入れる。

三　調査概要

本書は、主にフィールドワーク（参与観察・聞き取り調査）と文献史料調査に基づいている。以下では、八重山諸島に所在する県立高校を主な観察対象として選定した背景について、予備調査の過程から説明し、調査方法について述べる。

1　主要な考察対象の選定

筆者は、二〇〇八年一月から沖縄県内の県立高校における民俗芸能の教育に関する予備調査を開始した。沖縄県には六〇校の県立高校があり〔5〕、そのうち、普通科に郷土文化コースを設置し、そこで伝統芸能の教育を必修科目として行う高校が一校［6］ある。

一九九三年度四月に郷土文化コースが開設された、右の沖縄本島内の公立高校には、沖縄の伝統芸能を学ぶために沖縄本島をはじめ宮古・八重山諸島など沖縄県全域からの入学希望者が集まっている。沖縄全域からの生徒を募っている一方で、定員は一クラス四〇名と少数である。また、入学するためには、技芸既習得についての条件は明記されていないが、入試では実技試験が実施されるため、ある程度の技芸を習得した生徒が必然的に集まってきている状況である。郷土文化コースを卒業した多くの生徒が、沖縄県立芸術大学琉球芸能専攻［7］に進学していた。卒業後は、琉球古典芸能の実演家として活動する者も少なくない。

沖縄の伝統芸能、特に琉球古典芸能が公立高校や大学などの教育機関で教えられるようになって、二〇年余りが経過している。しかし、琉球古典芸能の保存・継承をめぐる課題を含む状況は、改善されていないと言われている。戦後間もなく、琉球古典芸能は、地元新聞社の支援を受けて復興した。その後、多くの稽古場も開設され、技芸の継承活動が活発になった。このような状況からは、芸能の保存・継承をめぐって問題が生じているとは、想像することができなかった。

ところで、筆者は、当時、特別非常勤講師［8］として勤めていた沖縄県内の公立高校の校長から、「八重山は歌も踊りも盛んだから、一度、八重山の高校も見てみなさい」とアドバイスを受け、二〇〇九年三月に一泊二日の日程で石垣島を訪ねた。最初に訪問した八重山高校で、郷土芸能部の設立年度や現在の活動について、校長仲盛広信氏から説明を受けた際、八重山高校の郷土芸能部が一九六〇年代に創部され、一度も途切れることなく活動を行っていることを知った。また、八重山農林高校（以下、農林高校）と八重山商工高校（以下、商工高校）にも郷土芸能部があり、その設立は八重山高校の影響を受けていたこともわかった。現地で紹介を受けた農林高校の図書館司書山根頼子氏を訪ねて郷土芸能部の活動について話を聞き、郷土芸能部の生徒たちが石垣島の祭祀儀礼の場で芸能を奉納していることや、数年前から山根頼子氏が舞踊の指導を行っていることなど、具体的な活動について知ることができた。さらに、一七時から一九時までの二時間、実際に部活動を調査することができた。筆者は、生徒たちの活動を見学したあと、踊り手の生徒二、三人に、活動歴や出身地域など、簡単な質問を行った。また、筆者は、郷土芸能部の顧問の東内原聖子氏からも話を聞くことができた。東内原氏が郷土芸能部のOBだったことから、筆者は東内原氏が部活動に所属していた一九九七年からの三年間の活動と、顧問として関わるようになった経緯について話を聞いた。

翌日、東内原氏の恩師張本直子氏［9］が勤務するという商工高校を訪ねた。筆者を出迎えてくれた音楽教科を担当する張本氏は、農林高校の郷土芸能部元顧問を七年間務めていたが、商工高校赴任後は、音楽科目で三線の指導を行っていた。張本氏は、沖縄本島から石垣島の高校に音楽教員として赴任以降、琉球古典舞踊以外に八重山舞踊と八重山古典民謡を習っていた。しかし、商工高校の郷土芸能部の指導には関わっていなかった。筆者が、郷土芸能部に関する話をした際、郷土芸能の詳細については商工高校の外部講師の岡山睦子氏に会うように勧められた。岡山氏は、二〇〇七年まで商工高校に勤めていた養護教諭である。筆者は、予備調査中に岡山氏に会うことができなかったが、商工高校の郷土芸能部について、顧問一年目の養護教諭の渡久山由希氏から話を聞くことができた。

以上、この一泊二日間の予備調査で、石垣島に所在する三つの高校の四名の教員や郷土芸能部の部員数名から得られた情報を整理、分析する過程で次の六つのことが明らかになった。①八重山諸島の高校（以下、三高校）では、沖縄県内の公立高校のなかで最も早い時期から郷土芸能部が結成されていた。②八重山諸島は古くから

「歌と踊りの島」と呼ばれてきたが、かつて、学校で民俗芸能を教えることは、教員や島の人びとから否定的に捉えられ、容易に行うことができない時期があった。③一九六〇年代の誕生以降、八重山の三高校の郷土芸能部は、現職の教員あるいは退職した教員によって指導が行われている。④三高校の郷土芸能部が結成された当初は、現在のような八重山の民俗芸能を中心としたものではなく、琉球古典芸能を積極的に行っていた。しかし、一九七〇年代以降は、琉球古典芸能の活動から八重山の民俗芸能にこだわった活動へ変化した。⑤三高校の郷土芸能部は、全国高等学校総合文化祭に一九八二年から沖縄県代表として参加している。現在は、三高校とも全国大会出場校として関心が向けられ、八重山諸島内部で評判になっている。⑥教育課程のなかに八重山芸能に関する内容が科目として設定され、教育が行われている。

八重山諸島は民俗芸能への親しみがあるばかりでなく、「歌と踊りの島」というイメージから脈々と芸能が受け継がれている地域だと、島の人びとや島を訪れる人びとから認識されてきた。しかし、芸能を継承・創造する主体としての学校の機能や役割については、明らかにされていない。このような理由から、八重山諸島の高校で展開した郷土芸能部を主要な考察対象とすることによって、現代八重山諸島における八重山芸能の継承形態の実態と円滑な継承を可能にさせる構造を明らかにすることができると考えた。

また、本書は、学校における民俗芸能の継承過程の考察を通して、民俗芸能の継承と創造をめぐる議論を再考することに主眼を置いている。八重山諸島という限られた範囲ではあるが、琉球古典芸能に対置された八重山芸能が、学校で継承される過程を通して、民俗芸能の新たな継承形態を生成し、新たな民俗芸能を創造していく過程を捉えることができればと考えている。

2　フィールドワークおよび資料収集

フィールドワークは、二〇〇九年から二〇一二年までの間の約三年半に亘り、八重山諸島石垣島に所在する八重山高校、八重山農林高校、八重山商工高校で行った。また、長期滞在地として、石垣島の市街地から一二キロ離れた東海岸に位置する白保集落で、二〇〇九年七月から九月までの約二ヶ月間、二〇〇九年一二月から二〇一〇年三月までの約三ヶ月、二〇一〇年七月から二〇一一年三月までの約八ヶ月、合計約一三ヶ月間を過ごした。また、白保集落は、先述した農林高校の郷土芸能部の顧問東内原氏の出身地であったことから、東内原氏の家族や親戚の方の協力を得て、集落内での聞き取り調査や祭祀儀礼の参与観察を行った。さらに、白保集落の小学校と中学校において、民俗芸能の実践に関わる授業や部活動の参与観察および教員への聞き取り調査を行った。

学校における聞き取り調査は、主に三高校の郷土芸能部の生徒およびＯＢ、顧問、加えて、現職の教員や非常勤講師、そして退職者を対象に行った。また、学校のみならず、成果発表の場である郷土芸能大会（県大会・全国大会）も調査の対象に加え、大会を主催する側から提示された参加条件に対する教師や生徒たちの解釈や対応、大会出場に向けた教師や生徒に対する地域社会の反応を調査し、考察した。そして、大会出場に向けた取り組みや活動の方向性について調査することによって、民俗芸能の教授や継承過程に見られる諸特徴が、「学校芸能」の創造と展開にどのように影響しているのかについて分析した。これにより、ある民俗芸能が学校に取り込まれ、新たな継承形態が生成されるプロセスを、学校と地域社会の相互作用から検討することを試みる。

聞き取り調査は、個人のこれまでの簡単なライフヒストリーを語ってもらったあと、あらかじめ用意した質問項目に従って行った。その際、個別のライフヒストリーの中で語られたそれぞれの状況に留意しながら聞き取りを行った。録音の許可を得られた場合は、会話を録音したあと逐語記録を作成した。録音の許可が得られなかった場合は詳細なメモをとり、そのつど整理した。また、インフォーマルな会話で得られた情報もなるべくそのままノートに記し、データとして用いた。

また、調査期間中は、聞き取り調査以外にも文献資料に関する調査も行った。現地の図書館や高等学校において、沖縄県高等学校文化連盟会報誌、記念誌、学校要覧、学校新聞、卒業アルバム、音楽教科書、沖縄県発行の副読本、市史、町史、字誌、地方紙、市役所発行の広報誌、郷土史家が記録したさまざまな資料などの一次資料を収集した。また、文部科学省の高等学校学習指導要領（解説、本文、資料）、沖縄県教育委員会発行の教育振興基本計画などの資料は、高等学校の教育計画を把握するための参考資料として用いた。

四　本書の構成

本書は、三部構成となっている。第Ⅰ部では、民俗芸能の継承をめぐる先行研究を検討し、その問題点と課題を明らかにする。

第一章では、調査地の地理と歴史について概観する。まず、八重山が琉球王国の支配下におかれ、長期間にわたって従属的な地位に置かれていたことを、先行研究をもとに示す。また、八重山が、沖縄県の一部として沖縄戦を経験し、米軍統治期や日本本土復帰を経る過程でどのような立場に置かれていたのかについて考察する。八重山と沖縄の間に生じる関係性を明らかにした上で、戦後八重山において展開した学校教育についてみていく。

第Ⅱ部では、八重山の歴史的、社会的、文化的背景が沖縄県の歴史のなかでどのように位置づけられ、またどのように異なっているのかについて指摘し、八重山芸能の成立過程について明らかにする。

第二章では、琉球王国時代における八重山と琉球（沖縄本島）の関係性に注目し、歴史資料をもとに、外部社会との交流が八重山の芸能に与えた影響について明らかにする。また、戦後の沖縄と八重山で芸能の普及に大きな役割を果たした「研究所」に着目しながら、芸能を継承する場の変化について指摘し、「研究所」からの影響を受けながら八重山芸能が創造される過程について考察する。

第三章では、一九六四年に八重山の高等学校で八重山芸能クラブの立ち上げに関わった教員の経験の聞き取り調査を通して、八重山芸能が学校にどのように導入され、定着するに至ったかを検討する。また、学校で八重山芸能が受容される過程で、学校と地域社会が相互に関わり、八重山芸能をどのように継承しようとするのかについて、事例を通して明らかにする。

第Ⅲ部では、学校で新たに創造され、展開していく八重山芸能を「学校芸能」という視角から考察する。その際、沖縄県や国、特に沖縄県高等学校文化連盟や全国高等学校文化連盟および文化庁から受ける影響に着目する。そして、八重山芸能が学校に取り込まれ、「学校芸能」が創造される過程で新たな継承形態が生成されるプロセスについて考察する。

第四章では、「学校芸能」の創造とその展開を明らかにする手がかりとして、学校と地域社会、全国高等学校文化連盟、沖縄県高等学校文化連盟、そして文化庁の四者間の関わりに注目し、全国高等学校総合文化祭の開催が高校生の文化活動、特に郷土芸能部の活動に与える影響について考察する。まず、全国高等学校文化連盟の設立と全国高等学校総合文化祭が開催されるに至った経緯について整理する。そして、沖縄県高等学校文化連盟の設立と地方大会である沖縄県高等学校総合文化祭および沖縄県高等学校郷土芸能大会の実態について把握する。

その際、過去の大会資料だけでなく、聞き取り調査で得られたデータからも検討する。これらの検討を通して、県郷土芸能大会に参加する生徒や教師、そして地域社会の取り組みについて明らかにし、高校生の文化活動に与えるコンクールの影響力について考察する。

第五章では、近年の『高等学校学習指導要領』改訂に伴う教育課程の編成に注目しながら、学校教育で八重山芸能がどのように教授されているのかについて考察する。その際、八重山芸能の指導者や授業内容を検討し、そこでは何が重要とされ、どのような取り組みが行われているのかについて考察する。また、指導者の採用をめぐる問題についても注目し、特に、沖縄県の教育庁〔10〕との関係やその影響についても、筆者が行ったフィールドワークで得られたデータをもとに示す。これらを通して、八重山における「学校芸能」の創造と展開に、正規の教育課程がどのように関係しているのかを考える。

第六章では、八重山の三高校の郷土芸能部で行われている「学校芸能」の創造と展開についてみていく。その際、八重山芸能が学校に取り込まれ、「学校芸能」が生み出されるプロセスを、学校と地域社会の相互作用から検討する。これらの検討を通して、民俗芸能を継承・創造する主体としての学校がもつ機能と役割について明らかにする。

終章では、結論として、民俗芸能研究においてほとんど注目されてこなかった学校の機能と役割の検討を通して、学校を民俗芸能の継承形態の一つとして捉える必要性を指摘する。そして、学校で「学校芸能」が創造されながら展開される過程を通して、学校が地域の民俗芸能の継承者を生み出していることを明らかにし、さらに、それが民俗芸能の継承に与える可能性について述べる。

［1］韓国では、自らの伝統音楽一般を指す用語として国楽という言葉が多く使われている。しかし、国楽を教育するという考えは、一般的ではなかった。国楽が学校教育で扱われるようになって初めて「国楽教育」という新しい音楽教育の一分野が誕生した［呉屋 二〇〇八：五六］。

［2］二〇〇〇年の『高等学校学習指導要領』改訂により学校における音楽教育は、新学習指導要領が小中学校では二〇〇二年度から、高等学校では二〇〇三年度から完全実施され、教科目標に「音楽文化についての理解」が盛り込まれるなど、日本における伝統音楽の指導をめぐる環境がにわかに変わり始めていた。

［3］二〇〇三年に日本音楽教育学会関東支部と東洋音楽学会が合同で開催した例会では、「音楽を『教えること―実践と研究の立場から―』」と題したシンポジウムが開かれた。その際、「伝統音楽の教育現場に音楽学の側からどのようなアプローチが可能か」について討議され、学校音楽教育の研究者の間でも積極的に議論された［永原 二〇〇三、澤田 二〇〇三など］。

［4］'music' の動詞に 'ing' を付けて 'musicking' と動名詞化したものである［Small 1998: 9］。

［5］二〇一三年度の沖縄県教育員会高等学校一覧には、私立高校五校が含まれた六五校が記載されている。学校で継続した民俗芸能が行われる際、指導者である教員の移動状況について注目する必要がある。そのため、本書では、移動が比較的行われない私立五校を含めず、六〇校の公立高校のみを研究対象とし、考察した。

［6］一九九三年、琉球古典舞踊、琉球古典音楽、古武術、琉歌・方言、郷土史の五科目が学べるコースが、沖縄県立南風原《はえばる》高等学校に導入された。

［7］沖縄県立芸術大学は、琉球古典音楽・舞踊・組踊を専門的に学べる琉球芸能専攻を有していることで知られている。また、同専攻では、八重山芸能に関する教育は行われていない。

［8］筆者は、二〇〇八年四月から二〇〇九年三月まで、韓国語の非常勤講師として沖縄本島中部にある沖縄県立高校に勤めていた。筆者は、沖縄県の高等学校における民俗芸能の教育に関する調査研究について、当時勤務していた校長に相談し、調査対象である沖縄県内の高等学校を紹介していただいた。

［9］東内原氏は、一九九七年度から二〇〇一年度まで郷土芸能部に所属していた。東内原氏が郷土芸能部で活動していた期間

の顧問が張本氏であった。

［10］教育庁は、各都道府県の教育委員会におかれた事務局の呼称の一つである。現在、青森県、宮城県、新潟県、千葉県、東京都、京都府、岡山県、島根県、大分県、沖縄県では、教育庁と称している。

第一章　**調査地概況**

八重山は、日本列島の西南端に位置している。行政的には沖縄県に属するが、沖縄本島とは四〇〇キロ以上離れている上に、かつて本島を中心に成立した王権によって辺境とみなされてきた地域でもある。また、日本本土からみても遥か南方に位置するこの島々は、二重の意味で中央の政治から離れた周縁に位置している。このことは、八重山の民俗芸能に大きな影響を与えてきた。

八重山は、複数の離島から成り立つ「八重山文化」を形成してきたため、沖縄本島の人間からみると異なる文化をもつと位置づけられていることが多い〔宮城 一九七二〕。そして、八重山の人間にとっても、沖縄本島の文化は自文化と異なるものとして認識されている。

ここで、筆者が現地調査で経験したエピソードを紹介したい。石垣島の商店で、「あんた、那覇から来たのか?」と尋ねられ「本島からきた」と返すと、決まって返事は「那覇の人だね」と返ってくる。八重山では、沖縄本島のことを「那覇」と呼んでいる。沖縄本島出身であっても、厳密には那覇市出身でない筆者としては違和感があるため「違う」と答える。しかし、八重山の人びとには、「那覇の人」として認識されるため、筆者は常に「那覇の人」として扱われることになる。筆者が最も驚いたのは、生まれも育ちも石垣島の若者同士が「お前は多良間（石垣島と宮古島の中ほどに位置する島）の出身だろ」と言って、ルーツを確認し合う場面に遭遇した時だった。その若者の祖先は、琉球王国時代に多良間島から石垣島へ移住していた。何百年前のことですら、現代の八重山を生きる人びとの間で、自らと他者とを区別する指標となっている。

このように、「八重山」も地図上の八重山全域を包含する概念では必ずしもない。その諸島内部においても相互を区分する用語が存在し、島や集落のレベルまで区分されることも少なくない。津波高志が指摘するように、八重山の人びとにとって「沖縄」とは、シマ（集落）のレベルから層状的に積み重ねられてゆく地域概念のあるレベルにおいて、自らの地域に対置されるものとして登場する地域概念であり［津波　一九九六：四四九―四五〇］、決して、県としての沖縄ではないのである。

以上を踏まえ、本章では、八重山芸能の継承基盤である地域社会と学校について把握する上で、必要な情報を示す。

一　沖縄県八重山諸島

八重山は、沖縄本島より約四一〇キロ離れた東シナ海に位置し、サンゴ礁に囲まれた有人島（小浜島・竹富島・西表島・黒島・鳩間島・波照間島・与那国島）と無人島からなる島嶼群である。有人・無人島の総面積は、約五八二平方キロであり、これは沖縄県全面積の約四分の一に相当する。また、主島である石垣島から約一一〇キロ離れたところに位置する与那国島は、現在日本最西端として知られ、台湾国境に接している。戦前の与那国島は、台湾の経済圏にあったことや、八重山のなかでも独特な文化を形成していたことが明らかになっている。そのため、現在でも与那国島は、石垣島をはじめ近隣の有人島とは歴史的、文化的に全く異なる地域として八重山内部の人びとから認識されている。

行政区域は、石垣市（石垣島）、竹富町（竹富島、西表島、鳩間島、小浜島、黒島、新城島、波照間島）および与那国町（与那国島）の一市二町に分かれ、人口は約五万二〇〇〇人（二〇一一年度時点）である。

八重山は「八重山合衆国」［三木 二〇一〇］と呼ばれるほど、島外からの移民によって形成された「移民の島」である［1］。琉球王国の時代は、沖縄本島や宮古島から多くの開拓移民（詳細は次節で述べる）が来島した。そして、戦後を迎えると、戦地や日本本土の疎開先から引き上げてきた者の他に、一九五〇年代から一九六〇年代にかけて当時の琉球政府が推奨した農業移民として政府計画移民者が多数流入している［八重山地方庁編 一九六七］。このような農業移民者の流入によって、戦後の八重山の人口は急増し、一九六五年には全人口が約五万二一〇〇人にまで増加した。しかし、沖縄の日本本土復帰以降、中学・高校を卒業した若者が集団就職のため島を離れ日本本土へ移住するようになり、一九七五年には四万二八〇人まで減少した。その後、一九八〇年代には人口減少に歯止めがかかり、しばらく横ばいの状況が続いた。そして、二〇〇〇年以降は、「移住ブーム」により石垣市の人口は増加したが、竹富町と与那国町は減少傾向にあり、八重山圏域内の人口が石垣市に偏る傾向が顕著となっている（『八重山要覧』二〇〇八年度版）。

石垣島南部の比較的平坦な地域には、「四カ字《しかあざ》」または「四カ《しか》」と呼ばれる四つの字（登野城、大川、石垣、新川）が存在し、ここは、近世以降、八重山の行政、教育、交通、商業上の中心地として機能してきた。「四カ」では「四カ字豊年祭」と呼ばれる四つの字合同の農耕儀礼が行われる。四つの字のちょうど真ん中に位置する真乙姥御嶽（マイツバオン）で豊作祈願を行い、地域の芸能が奉納される。その際、農林高校の郷土芸能部による奉納芸能も行われている。

また、八重山では、集落公民館を中心にして地域コミュニティの代表者らが集まり、「地域憲章」を設けるなどの施策を行っている［呉屋 二〇一一：四］。集落公民館は、日本本土の公民館制度とは異なる背景をもち、沖縄で独自に普及した［2］。ここで注目したいのは、八重山内部の自治組織の特徴が、行政機関の末端機関としての機能を担うものではなく、市長と公民館長が対等な立場を保ちながら、祭事・行事の実施、住民の合意形成の調整を行う点にある。これは、沖縄本島や宮古とも異なり、八重山独特の自治組織である。

八重山の自然環境は、島民の生活や経済を厳しくする要因でもあった。八重山は、亜熱帯海洋性気候に属している。八重山の周囲を流れる黒潮の影響を受け、一年間の平均気温は二三・八度、降雨量の平年値（一定期間の観測値の平均）は二〇六一ミリと多い。このような気候は、マラリアの発生を誘発し、琉球王国時代からマラリア感染によって村落が壊滅するという状況を引き起こす原因になっていた。村落が壊滅してもなお、人びとがそこで生活をしなければならなかったことは、次節で述べる琉球王国時代に八重山に課せられた人頭税《にんとうぜい》と深く関係している。

八重山の主な産業は、観光業［3］、牛を中心とした畜産、サトウキビを主体とした農業であるが、台風常襲地帯であるため、自然災害による直接的な被害が避けられない。かつて、サトウキビの不作によって島の生活は大きなダメージを受け、労働力である若者が出稼ぎ移民として島外に流出する事態を引き起こした。

このように、八重山は、沖縄本島と類似した気候風土と地理的状況にあるが、歴史的、政治的にはきわめて異なる状況にあった。特に、八重山は、琉球王国時代から、宮古諸島とともに琉球王府の辺境の地として、政治変

<table>
<tr><td colspan="3">12世紀―16世紀</td><td>17世紀―18世紀</td><td>19世紀―20世紀</td><td colspan="3">20世紀―21世紀</td></tr>
<tr><td colspan="3">古琉球</td><td>近世琉球</td><td>近代沖縄</td><td colspan="2">戦後</td><td>本土復帰</td></tr>
<tr><td rowspan="2">グスク時代</td><td rowspan="2">三山時代
（北山・南山・中山）</td><td colspan="2">琉球王国</td><td rowspan="2">沖縄県</td><td colspan="2">米軍統治</td><td rowspan="2">沖縄県</td></tr>
<tr><td>第一尚氏
第二尚氏</td><td>第二尚氏
（薩摩藩支配）</td><td>八重山群政府
八重山民政府</td><td>琉球政府</td></tr>
</table>

表①　琉球・沖縄の歴史区分（［新城 1999］を参照し、筆者作成）

動の影響を強く受けてきた。

二　八重山の歴史的背景

現在の沖縄本島と八重山の関係を考えるには、古琉球の時代まで遡る必要がある。以下、表①に基づきながら、八重山の歴史を沖縄との関係を踏まえながら概観していく。

古琉球は、現在の奄美諸島から南西諸島までの弓なりに連なる琉球弧の島々が、一つのまとまった国家を形成するための準備期であった。この時期の琉球弧文化圏の各地域には、按司《あじ》と呼ばれる権力者がグスク（城）を築き、複数の勢力圏が形成された。

一四世紀初頭には、沖縄本島に北山《ほくざん》国、中山《ちゅうざん》国、南山《なんざん》国と呼ばれる小国家が成立した。この頃、農業と東アジア諸国との貿易で得た富を基盤とした地方領主である按司が台頭し、抗争を繰り返していた。また、これらの三つの小国家は、それぞれが独立国家として中国（明朝）に入貢し、独自の貿易を行っていた。しかし、尚巴志という人物によってそれらの小国は滅ぼされ、一四二九年に第一尚氏王朝が築かれ、琉球王国が誕生した。

宮古・八重山でも、一五世紀まで按司が存在し、一定の政治体制が構築されていたが、琉球王国の誕生によって状況は大きく変化した。琉球王国の勢力が強化されると、宮古・八重山は一六世紀半ばには琉球王国の領土となった。琉球王府の治世下に入った八重山には、王府が八重山を統治するための出先機関として蔵元《くらもと》と呼ばれる政庁が置かれた［4］。

しかし、一六〇九年、琉球王国は、薩摩藩による琉球侵攻によって、薩摩の直接支配下に置かれた。琉球侵攻後の宮古・八重山には、琉球と薩摩藩の役人が駐留するようになり、人びとを監視した。やがて、宮古・八重山の人びとには、人頭税が課せられ、厳しい生活が強いられるようになった。人頭税とは、宮古・八重山の一五歳から四九歳までの男女を対象に課された税のことであり、男性は米を、女性は織った布を年貢として納めることが義務づけられた[5]。人頭税制度は、各島々の自然環境を考慮せずに実施されたため、水田が作れない島の人びとが近隣の島に舟で渡り、生活の拠点ではない島で労働する「通い耕作」という状況を生み出した。たとえば、西表島は、恵まれた自然環境から「通い耕地」の対象地となり、近隣の黒島や竹富島から多くの人びとが耕作を目的に渡ってきた。黒島から西表島までの距離は、約一〇キロであり、当時は五、六時間かけて手漕ぎの舟で渡った。農繁期には田小屋を作り、そこで寝泊まりをしながら水田耕作を行っていた。

一方、王府は、役人たちを通して住民を監視するだけでなく、大規模な開拓移民政策も行っていた。人口の多い島から一定の数の島人を未開墾地へ強制移住させ開墾に当たらせたのである。八重山のなかでも西表島や石垣島の中央部の原野は、古くからマラリアが頻発する地域であったが、王府はこれらの地域にも強制移住を実施し、多くの人びとがマラリアで死亡し、集落が全滅した。それでもなお、王府による開拓移民政策は継続され、沖縄本島や宮古島から多くの人びとが稲作の適地へ強制移住させられた。

さらに、一七七一年には、地震と津波が八重山を襲い、津波によって当時の八重山の全人口の約三分の一にあたる九三〇〇人余の命が失われた。それを受けて琉球王府は、安定した年貢の徴収を維持するために、被害の少ない地域から人を分け移す「島分け」という政策を実施した。島分けとは、ある一つの島の住民を二分し、一方はそのまま島に残し、残りの人びとを新しい村の開拓のために島から出て行くように振り分けた政策である。石垣島のなかでも、津波による被害の酷かった石垣島東南部沿岸の集落では、波照間島や小浜島などの周辺離島から人びとが「島分け」によって開拓民として移り住み、村の再建がなされた〔石垣市史編集委員会 一九九四〕。

その後、琉球王国は一八七九年の廃藩置県を経て解体された。以降、沖縄では、教育、行政面で明治政府の意向を汲んだ政策が実施された。しかし、「旧慣温存」政策により、旧来の地方制度、土地制度、租税制度などは、基本的には改編されず、宮古・八重山では悪政の象徴でもある人頭税制が一九〇二年まで続いた〔6〕。

以上、八重山の歴史について概観してきた。八重山は地理的に琉球弧の周縁部に位置することもあって、常に従属的な位置におかれてきたことが特徴ともいえる。次節では、このような特徴について、聞き取り調査から得られたデータと照らし合わせながら、戦後八重山の学校教育の歴史をみていく。

三　戦後八重山における学校教育の歴史

戦後から一九七一年までの沖縄における学校教育の歴史は、大別すると二期に区分できる。第一期は一九四五年から一九五一年までの米軍政府時代であり、第二期は一九五二年から一九七一年までの琉球政府時代である。

戦後八重山における教育復興は、沖縄の全地域（奄美、沖縄本島、宮古、八重山）が「独立」と「統一」を経験するなかで行われた。ここで言う「独立」とは、米軍統治下に置かれた一九四六年から一九五一年までの間、沖縄では、奄美大島群、沖縄本島群、宮古諸島群、八重山群という群島別に、それぞれの教育制度が確立されたことを指している。また、「統一」とは、一九五二年の琉球列島米国民政府（ＵＳＣＡＲ）の誕生により、奄美を除く沖縄本島、宮古・八重山の各群島が統合され、沖縄県全域の学校教育制度が「統一」されたことを指している。

八重山における終戦直後の学校教育の整備は、米軍支配の緊張関係のなかで、主に地元の政治家や教育者が主体となって行っていた。しかし、「統一」後は、沖縄本島を中心とした画一的な教育制度のもとで八重山の教育が行われたため、八重山の地域社会や学校は、それに対する不満の声をあげるようになっていった。このことは、八重山の学校教育のあり方や将来に向けた方向性を決定する議論のなかで、顕著に現れている。

以下では、沖縄本島や宮古・八重山の歴史的・政治的・社会的背景にもとづいて、戦後における八重山の教育復興について説明する。

1　戦後八重山の教育復興

沖縄における戦後の教育復興は、沖縄戦で多くの県民が犠牲になり、戦死者が四人に一人とも、三人に一人とも言われる苛酷な状況のなかで始まった。特に、八重山では食料難に加え、沖縄本島では発生しなかった「戦争マラリア」[7]の影響を受け、荒廃と混乱のなかで進められた。また、八重山の学校教育は、沖縄本島より半年以上遅れて再開された。

一九四五年、琉球列島米国軍政府（以下、米軍政府）下に置かれた八重山は、八重山自治会を自主的に結成し、八重山の民主化に向けた活動計画を立てた。八重山自治会は、「民主政治」を行う機関として八重山支庁を誕生させ[8]、教育再開のための組織化を図った。また、前述した群島別の教育再開によって、戦前の沖縄県における行政機関との関係は解消され、八重山から沖縄本島の諸学校への進学の機会が制限された。

米軍政府の許容する範囲での自治という制約を受けながらも、八重山では自主的に教育制度を作り上げようとしていた。たとえば、一九四六年に教科書編纂事業が始められると、沖縄本島群政府文教部が作成した暫定的な資料をもとにしながらも、郷土資料を取り入れた八重山独自の教科書が制作された。これを契機に、八重山独自の教育のあり方を考える活動が、青年会や婦人会、八重山群教員組合で行われるようになった。一九四七年には沖縄本島からの遅れを取り戻すために八重山民政府を誕生させ、積極的な教育改革が行われた［9］。

八重山民政府の積極的な教育改革によって、六・三・三制の実施（一部の地域、一九四七年四月一日）や八重山教育基本法の制定のための審議（一九四八年六月二二日）が実現した。これは、南西諸島のなかでも早い取り組みであった。一九四九年四月、八重山全地域で六・三・三制が実施され、八重山教育基本法、学校教育法が施行された［戦後八重山教育の歩み編集委員会 一九八二］。また、琉球政府立八重山農林高等学校、琉球政府立八重山高等学校が開校し、離島農村の教育環境も整備された。このような民政府による教育制度の整備は、八重山の教育関係者にとって戦後初めての「民主的」な教育の再開として記憶されており、八重山における戦後教育史のなかでも重要な出来事として今日では位置づけられている。

一九五〇年に入ると、米軍政府は琉球列島米国民政府（以下、米国民政府）と改称し、組織の再編成を行った。米国民政府の目的は、「軍事的必要の許す範囲内において、戦前同様の琉球列島の生活水準を確立し、自立財政を可能ならしめるための予算及び税制を含む健全財政組織を確立し、民主主義の原則により設立された立法、行政、司法の機関による自治を実現し、住民の現在の文化を尊重しつつ文化教育［10］の発達を図ること」［豊見山 二〇一一：四］だった。そのため、沖縄や宮古・八重山群島を管理するための中央政府の設立が計画された。それまでの間、暫定的な行政機関として沖縄本島に琉球臨時中央政府を設置し、各群島の民政府は「政府」に名称を改めさせた。その後、各群島政府は、文教部の構造改革、教育刷新議会の設置、教育課程規準の設定、教育資格検定、教育研究所の設置など教育関連の改革を行った。

一九五二年四月一日、米国民政府は琉球政府を発足させると、これまでの各群島政府を統一し（全琉統一）、「琉球教育法」（布令第六六号）を公布させた。この公布によって、これまで八重山民政府・群島政府時代を通じて制定された八重山地区独自の新教育指針・教育基本法・学校教育法・同施行規則などの教育関係諸法規はすべて廃棄され、琉球政府を中心とした教育改革が開始された。

以降、琉球政府を中心に、中央教育委員会・文教局・教育区と教育委員会の設置、連合教育委員会の設置と教育長の選任、教育税制度の設立、高等学校連合区の設置などの教育行政の機構改革が行われた。

一九五三年からは教員免許の取得、更新のための夏季認定講習会も開設され、一定数の教員を確保できるようになった。また、一九六五年からは、教員大学留学制度[11]と校長実務研修制度が導入され、本土の大学や教育機関で一定の期間（二～三ヶ月程度から最長一年の滞在）の研修を受けられるようになった。ただ、当時の状況を示す資料には、「八重山からは年間二名～三名程度の割当だった」〔戦後八重山教育の歩み編集委員会 一九八二：一七〇〕と記述されていることから、研修制度の導入や活用については、さまざまな問題があったとみられる。

2 八重山独自の教育

一九五二年の琉球政府の発足により、八重山群島政府は公的には消滅したが、全琉統一の教育委員会制度による教育行政が確立されてからも、八重山では独自の活動が行われていた。たとえば、当時の八重山では、教員不足が深刻な問題となっていた。「八重山教員訓練学校」という名のもとに、高校卒業者を対象に臨時教員採用試験を実施し、そこで採用された教員の質の向上を目指した取り組みを行った。このことは、八重山における教師養成の底上げを図り、八重山から教員を輩出する道を開いたと評価されている〔戦後八重山教育の歩み編集委員会 一九八二：一四一]。

また、八重山の人びとが総力を結集して行ったとされている教育活動の一つに、八重山地区における高等学校増設活動が挙げられる[12]。一九四七年、八重山に初の高等学校として八重山高等学校と八重山農林高等学校が石垣島に設置された。しかし、八重山全域から入学を希望する生徒が集まってくるため、二校のみでは充分に対応することができなかった。さらに、当時は沖縄本島の高校への進学が困難だった時代でもあり、子どもたちの教育環境を整えるために、あらゆる試行錯誤が行われた。

一九六五年五月二二日、石垣中学校のPTA[13]は、八重山連合PTA[14]の取り組みとして高校増設運動のための要請書を提出している。内容は、以下のとおりである。

当地には、八重山高等学校、八重山農林高等学校の二校となっているが、この二高校設立にあたっては、全郡民の世論をバックアップしたとはいえ、幾多の曲折と苦難の道を歩み、実現をみたことは衆知の事実である。しかし、この二高校がなかったあの頃を思うとき、本島におもむいて学ぶということは、金銭的に恵まれた一部父兄の子弟か、あるいは子供の進学のためにと四苦八苦、果ては送金の道が閉ざされて、せっかくの子供の希望をかなえることができず、中退の憂き目に合わし、浪人生活の止むなきに至った事を思い合わすとき、現在の当地に二高校の実現は、全住民の金銭的負担のみならず、教育の機会均等といった面から、如何ほど子供の教育にプラスになっているかは議論を要する必要もありません。（中略）当地において、現にご承知のとおり高校進学希望者は年々激増をたどる喜ばしい現実に反し、高校の門はあまりにも狭く、悲劇を生んでいることは、子供の悲劇として片付けられる問題ではないというものの、中学浪人のその数が本土全県トップとは全く情けない話であり、全県民の恥辱に外ならないのであります。

［戦後八重山教育の歩み編集委員会 一九八二：五九〇—五九一］

一九六六年、琉球列島米国民政府高等弁務官は、アメリカ合衆国下院予算委員会において、沖縄の教育開発計画のうち教育施設費として約一五〇万ドルを計上していた［15］。当時の沖縄には十分な教育施設がなかったため、予算の半分を施設建設費に充てるような予算案が計上された。しかし、その予算計画は、沖縄本島の高校を増設することに重きがおかれ、離島部の事情は考慮されていなかった［16］。離島社会の教育を軽視したこのような行政側の姿勢が、八重山で高等学校増設期成会を結成させ、全郡民を交えた、より強力な組織を創り上げる契機となった。

八重山島民による高等学校増設期成会の活動は世論を動かし、琉球政府の文教局の計画を変更させた［17］。一九六六年に八重山の高校増設費用が確保され、琉球政府立八重山商業高校が建設された。このように、離島社会の教育環境は、八重山出身の教員やＰＴＡの活動によって整えられていった。

また、八重山の高校生の教育活動に大きく影響を与えた自治組織として、各高校の卒業生で組織されたＯＢ会がある。八重山の三高校には、尚志会（八重山高校）、みずほ会（農林高校）、津梁会（商工高校）の三つのＯＢ会がある。

これらのＯＢ会の事務局は、それぞれの高校内に設けられている。また、石垣島内以外にも那覇支部、関西支部、関東支部など、八重山出身の人びとが主に移住した地域においても組織されている。各ＯＢ会の会則には、各高等学校の教育活動及び部活動の支援、学校施設設備の改善や充実を図るための事業を行うことが明示されており［18］、後述する郷土芸能部に対するＯＢ会の支援は、郷土芸能部の生徒および顧問、そして保護者にとって必要不可欠なものとなっている。

筆者は、学校での調査に加え、石垣島在住のＯＢ会関係者（五〇代、六〇代）から聞き取り調査を行うことができた。聞き取り調査からは、自分の子どもが在学していなくても学校行事には必ず参加していることや、どの世代もＯＢ会の支援を受けてきたことを認識し、それを次の世代にも継承していこうという考えを持っていることがわかった。

さらに、八重山三高校のＯＢ会の活動は、離島社会の教育を活性化させるだけでなく、島を離れて暮らす人びとにとって地元との交流の機会にもなっている。特に、沖縄本島や日本本土の各地に移住した八重山出身者で結成される郷友会《きょうゆうかい》との繋がりも深く、移住した先の行事にも参加するなど、その活動の幅は非常に広い。

［1］石垣島は、移民・移住を何度も受け入れてきた島である。琉球王府の頃から石垣島への移住は行われていたが、この頃の移住は食糧増産や人口調整を目的に、既存集落から、交通網整備、土地改良、マラリア対策がなされていない西表島や石垣島の原野へ強制移住が行われていた。戦後の開拓移民は、原則的に行政の援助を受けず、主として宮古島から個人的なネットワークを通じて自力で移住してきた自由移民と、琉球政府が募集を行い、政府の計画に基づいて入植した政府計画移民に分けられる［八重山地方庁編 一九六七］。

［2］沖縄の公民館の経緯と現在に至る過程、状況、課題等については、『おきなわの社会教育――自治・文化・地域おこし』［小林・島袋編 二〇〇二］を参照。

［3］観光業については、日本本土からの観光客以外に、近年は台湾からの観光客が増加している。国際線の入域者数は、二〇〇五年の一六四五人から二〇〇八年の七四五〇人にまで伸びており、そのほとんどが台湾からの旅客である［神末・加

藤 二〇一二：一七九］。

［4］当初は、竹富島に設置されたが、一五四三年に石垣島に移され、廃藩置県までの二四八年間、首里王府から役人が二年任期で派遣されていた［高良 一九九三］。

［5］宮古・八重山を対象とした人頭税を含む、さまざまな政策は、両諸島の薩摩藩・首里王府・島役人の三重にわたる収奪的状況を生み出した。人頭税は、一人に対して税を割り当てる制度で、年齢別にランク付けを行い、一五歳から四九歳までの男女を、上・中・下・下々の四段階に、土地を上・中・下の三段階に分け、両者の組み合わせによって村ごとに賦課した。また、一六五九年からは、貢祖を上布で代納させている。こうした人頭税の苛酷さは、赤子の圧殺、堕胎の悪習を生み、名子《なご》と称される奴属農民へ転落するものなどを生み出した［仲宗根 一九八三：一四〇—一四一］。

［6］一八九三年に宮古島の農民によって、人頭税廃止を求める運動が起こり、一九〇二年に撤廃された。

［7］第二次世界大戦中、軍の司令により、住民がマラリア発生地帯（石垣島中央部の原野や西表島）に疎開させられ、多くの住民がマラリアに罹患した。八重山では戦争の直接の犠牲者よりも、マラリアによる犠牲者の方がはるかに多かったため、この悲惨な出来事を「戦争マラリア」と称している。

［8］一九四五年一二月に八重山支庁が設置され、一九四六年一月に開庁した。その翌年の一九四七年に八重山民政府が誕生している。

［9］同じ頃、日本本土では、日本国憲法が制定され、ついで米国教育使節団の勧告に基づき、教育基本法、学校教育法が制定され、民主的教育の改革が断行された。

［10］豊見山［二〇一一］は、「文化教育」という言葉について言及していないが、米軍統治下の沖縄の状況に鑑みると、日本本土の文化を含まない沖縄文化に根差した文化とその教育を指す言葉として用いたのではないかと推測される。

［11］これは、戦後の臨時教員養成や教員訓練学校等の卒業者を対象として、本土大学の教育学部や学芸学部で一年間聴講生として在学しながら、主に教育理論面の研修を行うものであった。

［12］一九六五年五月に行われた石垣中学校ＰＴＡ総会で高校増設運動に関する提唱が行われ、保護者や八重山の地域住民によって高等学校増設期成会を結成し、全住民運動として展開した［戦後八重山教育の歩み編集委員会 一九八二：五九〇—

五九一］。

［13］戦後沖縄では、学び舎である校舎が充分になかったため、教員と保護者が結束し、校舎建設活動を行っていた。この活動に関わる教員と保護者の集まりを学校後援会と呼んでいた。一九五〇年、学校後援会はＰＴＡという名称に変更された［戦後八重山教育の歩み編集委員会　一九八二：七三一―七三二］。

［14］戦後の八重山におけるＰＴＡの前身として、各学校で結成された学校後援会がある。この学校後援会は、一九四九年に米国民政府のもと、活動が強化された。その後、学校後援会からＰＴＡという名称に変更された。そして、各学校のＰＴＡの連合組織として、一九五〇年三月二八日に八重山連合ＰＴＡが発足した［戦後八重山教育の歩み編集委員会　一九八二：七三二］。

［15］この予算の内訳は、公立学校校舎建築費七五万ドル、琉球大学拡充費三〇万ドル、職業教育費二四万ドル、英語教育費二〇万ドルとなっている。また、校舎建築費七五万ドルの内、三五万ドルは新設の高校に、二一万ドルは高校追加建築に、一八万五千ドルは学校調理室建築に当てる計画であった。

［16］琉球政府文教局は、高校生急増対策と後期中等教育の拡充計画を発表し、主に那覇西部の地域に新設高校一校、沖縄本島中部地区の三つの高校に約三〇学級の増設を計画していた［戦後八重山教育の歩み編集委員会　一九八二：五九二］。

［17］「高等学校増設期成会」は、琉球政府への高校増設に関する理由書を、あらゆる角度から検討し、その資料収集に尽力した。琉球政府の壁は厚かったが、十数回にわたる陳情団を派遣するなど、精力的な運動を展開した。

［18］ＯＢ会の活動に関する詳細は、各ＯＢ会のＨＰからも得ることができる。たとえば、八重山高校のＯＢ会である尚志会は、一九五一年に結成され、当時の会長および役員は、かつて八重山の高校で教鞭をとった教員が多かった。その後、会則を設けるなど本格的な組織化を図り、近年は、独自で芸能大会を開催するなど幅広い活動を行っている（八重山高等学校尚志会 http://syoushikai.jp/index.html）。

第Ⅱ部

第二章　歴史からみる八重山芸能とその成立過程

八重山では、一般に芸能への親しみが根強いばかりでなく、近年は学校教育においても芸能が取り入れられている。その内容は、八重山の「伝統」であり、「独自」の芸能が教授されていることを特徴としている。しかし、石垣島に所在する学校で扱われる民俗芸能、すなわち、今日において八重山芸能と呼ばれる芸能は、戦後に登場したものである。そのため、「学校芸能」の成立過程について検討する前に、まず八重山の「伝統」であり、「独自」なものとされる八重山芸能がどのように創造され、学校教育に導入されてきたのかを確認しておかなければならない。

そこで本章では、まず、近世琉球期〔1〕の八重山において、琉球や薩摩の人びとが八重山にもたらした芸能やその背景について把握し、それ以前の八重山の芸能とどう関係していたのかを確認する。そして、近代以降、八重山芸能がどのような状況のなかで成立し、展開してきたかを確認する。その際、戦後、沖縄本島で展開された琉球古典芸能が八重山芸能の発展に与えた影響についても考察する。

一　八重山への琉球古典芸能と大和芸能の流入

1　近世琉球期における先島統治の経緯と状況

八重山芸能の成立について考えるためには、近世琉球期の琉球王府による先島（サキシマ）統治にまでさかのぼる必要がある［2］。それは、琉球王国が、中国（明・清）と幕府・薩摩藩への二重朝貢を強いられるなかで、先島がその賦課を負うことになり、生業および祭祀儀礼を含む人びとの営みに変化が生じたためである。

琉球王国は、一四世紀後半に明との間に冊封・朝貢関係を取り結び、東アジア・東南アジア海域の結節点として中継貿易を展開した交易型国家であった［高良 一九九三：七八―一二二］。その一方で、宮古・八重山などの周辺諸島から貢物・租税を受け取る関係を築き、島嶼国家として支配領域を拡大した［豊見山 二〇〇三：三六―四八］。宮古・八重山に対する琉球王国の統治のあり方は時代によって異なり、間接統治と直接統治の二つの形態に分けられる。琉球王国が自立した一王国として存続していた第一尚氏・第二尚氏の半ばまでは、宮古・八重山の統治を間接的におこなっていた。王府が認めた現地の頭［3］に島の政治を任せ、王府の役人は必要に応じて現地に赴くというかたちが採られた。一七世紀に入ると、これまで一貫して間接的な立場をとっていた王府は、両先島を直接的に統治するようになった。それは、一六〇九年の薩摩藩（島津氏）による琉球侵攻を契機としていた。

琉球王府は、薩摩藩の琉球侵攻によって幕府・薩摩藩の間接統治下に置かれ、日明貿易の仲介交渉を担うことになった［渡辺 二〇一二：六五］。侵攻後の琉球は、中国（明・清）との冊封・朝貢関係を継続すると同時に、薩摩藩への年貢賦課を負うこととなり、「従属的二重朝貢国」［4］［豊見山　二〇〇四：三三］の状況に置かれた［5］。そのため、王府はこれまでの間接統治から直接統治の体制に切り替え、首里の役人を先島に派遣・常駐させた。王府が首里の役人を八重山へ派遣した最初の年は、一六三二年だった。その後、一六四一年から一六四九年までの間、キリシタン統制や海防監視体制を強化するために薩摩の役人が八重山に常駐した［高良　一九八七：一二一―一二八］。

すでに歴史学の研究が明らかにしているように、王府によるこうした直接統治の施策は、先島から貢租を確実に徴収することが目的だった［豊見山　二〇〇三］。そのため、首里の役人は、年貢の未納を防ぐために農業を奨励し、作業の指導やその状況を監視した。そして、王府主導による農業化が促進され、農業全般にわたる指導監督体制が構築された。当時の状況について示した資料［6］によると、王府は労働効率の低下を防ぐための施策として、現地の百姓の中から監視役と農業指導役を選定し、百姓が農業に従事するよう強制していた［豊見山　二〇〇三：七八―七九］。

また、八重山の伝統祭祀およびそれに付随する歌や踊りは、王府主体の農業推進を阻害するものと見なされ、規制・禁止の対象になった。安良城盛昭によれば、王府は、次の三つの理由から祭祀儀礼を禁じた。①祭りは迷信的、つまりタブー的な要素が多く、農耕の妨げになる。②祭りにともなう「神遊び」は長期間農耕をしない日を生じさせるため、農耕の妨げになる。③祭りは御神酒を造り家畜を供犠として捧げることから、費用がかかりすぎる［安良城　一九八〇：七八］。

先学の研究が示しているように、琉球王府が禁じた八重山の芸能というのは、神に扮飾して舞う動作や太鼓の音に合わせて舞う単純な動作、夜通し舞い続けるといった「神遊び」的なものだった［石垣市役所総務部市史編集室一九九二：六五］。しかし、それらの芸能が奉納される場である祭祀は、農事暦と切り離すことができない上に八重山の人びとの精神的な拠り所とされた習俗でもあったため、島の政治・経済を維持する上で重要なものでもあった。結果として、王府のこうした政策は島の人びとの反発を高め、王府は期待する農業を推進することができず、むしろ逆効果を生んだ。そのため、王府は、八重山の百姓たちの反発を抑えることができず、一度は規制・禁止したものの、諸祭祀の禁止令を解除した［喜舎場 一九七七ｂ］［7］。

2 近世琉球期における外来芸能の伝来

近世琉球期以降、八重山にもたらされた外来の芸能は、琉球古典芸能［8］（宮廷芸能）と大和《やまと》芸能であった。王府との関係上、八重山の役人には、学問はもちろんのこと琉球古典芸能と大和芸能を修得することが教養として奨励されていた［大田 一九九三：一九四］［9］。

これらの芸能は、八重山に常駐した琉球の役人によって伝授された。この時期の琉球王府は、その年中行事の一部を八重山でも執り行っていたため、琉球の役人は八重山の役人らに琉球古典芸能を伝授することも任務とされていた。

八重山の役人は、国王や王妃の生年祝いや冊封に関わる祝賀会などで琉球古典舞踊を演じた［喜舎場 一九七七ａ：二一〇―二一一］。喜舎場によれば、当時の舞踊とは琉球古典舞踊のみを指すものであり、この時踊られる舞踊では、八重山のものが一切禁じられていた［喜舎場 一九七七ｂ：四六］。一方、近年の研究では、「八重山の歌謡を起源とする三線曲が演じられていた」［池宮 二〇〇〇：二四〇］という指摘もある。たとえば、近世琉球後期から明治期の八重山における琉球舞踊の定着を示す資料の一つとして『踊番組《おどりばんぐみ》』がある。これは現在でいう芸能プログラムに相当し、そこに記された内容から当時の芸能の様子を知ることができるだけでなく、琉球芸能と八重山芸能の史的な変遷を知る上での貴重な資料でもある〔10〕。

また、冊封使を歓待する際、王府は冊封使の立ち寄らない地方や離島に常駐する役人にも祝うように命じた。八重山では、これを「冊封祝儀」と称し、琉球古典芸能の他にも大和芸能である謡曲や狂言、能、浄瑠璃などを演じていた〔喜舎場 一九七七a：二二〕。その他にも、正月や春秋の更衣祝、現地の役人の就任祝いなどで、謡や囃子、能、狂言を演じており、座開きの芸能として大和芸能が用いられていたことも明らかになっている〔本田 一九六二〕。

八重山における大和芸能の登場は、王府による大和芸能の修得および奨励と関係している。しかし、王府と薩摩との政治的関係性のなかで芸能を修得しなければならなかった八重山の役人の場合、首里の役人とは異なる目的で大和芸能を修得していたようである。

琉球芸能と同様に大和芸能も宴の場には欠かせない芸能であったため、正月や春秋の祝席の場で演じられていた。また、薩摩や江戸上りはもちろんのこと、王府に招請する大和役人との交渉の必要から、王府はその外交手段の一つに大和芸能を用いた。そのため、琉球の役人は、琉球古典芸能に加え、大和芸能の修得も必須とされていた。一方、江戸上りの機会が与えられていなかった八重山の役人は、来島した薩摩の役人と交流する場においてのみ大和芸能を演じることができた。来島した役人との交流は八重山の役人にとって、大和芸能や琉球古典芸能に触れることができる重要な機会でもあった〔大田 一九九三：一九四〕。

このような交流が八重山の役人にとって、どれほど重要な場であったかを喜舎場は「八重山芸能の向上に大転機をもたらす結果となった」と述べている〔喜舎場 一九七七b：四六―四七〕。王府の諸行事において八重山の役人が芸能を披露することは非常に名誉なこととされ、その機会に恵まれた者たちは昼夜を問わず練習に励み、互いの技を競いあっていた［喜舎場 一九七七b：四六］。さらに、将来の役人となることが決まっていた八重山の頭の子弟の場合は、必修の修業として謡や囃子、能、狂言などの大和芸能や琉球古典芸能を修得していたようである［宮良 一九七九：一二三―一二四］。

また、琉球王国時代、沖縄には歌三線や舞踊の名人として名を残した人物は幾人もいたが、近世琉球期では、こうした芸を身につけた者は、基本的に王府に仕えて報酬を貰う役人であった。そのため、音楽をなりわいとする芸人や流派を代々束ねる家元というのは存在しなかった［矢野 一九八八：二一二―二一四］。琉球王府に仕える「楽士」は、支配階級の一員であったため、位階の高低はあるものの、官僚である限りは生活を保障されていた。さらに、高級官僚から下級の役人に至るまで、三線の芸を身につけ、優れた芸道を生み出している。一方で、ことさら技巧を高める必要性に迫られなかったことと、芸のみに生きる階級が存在せず、官位の序列が優先する官僚たちの間での芸能であったために、競争や批判にさらされることも少なく、様式の洗練や技術の向上が二の次となっていた。これは、日本本土の雅楽、能楽、長唄などの場合と異なり、沖縄音楽の根源的性格を決定づけていることから、沖縄音楽の歴史的特徴として留意しなければならない［金城 二〇〇六：八六―八八］。

このように、王府の直接統治下の八重山では、琉球や薩摩との関係性のなかで外来の芸能が受容され、王府の諸行事を通して八重山の社会に少しずつ浸透していった。それは、江戸や薩摩、琉球間の政治的関係性のなかで修得された芸能であったが、その一方で、その後の八重山芸能の形成にも大きく影響を与えている。八重山の島ごとに個性を持った歌や踊りは外来の芸能を受容しながら、廃藩置県以降は独自の新しい芸能として発展していく。

二　民俗芸能としての八重山の歌と踊り

1　伝統楽器が加わった八重山の芸能

一八七九年、廃藩置県によって琉球は「沖縄県」になり、新しい時代を迎えるなかで、八重山の歌や踊りは舞台芸能へと発展した。特に、八重山の人びとの歌や踊りに対する感覚や嗜好が変化したことによって新たなレパートリーが加えられ、その結果、従来の芸能とは異なる形態の芸能が生み出された。このような新たな芸能が生み出された背景には、先述した近世琉球期から明治期に八重山へ流入した伝統楽器である三線の受容が大きく影響している。

八重山の古謡には、年中行事や祝儀の場で歌われたアヨウという歌やユンタ・ジラバ〔11〕という日常生活のなかで歌われる歌がある。ユンタはうわさ話やおしゃべりそのものを題材とした歌である。従来は、草刈りや地《じ》搗《つ》きなどの仕事をしながら歌われた仕事歌でもあった。しかし、生活様式の変化に伴って、現在は従来のようなかたちで仕事歌を歌う状況がほとんどなくなった。もともとユンタは交互唄を基本としたが、現在では三線の伴奏による独唱や斉唱に変化した。三線という新しい楽器の受容や娯楽としての歌三線などの人びとの嗜好の変化などによって〔12〕、仕事歌としてのユンタ・ジラバは「民謡」化〔金城　二〇〇四：四七〕し、広く多くの人びとに親しまれている。これはひとつの例に過ぎないが、今日において「伝統」とされる八重山の歌は、可変的に継承されうるものであることを窺い知ることができる。

また、従来は三線を用いなかった八重山の歌に、日常を歌ったとぅばらーまという歌がある。これはユンタ・ジラバと同様に交互に歌われるもので、旋律もユンタ・ジラバの形が基になっている。しかしユンタと比較するとテンポはゆったりとしており、またとぅばらーまには即興で歌うという特徴がある。自分の気持ちを代弁するのに相応しい歌詞を、無数にある既存の歌詞のなかから即興的に選択して歌うが、即興で新しく歌詞をつくりだして歌うこともある。現在、毎年九月には、石垣島で「とぅばらーま大会」が開催され、三線に笛を加えた伴奏にあわせて、多くの人びとが自慢の喉とオリジナルの歌詞を競っている。

八重山では、村遊び《むらあしびー》と呼ばれる若い男女の歌遊びの場で掛け歌やわらべ歌が歌われ、そして、出産、旅立ち、家造り、墓造り、結婚式などの人の一生の様々な場面においても歌が歌われてきた。また、豊年祭、種子取祭、旗頭行列、巻踊り、大綱引き、海神祭の舟漕ぎ競争などの年中行事では、歌や踊りが神に対して奉納されてもきた。

この奉納芸能も近年では変化が認められる。従来と同じように神への奉納を目的とするだけでなく、村の人びと自身が楽しむためにも歌われるようになり、芸の技術や衣裳にさまざまな工夫が凝らされるようになった。それは観客を意識した芸への変化であり、舞台芸術への発展のスタート［金城　二〇〇六：一二〇—一二一］とみることができる。

このように、民俗芸能の競技化やエンターテイメント的な側面の重視といった変化は、今日の「歌と踊りの島」としての八重山イメージの形成や、観光文化としての民俗芸能の展開にも影響を与えている。そして、このような変化は近年から始まったものであり、現在も変化の途上にあるということを強調しておきたい。

2　廃藩置県以降における芸能の受容

一八七九年、廃藩置県によって琉球王国が崩壊し、「沖縄県」として新しい時代を迎えると、芸能の担い手だった琉球の役人らは、首都があった首里から商業の街・那覇に移動した。元役人らは、移り住んだ場所に芝居小屋を設け、身につけた技芸を披露しながら生活するようになった［13］。芝居小屋ができ始めた頃の演目は、王府の古典芸能や組踊《くみおどり》が中心であったが、やがて一般の人びとの間にも浸透していった［14］。この過程のなかで、新しい民謡ができ、それを併った舞台は琉球歌劇として沖縄本島だけでなく、八重山・宮古の離島にまで広がった。

八重山では、一八九四年に沖縄芝居の興行が行われている。当時は娯楽が乏しい時代でもあり、沖縄芝居は八重山でも人気を博した。沖縄芝居では八重山の曲が多く用いられ、「白保節《しらほぶし》」や「デンサー節」「古見《こみ》ノ浦《うら》」、悲しい場面には「与那国ションカネー」などが歌われた［15］。

八重山の歌が人気を集めるなか、八重山以外で自由に歌われるようになったことを危惧する人も少なくなかった。たとえば、沖縄民謡で親しまれている「花の恋節《はなぬくいぶし》」と「小浜節《くもうぶし》」は、それぞれ八重山民謡の「越の端節《くいぬぱなぶし》」と「小浜節」を元歌としている［16］。タイトルが変わっているものもあるが、大半は歌詞、節回しが元歌とかけ離れたものとなって歌われ続けており、そのことを否定的にとらえる人も存在したのである。

ここで注目したいのは、興行芝居の地方巡業のため首里から来島した元役人の芝居役者と八重山に移り住んだ元役人たちの存在である。八重山に移り住んだ元役人［17］は、祝いの席で琉球舞踊や組踊を披露し、八重山の人びと（のちの八重山芸能家）に琉球古典舞踊を積極的に教授した。また、八重山の芸能家たちは、沖縄本島から興行で来島した芝居役者から刺激を受け、八重山舞踊の振付けをアレンジし、新たな創作も積極的に行った。この時期の琉球芸能の教授は、政治的状況を背景とした近世琉球期とは大きく異なり、新しく生まれたインフォーマルな「師匠と弟子」という関係性のなかで自由に行われていた。そして、多くの新しい芸能が創り出された。次節では、その詳細をみていく。

三　八重山芸能の確立とその背景

1　琉球芸能家の八重山移住

第二節で述べたように、廃藩置県以降、沖縄本島から琉球王府の元役人であった芸能家たちが八重山に来島したことによって、八重山では琉球古典芸能や沖縄芝居の公演だけでなく、琉球古典芸能の教授も行われた。そのなかでも、八重山に移住した芸能家らによる琉球古典芸能の教授は、後の八重山芸能の成立に多くの影響を与えた。八重山に移住した主たる琉球古典芸能家を移動時期の順にあげると以下のとおりである［大田・糸洲 一九八七］。

一八九九年　琉球古典舞踊家　星潤
一九〇一年　琉球古典音楽家　屋嘉宗徳
一九〇六年　琉球古典舞踊家　屋部憲賢

琉球古典舞踊の星潤と屋部憲賢は、明治以降から戦後に至るまで八重山における琉球古典舞踊の普及と八重山芸能の創作に貢献し〔大田 一九九三：一三四〕、琉球古典音楽家の屋嘉宗徳は、琉球古典音楽野村流を八重山に普及した〔八重山歌工工四編纂百周年記念誌編纂委員会編 一九八七〕。星や屋部、そして屋嘉は、八重山の人びとに琉球古典芸能を伝授しただけでなく、八重山の歌や踊りを八重山の人びとから習い、それを八重山芸能として発展させることに貢献した。その後、彼らの弟子たちによって、八重山の歌や踊りがより洗練された八重山芸能として確立された。

屋部の弟子である八重山生まれの渡慶次長智〔18〕は、一九五六年に八重山文化協会より八重山舞踊勤王流師範の称号〔19〕を受け、八重山芸能の第一人者として認定された。また、彼は、終戦直後に八重山高校と農林高校のクラブ活動で八重山芸能の指導〔20〕も担当した。さらに、一九五四年に八重山古典舞踊研究のために来島した児玉清子に八重山舞踊を伝授するなど、八重山舞踊の普及に貢献した〔大田 一九九三〕。

星の弟子である玉木光は、八重山内外で現在活躍する八重山芸能家を育てた舞踊家として知られている。玉木は師匠である星から一九五九年に琉球古典舞踊と八重山舞踊の師範称号を授与され、その翌年の一九六〇年に琉球古典舞踊と八重山舞踊を教授するため、他に先駆けて「稽古場」を開設した〔大田 一九九三：一七五〕。玉木は多くの舞台発表会を催し〔21〕、琉球古典舞踊、八重山舞踊の保存と普及に尽力するとともに、現代八重山舞踊家として師範称号を持つ宇根由基子、大浜良子、新城知子等多くの弟子を育成し、今日の八重山舞踊隆盛の基礎を築いたとされる〔大田 一九九三：一七五〕。

宇根由基子、大浜良子、新城知子は、後述する八重山の三高校で八重山芸能を指導する教職員の指導者、つまり師匠でもあり、さらには郷土芸能部の部員が通う稽古場の師匠でもある。このように八重山の学校で八重山芸能の指導にあたってきた芸能家らは、すべて沖縄本島から来島した琉球芸能家の系譜を引いていることがわかる。

2 「中央」の研究者と八重山芸能

明治、大正期になると、日本本土から民俗学者や人類学者、音楽研究者が、調査研究のため八重山を訪れるようになった。

この時期の八重山における民俗調査は、一九〇四年に人類学者・鳥居龍蔵が行った蓄音機による歌の録音や、一九二〇年に柳田国男、一九二一年に折口信夫が行った沖縄・宮古・八重山の調査研究、そして、一九二二年に田辺尚雄が行った八重山民謡・古謡調査研究などをあげることができる。田辺は八重山の芸能を「世界に誇るに足る所の第一流の民謡である」〔田辺 一九二三：二三二〕と評価し、日本本土の研究者の関心を八重山に向けさせる契機をつくった。このような「中央」の研究者による八重山芸能への関心が、八重山芸能の「中央」での舞台公演に繋がっている。

日本本土における初めての八重山芸能公演は、日本青年館で一九二八年に開催された「第三回全国郷土舞踊と民謡の会」（以下、東京公演）である。この公演の企画に携わった中心人物は柳田国男であり、柳田の沖縄本島および八重山来島を契機としてこの公演が実現している〔22〕。柳田の八重山来島は、郷土研究家である喜舎場永珣や岩崎卓爾が沖縄県を介さず、直接的に「中央」とのネットワークを構築するきっかけにもなった〔23〕。

喜舎場を監督とした、総勢一四名による東京公演は、柳田が喜舎場と直接交渉することによって実現したわけであるが、それに不満を持った沖縄県学芸部が、東京公演前に那覇で試演会を行うよう命じたという。柳田と八重山側が県当局を介さずに交渉を進めたことに対して那覇の芸能関係者らは不快感をもっていたのである〔久万

田 二〇〇七：五一］。那覇で開催した試演会での出来事についての喜舎場の記述［喜舎場 一九七七d：二三一―二三二］からは、那覇の芸能家たちによる八重山芸能団への厳しい非難の様子が窺える。那覇の芸能家たちにしてみれば、琉球古典芸能を継承する「正統」な芸能家である自分たちを差し置いて、県内離島の田舎臭い民俗芸能が沖縄県の代表として上京することに対する反発があった［久万田 二〇〇七：五三］。このような状況ではあったが、八重山芸能団は予定通りに東京公演を遂行した。

八重山芸能の東京公演は、日本本土の研究者から高い評価を得ることができ、八重山が「歌と芸能の島」であるというイメージを全国的に広げるきっかけにもなった。ここで形成されたイメージはそのまま戦後へと受け継がれ、無形民俗文化財指定等に関わる文化財行政や、今日の八重山音楽および沖縄音楽、さらには沖縄観光イメージにまでも深い影響を与えた［久万田 二〇〇七：四三］。

この時期の「中央」の研究者らは、八重山芸能の「独特な素朴さ」の側面だけを評価していたため、前述したように、八重山芸能がさまざまな人的交流のなかで近代になって成立したものであるという視点を欠いていた。実際には東京公演でも、民謡が導入されたり、新しい演目が加えられたりなど、芸能の改変が行われていた［久万田 二〇〇七：六四］。

戦後における「中央」での舞台発表の記録によると、一九四六年に八重山支庁文化部主催の「第二回貧民救済芸能大会」が東京・日本青年会館で開催され、平田直輔、星潤、屋部憲賢、仲本政子等が舞踊団として出演し、演目二八点を発表した［大田・糸洲 一九八七：一二九］。舞台芸能として新しく創造される八重山芸能に対して、「島々村々の固有の土臭さが薄れた」と批判する人びとも現れた［たとえば大城 一九八六、大田 一九九三］。しかし、八重山芸能は、「中央」での舞台公演を契機に、より洗練された舞台芸能として発展していった。

四　戦後八重山における八重山芸能と琉球古典芸能

戦後八重山における八重山芸能は、「研究所」を中心に展開されてきた。そもそも「研究所」とは、琉球古典芸能を修練する人びとが集まってできた稽古場のことを指しており、戦後間もなく沖縄本島を中心に開設された。その影響を受けて、八重山にも「研究所」が開設され、それ以降、多くの人びとが「研究所」で八重山芸能を修練している。

本節では、戦後の八重山で開設された「研究所」に着目し、八重山芸能と琉球古典芸能が互いに影響を受け合いながら、「見られる」芸能として展開してきた過程について述べる。

1　沖縄固有の芸能教授システムとしての「研究所」

沖縄独特の教授・継承形態である「研究所」は、戦後に展開した師匠と弟子との関係に基づく芸能の修練の場である。先述したように、沖縄には従来「家元制度」は存在していなかった。しかし、廃藩置県以降の沖縄の芸能界は日本の芸道に影響を受け、一つの体系化された技を継承する会主・家元・宗家などを頂点として流派・会派を形成した［たとえば矢野　一九八八、山内　一九五九］。現在、沖縄の伝統芸能を継承する人びとの多くが研究所に所属しており、児童・生徒から成人までの幅広い年齢層がそこで芸能を修練している。

古典音楽と民謡は、その音楽性が異なることから、それぞれが独立して研究所を開設している。たとえば、琉球古典音楽の場合は「琉球古典音楽研究所」となり、民謡は「琉球民謡研究所」となる。一方、八重山古典民謡の場合はそれとは異なる。従来、八重山の歌には三線の伴奏がない。このような伴奏がないものは「古謡」と呼ばれ、楽器の伴奏が付くものは「古典民謡」と呼ばれている。戦後は、古典民謡にも流派が誕生し、「八重山古典民謡安室流」「八重山古典民謡大濱用能流」というように、流派ごとの研究所が開設されている。

　舞踊は、琉球古典舞踊と八重山舞踊の二つに研究所が分けられる。戦後の沖縄本島で琉球古典芸能が研究所を中心に人材育成と技の継承を行うことができた背景には、地元新聞社によるコンクールの開催がある。地元新聞社による伝統芸能のコンクールには、沖縄タイムス社主催の「新人芸能祭ベストテン」（のちに「伝統芸能選考会」と改称）と琉球新報社主催の「琉球古典芸能コンクール」がある。これらのコンクールでは、若手琉球舞踊家や琉球古典音楽家を対象に、新人賞・優秀賞・最高賞を設け、選考委員による審査が実施されている。琉球古典芸能は、こうした二社の新聞社によるコンクール事業の実施と各賞の受賞者による舞台公演によって隆盛を見、また底辺の拡大を図ってきたのである［大城　二〇一三：四二］。

　また、二社の新聞社によるコンクールの開催は、芸能家たちの研究所開設および研究所の活動とその組織化に深く影響を与えている。研究所を開設するには、地元新聞社が主催するコンクールで新人賞・優秀賞・最高賞を得て研鑽を積んだ後、師匠から教師あるいは師範の称号を授与されることが条件となっている。そして、師匠として弟子を取り、育成してコンクールに送り出し、各賞の受賞者を数多く出すことによって、師匠としての評価が高まっていく。現在、師匠として研究所を開いている人のほとんどが、この過程を経ている。

　このようなコンクール開催の動きと連動しながら八重山でも、沖縄と同様に研究所が開設された。戦後の八重山で、「舞踊研究所」を開設していた渡慶次［24］に続き、星も一九五〇年に舞踊研究所を開設し、弟子の育成に尽力した。星から師範の称号を授与された弟子たちは、それぞれ独立して研究所を開き、新たな弟子の育成にあたっている〔25〕。

このように、首里出身の芸能家たちは琉球古典舞踊や古典音楽を教授し、八重山芸能の創造に影響を与えてきた一方で、八重山に「研究所」を開設することによって、後継者たちの育成にも寄与した。そして、研究所主体による発表会も開催されるようになり、のちの八重山芸能の舞台公演に大きな影響を与えた。

また、戦後直後に開始したとぅばらーま大会や民謡大会などのフェスティバル形式の民俗芸能大会〔26〕だけでなく、一九七五年には地元の新聞社である八重山毎日新聞社主催による第一回八重山古典民謡コンクールが開催された〔27〕。このようなコンクールの開催は、研究所で修練する人びとの練習のモチベーションを高め、八重山の人びとが改めて古典民謡を見直す機会にもなっていた。また、八重山古典民謡コンクールで各賞を授与された者が一堂に集まり、各流派〔28〕を超えて合同で古典民謡発表大会を開くなど画期的な試みも始められた。このような流派を越えた大会は、琉球古典音楽界における三線コンクールでは行われていない〔29〕。

さらに、ここで興味深いのは八重山古典民謡コンクールのプログラムのなかに、八重山舞踊の発表も組み込まれていることである。それぞれの研究所がそれぞれの演舞を発表しており、修練者たちが技術向上に向けて尽力する様子は当時の新聞記事などから窺うことができる。なお、八重山舞踊だけを対象としたコンクールはいまだ開催されていない〔30〕。

2　八重山「独自の芸能」の模索

八重山舞踊のみを対象とした正式なコンクールは開催されなかったが、研究所は八重山芸能を修練する者の成果発表の機会を提供し、それは互いに異なる流派に属する修練者たちの技術向上の場となっている。また、先述した琉球古典芸能のコンクールへの出場および受賞歴などを基準に芸能家としてのスキルが判断される琉球古典芸能とは対照的に、八重山では、より「八重山らしさ」が追求された。

また、三線・舞踊の研究所の開設や民俗芸能保存会の設立などによって、八重山芸能の修練者も増加した。観光事業に力を入れるようになった八重山の文化行政の影響もあり、観光振興を目的とした民俗芸能大会が開催[31]されるようになった。その後、一九七五年の沖縄国際海洋博覧会[32]（以下、沖縄海洋博）の出演を契機に、八重山芸能を島外で披露するようになった。

舞台芸能としての八重山芸能の発展には、数多くの舞台公演の経験が影響を与えた。筆者の聞き取り調査によれば、一九七〇年代後半からは、島内における研究所が増加し、研究所単位の発表会も定期的に開催されるようになった。また、海外での舞台公演に参加する機会も増え、舞台芸能としての八重山芸能が以前に増して追求されるようになった[33]。

このような発表の場の広がりは、八重山芸能の技芸を高めるだけでなく、芸能の担い手自身が多くの観客から見られることによって、八重山芸能を八重山「独自の芸能」として意識することに繋がっていった。たとえば、一九八〇年以降は、那覇での発表会の機会も増加し、琉球芸能コンクールなどで受賞歴のある舞踊家と共演するようになると、互いの芸能を比較し合った。また、一九八一年に沖縄で開催された「沖縄・八重山の踊り」の公演では、琉球舞踊と八重山舞踊がそれぞれ類似性のある演目を選択し、互いの舞踊を比較しながら、共通点と相違点を探った。たとえば、祝宴の座開きとして踊られる舞踊では、沖縄本島が「こてい節」を、八重山は「赤馬節」を演じ、女踊りでは沖縄本島が「かせかけ」を、八重山は「越城節」を、男踊りでは沖縄が「ゼイ」を、八重山は「揚古見の浦」を演じるといった構成であった［八重山毎日新聞 一九八一年七月一〇日］。

さらに、鳩間節、黒島口説のように、もともと八重山の歌を元歌とする琉球古典音楽を「創作」、八重山の歌を「オリジナル」と呼び、双方が互いの音楽を区別しながら継承している。

このように、戦後の八重山芸能は、保存会や研究所の開設によって、制度化された教授の場において、芸能の保存・継承・創造が行われてきた。そして、このような過程を経て、現在みられる「八重山芸能」が創造されてきた。さらに、この時期は、琉球古典芸能のなかでも権威のある流派に属した芸能家らが八重山で舞台公演をするようにもなり、こうした舞台公演の開催が、互いに刺激を与えあう機会にもなった。

沖縄の日本本土復帰以降、発表の場が広がり、琉球芸能を意識した八重山芸能の在り方が検討されるようになった。八重山の古典民謡に関しては、たとえば、『八重山歌工工四』の刊行を通して、その位置づけの変化をみることができる。『八重山歌工工四』の刊行は、八重山民謡を「正しく」伝えるための一つのツールとして積極的に用いられた。一九八四年一二月に石垣島の石垣商工会館ホールで開かれた「八重山歌工工四編纂百周年記念事業期成会」が主催した「記念講演・シンポジウム」では、八重山芸能の「正しい」継承をめぐる議論が行われた［八重山歌工工四編纂百周年記念事業期成会 一九八七］。

このような場で議論された八重山舞踊は、琉球芸能との「接触」によって創造された新しい舞踊であり、近代以降に「中央」の研究者によって評価された、その「素朴さ・純朴さ」などの側面を重視したものだった。そして、さらにこの側面は、琉球古典芸能には見られない八重山だけの「洗練」された「素朴」なるもの［森田 一九九九］と意識され、強調されるようになった。これは、「八重山芸能らしさ」を追求し、八重山の人びとにとって「伝統」であり「独自」なものとして八重山芸能を創造することが重要であるという認識を促す機会となった。

3　研究所による八重山芸能の創造

八重山芸能が舞台芸術として成立し、発展してきた背景には、三線や舞踊の研究所が担ってきた役割も大きい。先に述べたとおり、八重山の研究所は、石垣島を中心に開設され、活動範囲は八重山内の離島にも広がりつつある。

現在、八重山では舞踊のコンクールは行われていないため、日頃の成果発表や技術向上の機会は、石垣市の行政が主催する行事が中心である。例えば、郷土芸能の夕べ運営委員会による「郷土芸能の夕べ」は、「先人が残した遺産の継承、舞台芸能実演家たちの技術向上と後継者育成」［八重山毎日新聞　二〇一一年四月一四日］を目的に、一九九六年から石垣市民会館で毎月二回の公演を行っている。

また、一九九五年から石垣市文化協会主催によって行われている「石垣市民総合文化祭」も、八重山文化の継承・発展を目的としている。文化祭は、展示部門、舞台部門に分かれ、二日間にわたって行われている。二〇一一年三月四日に開催された「舞台発表の部」［34］をみると、演目の八割が研究所単位で演じられていることがわかる。

- 八重山古典音楽大濱用能流保存会（「新世節」）
- 八重山古典民謡保存会の斉唱（「古見ぬ浦節」）
- 安室流協和会真地米子太鼓研究所（「太田節」）
- 徳八流森田佐知夫太鼓道場（「殿様節」）

・華千の会與那國久枝八重山おどり稽古道場（「めでたい節」）
・光扇会宇根由基子舞踊研究所（「くぃぬぱな節」）
・秀風会本盛秀舞踊研究所（「うるずぃんの詩」）
・正調正風会赤山正子八重山民俗舞踊練場（「高那節」）
※（　）は、演目

（「第一六回石垣市民総合文化祭」パンフレット）

研究所単位で演舞を行うという状況は、八重山芸能が舞台芸術として成立し、発展してきたことを意味している[35]。同時に、八重山でも地域を主体とした保存や継承が危ぶまれているなかで、研究所が主体となって新しい八重山芸能を次々に生み出してもいる。また、小学生や中学生のときから研究所で歌や踊りを学ぶ子どもたちもおり、こうした子どもたちが高校に進学し、部活動で八重山芸能を習うこともある。研究所を主体とする沖縄特有の伝統芸能の継承形態は、多くの人びとの参加を可能にしたが、他方で技の正当性や伝統性を問う「流派」間の熾烈な競争を生み出した。そのため、技の担い手は流派を意識した活動を展開してきた[36]。

そして近年、地域を拠点に職業として活動する芸能家が、教育活動に参画するようになった[37]。その場合、「流派」の影響が、伝統芸能の教授過程においても顕著に現れてくる。八重山の事例をあげると、公的な教育機関である学校教育の場であっても、一度指導者が決まると異なる流派の指導者から技の教授を受けることができない場合もある。学校の教育活動において伝統芸能を教授する指導者は、専門的に芸を身につけた芸能家であると同時に、特定の「流派」に属しており、結果としてそれぞれの「流派」の芸を教授することになる。学校教育における「流派」を巡る詳細については、五章以降で後述する。

このように、八重山芸能は、神への祈りを基底としながらも、時代の変遷とともに歌や踊りを変化させながら継承され、さらに島外の芸能を受容しながら形づくられてきた。そして、それらは八重山の人びとがさまざまな外部アクターと関わり合うなかで、取捨選択され、創造されてきたものでもある。特に、今日の八重山芸能の誕生・発展には、沖縄特有の教授システムとして展開する研究所の存在が大きく影響している。そのため、八重山芸能の継承と発展に関わる諸問題を検討するにあたっては、地域社会とそこに存在する研究所、教育機関、そしてそれらに関わる外部の組織団体等を包括的に捉えなければならない。

五　沖縄日本本土復帰以降の八重山芸能

前節では、戦後八重山における八重山芸能の形成について述べてきたが、現在のような八重山「独自」の芸能としての「八重山芸能」が作り出されたのは、沖縄の本土復帰が契機となっていた。本節では、沖縄の日本本土復帰以降に八重山の芸能が「八重山芸能」として確立していく過程について述べていく。

1　沖縄本土復帰記念事業と八重山芸能

前述したように、八重山の人びとによる八重山芸能への関心の高まりは、一九七五年の沖縄海洋博にみられる。沖縄海洋博とは、沖縄本土復帰記念事業として開催された国際博覧会である。開催地の沖縄県は、沖縄経済の回復と発展を最大の目的とし、特に観光産業の強化と公共施設の整備に尽力した。

沖縄海洋博では、多くのイベントが開催された。博覧会開催初日のサブスペシャルデーで沖縄県内各地の芸能が披露された。八重山は、「石垣島の豊年祭」をテーマに、総勢六〇名の団体で出場した。当初は、「ミニ豊年祭」の演目を予定していたが、当時の新聞記事によれば「沖縄海洋博のイベントにふさわしい、アレンジを加えた『石垣島の豊年祭』を演目として出すことになった」〔八重山毎日新聞 一九七五年七月二一日〕とある。石垣島の豊年祭は、旧暦六月の一期目の米の収穫後に行われる祈願祭で、二日間にわたって行われる。初日のオンプーリィ〔御嶽豊年祭〕は、神司《かんつかさ》が拝殿で神撰を供えて祈願を行い、二日目のムラプーリィ〔村豊年祭〕では、拝殿で再度神司が祈願したあと、女性たちによる奉納舞踊と青年たちの太鼓、そして旗頭の奉納が行われた。その後、アヒャー綱と称する綱引きが行われた。これは、航海安全を祈願する儀式で、女性のみで行われるものである。農耕を中心に生活が営まれてきた八重山では、豊作への感謝と住民の健康と安全、そして村の安泰を祈願することが最も重要な奉納儀礼とされてきた。

2 島外で演じられた八重山芸能

八重山芸能は、沖縄海洋博を契機に島外でも演じられるようなった。現在においては島外での舞台発表は増加しており、大して珍しいことではない。しかし、当時の八重山では、「初めて海を渡る旗頭」〔八重山毎日新聞 一九七五年七月一日〕と地元の新聞に紹介されているように、非常に珍しい出来事であった。

このことは、これまで八重山の芸能が島内で行われてきたことと、芸能を島外で行うことを禁じてきたという二つを意味している。八重山では、芸能そのものだけでなく、集落によっては、東方の海上からやって来て五穀豊穣をもたらすと言われる来訪神である弥勒の仮面や獅子舞で使用する獅子頭の持ち出しがタブーとなることも少なくない。たとえば、旗頭の上には、神が降りるとも言われているため、旗頭も獅子頭と同様に丁重に取り扱われており、安易に使用することをご法度としている。

海洋博のイベント出演の際、関係者の間でどのような話し合いがもたれたかについては不明であるが、「海洋博の公演にふさわしいアレンジを行う」という地元新聞記事から、禁忌に配慮した公演であったことが推測される。当初予定していた「ミニ豊年祭」から「石垣島の豊年祭」とテーマも変更されていることを考えると、海洋博のイベントへの参加をめぐってさまざまな意見のやり取りがあったのだろう。従来、豊年祭で演じられる芸能は奉納儀礼のひとつであるため、特に当時の八重山では観光客を対象にした「見せ物」として芸能を演じる認識はなかった。そのため、奉納芸能を島外で演じることや御嶽ではない場所で踊ることに対する抵抗があったと考えられる。しかし、実際は「石垣島の豊年祭」と題して、大々的に豊年祭で踊られる八重山芸能を演じたことが新聞記事からわかる。

海洋博で八重山芸能の演舞を行った理由は、石垣島を中心とした離島の島々を島外に広くアピールすることにあった。日本本土復帰以降、観光産業を強化しようとしていた八重山にとって海洋博のイベント参加は絶好の機会であり、沖縄県内外から集まる人びとに石垣島の芸能を披露することは観光面の集客に繋がると考えていたからである。また、沖縄本島の人びとに八重山芸能の存在を広くアピールすることも目的の一つであった。

さらに、海洋博開催期間中に「市町村の日」が設けられ、「夕日の広場」では、沖縄県内の各市町村の民俗芸能公演が催され、それをＮＨＫ沖縄放送局が収録し、番組「沖縄の歌と踊り」で放映した。そのことを契機に、各地で民俗芸能公演（発表会）がにわかに脚光を浴びるようになった。

こうして、一九七五年の沖縄海洋博というビッグイベントに参加する過程で、八重山芸能は、奉納を目的とした祭祀芸能から、観客を意識した洗練された舞台芸能を指向するようになった。そして、その後八重山芸能が八重山の観光資源の目玉として扱われるようになっていった。

3　観光ブームの到来

八重山の観光ブームは、一九七二年の日本本土復帰以降、途切れることなく続いた。当時の新聞では、「島中が日本本土からの観光客で溢れ返る」と観光客に関する記事が一面を賑わせており、観光客の多さに島中の施設、島民が対応しきれていない状況を知ることができる［八重山毎日新聞 一九七六年八月五日］。まさに八重山は、南の島の楽園として人気を集めていた。

八重山が観光産業に力を入れるようになったのは、一九七〇年代前半の経済的な逼迫が大きく関係していた。八重山の主島である石垣島と各離島の主な産業は農業であるが、たびたびやってくる台風などの自然災害には常に悩まされていた。特に、一九七一年の記録的な旱魃と台風被害によって島内での換金作物が壊滅状態になったため、その後の八重山の人びとの生活は大きく変化してしまった。このことにより、島民は「島を救うには内地の企業を誘致する他ない」［加賀谷 二〇〇七：七二］という考えをもつようにまでなっていた。

日本本土復帰を目前にし、八重山では外部資本によるリゾート開発の計画が持ち上がっており、なかでもいち早く観光企業を誘致した小浜島では、一九七九年に欧米型の長期滞在型旅行をコンセプトとした宿泊施設が誕生した［佐藤 二〇〇八：二八］。八重山が「芸能の島」「星の砂の島」として紹介されるようになると、島には多くの観光客が訪れ、彼らを歓迎する余興として観光用の八重山芸能も登場するようになった。

一方、祭りによっては、先に述べたように禁忌のある芸能も存在する。祭りは、集落のものであり、外部の者が参加する場合は、集落の代表者から許可を得なければならない。そのため、八重山の祭りは、外部の者から非常に閉鎖的だとみなされている。そして、このような祭りの多くが、撮影、録音、メモ、スケッチといった行為を禁止している。

しかし、一九七〇年代の八重山の経済的状況のなかで、集落のルールに従うことを条件に、禁忌のある祭りの見学が許され、観光資源化されていった。一九七〇年代の八重山における観光産業の強化は、八重山の環境的変化が要因となって行われたが、芸能を取り巻く環境も一緒に変化していった。

一方で、八重山の芸能が、観光資源として「見せる」あるいは「見られる」ようになったことから、これまで「低俗なもの」とされてきた芸能への認識に変化が見られるようになった。

このように一九七〇年代の八重山においては、沖縄海洋博への出演、観光ブームの到来、発表会の開催を契機に、集落内部で行われていた芸能が、島外で行われるようになった。一九八〇年ごろからは、沖縄本島の舞台公演で八重山芸能が披露されるようになった。さらに一九八六年の石垣市民会館の誕生によって、八重山芸能の舞台公演は増加し、八重山芸能は、祭祀芸能だけでなく舞台芸能として、芸術性を洗練させる転換期を迎えた。

六　八重山ひるぎの会の設立とその活動

1　八重山ひるぎの会の発足経緯

ここでは、一九七二年以降に展開した八重山ひるぎの会の活動を通して、復帰以降の八重山における八重山芸能の確立について検討する。「八重山ひるぎの会」[38]（以下、ひるぎの会）は、「八重山の人々に伝統と豊かな芸術文化にもっと触れてもらい、本土や沖縄の舞台芸能の鑑賞のきっかけを提供することと、八重山の人々による八重山民俗芸能大会の開催」〔八重山毎日新聞　一九七六年三月五日〕を目的に一九七六年に結成された。

ひるぎの会は、八重山出身である森田孫栄氏を会長とし、副会長に宮里英伸氏、企画担当に石垣博孝氏、その他数名の有志を募って結成された会である。その主な活動は、日本本土や沖縄の舞台芸能鑑賞の機会を提供することや、石垣島で八重山民俗芸能大会を開催することであり〔39〕、島外から芸能家を招聘し、八重山（石垣島）でさまざまな芸能の発表会を企画していた点を特徴とする。さらに、これらの発表会を通して、自身のものとは異なる芸能に接し、互いの芸能を高め合うことを目指していた。また、このような交流を通して、八重山芸能を「独自の芸能」として確立するだけでなく、新たな八重山芸能の構築が目指されていた〔八重山毎日新聞　一九七六年三月五日〕。ひるぎの会発足の経緯は、以下に示したとおりである。

物質文化の急速な進歩伝播に伴い、島人が古くから育んできたエトス的美風をかなぐりすてるかのように、この八重山においても物質偏重の発想から、経済価値なきものは無益な存在だとする頽廃的刹那主義、迎合思想をうみ、安易に妥協し合い、利益のため真実を歪曲してゆく風潮がび漫するこのごろですし、人々が真に傑れた文化に接する努力をわずらわしいものと思う傾向になってきました。（中略）島の将来を慮り憂い合ってきた同志が集い、省察したすえ、島外の新しい文化の積極的摂取、さらに八重山土俗の儀軌、秩序、自治作法を反逆、コミュニティにおける人間の在り方、生きるよろこびを模索しつつ文化の中核たる自然回帰と人間尊重を踏まえ、土俗の今日的価値を再認識し、自己検証、延いては他への反省のよすがとなし、新しい文化創造の原動力たるべく、このたびは「八重山ひるぎの会」を結成いたしました。（中略）同会の発足にあたっては、ごく少人数の人員で文化推進の大掛かりな企画に取り組む無謀さをかこってもみました。しかし、隣郡宮古における、島民がこぞり市町村行政と一体となり、文化の高揚につとめ、着々とその実を挙げつつあるさまを見聞するにつけ、焦燥にかられるあまり、自ら火中の栗を拾ういきさつになってしまいました。

［八重山毎日新聞　一九七六年九月二四日］

ひるぎの会会長の森田孫栄氏は、八重山における土着文化や精神文化が退廃する状況に疑問を抱き、八重山の文化活動の貧弱さを問題視していた。また、当時の八重山には文化行政を確立するための環境が整えられていなかった。森田氏は八重山の将来を危惧し、軌道修正の必要性から、文化活動の組織化を図ったようである。

特に、森田氏の「隣郡宮古における、島民がこぞり市町村行政と一体となり、文化の高揚につとめ、着々とその実を挙げつつあるさまを見聞するにつけ」という文面からは、宮古からの遅れに対する焦燥感、そして早急に独自の八重山文化を創造しなければならないことを訴える様子がわかる。

2　八重山ひるぎの会の活動と八重山芸能の創造

ひるぎの会は、発足からすぐに、自主公演「第一回八重山民俗芸能の夕」を二日間にわたって開催している。自主公演の開催に向けて会長の森田氏は、以下のように述べている。

この「八重山民俗芸能の夕」を催すについては、検討のすえ、過日専門家、有識者、各界代表などで構成した演目選定委員会を編成、慎重な審議の結果、九月十四日付八重山毎日新聞掲載報道のとおりえりすぐった二〇種目の演題決定をみるに至った次第であります。

同会は目的達成のため、効果的な活動を展開すべく、今後の在り方として、会員を江湖に広く募り、大多数の人員の参与を俟ち、民主的な合理運営をなすべく考案しており、なお、具体案としては島外の傑れた芸能や舞台芸術を招来し、かつ、島々各地に伝承された八重山民族の大ロマンとも称すべき芸能の数々を通して、八重山文化を正しく把握し、意識の高揚と明日への創造とすべく、毎年恒例として八重山民俗芸能鑑賞会を催す構想を樹てています。

〔八重山毎日新聞　一九七六年九月二四日〕

自主公演の最大の目的は、「八重山の民俗芸能を正しく理解し継承する」ことを促すことにあった。また、島外の優れた芸能を島内で公演し、民俗芸能を通した交流をすることで、八重山の芸能の質の向上を図れるだろうと期待したのだった。演目や出演者の選定には、専門家や有識者が関わり、ひるぎの会が独自に設けたと思われる基準によっていることがわかる。また、このような基準を通して八重山の芸能を正しく継承しようとする背景には、理想的な八重山芸能を構想しようとする姿勢が読み取れる。というのも、自主公演に選定された演目は、すべて八重山内部で認められた者のみが演じることのできる演目であったからである。そして、八重山毎日新聞社によって一九七五年から始められた民謡のコンクールで受賞歴のある者や、舞踊に限っては各研究所で舞踊を修練してきた者の参加を奨励した。ひるぎの会が初めて開催した「八重山民俗芸能の夕」は、以下の演目で行われた。『八重山毎日新聞』一九七六年九月一四日付に掲載された演目を列挙してみる。

①大胴小胴と太鼓の段のもの〔太鼓の演奏〕、②赤馬節〔歌三線、舞踊〕、③仲良田節〔歌三線、舞踊〕、④月夜

浜節［歌三線、舞踊］、⑤鳩間節［歌三線、舞踊］、⑥イトパレー［狂言］、⑦高那節［歌三線、舞踊］、⑧ハピラ（字小浜）［歌三線、舞踊］、⑨ナカナン（与那国）［歌三線、舞踊］、⑩獅子棒（字黒島、東筋、在石垣黒島郷友会）［獅子が登場する前に棒踊りを演じ、獅子を誘い出す踊り］、⑪ハイフタフンタカユングドゥ［唱え歌］、⑫ポーザー狂言（字川平）［狂言］、⑬ユンタジラバ（字石垣ユンタ保存会）［無伴奏で歌う］、⑭スマブドゥル（白保真謝嶽氏子）［歌三線、舞踊］、⑮ミシャグパーシィ（字大浜）［お神酒を飲むときに歌う唱え歌］、⑯カビラパチカイ（字西表、干立）［狂言］、⑰牛追狂言（字西表、祖納）［狂言］、⑱独唱［無伴奏で歌う］

※（ ）内は地名または組織名、［ ］内は芸能の形態

森田氏の八重山芸能に対するこだわりは、『八重山芸能文化論』［森田 一九九九］のなかでもみることができる。そこには、琉球舞踊と八重山舞踊の違いを明確にし、「混ざり気のない八重山だけの舞踊」を追求する姿勢が現れている。たとえば、一九二八年の日本青年館主催の「第三回全国郷土舞踊と民謡の会」に出演した八重山舞踊に対して、伊波普猷が「本島の踊りに似て非なるもの」と評した。これに対して森田氏は、伊波の偏った評価を指摘し、東恩納寛惇の「（筆者注――八重山舞踊は）沖縄舞踊の、特に現在の沖縄舞踊のマネをしてはならない。マネはほんものには及ばないからである。八重山には沖縄でもマネできないものがある」［森田 一九九九：七七―七八］という意見を引用しながら、八重山舞踊は、沖縄本島の芸能とは一線を画する形で発展してきたと反論した。伊波による本島の文化を中心に捉えた八重山芸能への発言に対して、森田氏の悲憤慷慨したさまがよく伝わってくる。こうした森田氏の姿勢は、当然、ひるぎの会の活動にも影響を及ぼしていた。特に、琉球古典芸能から影響を受けた「沖縄風」とみなされる所作を八重山芸能から意識的に排除し、八重山独自の芸能を創造しよう

とした。ここで、一九七六年九月一四日付の『八重山毎日新聞』の記事を見てみたい。八重山の芸能をめぐる当時の状況について、次のように掲載されている。

同会がこれ（筆者注――八重山民俗芸能の夕）を計画したのは二、三年前からであり、県主催の芸術祭には、これまでに八重山から何回か出演しているが、県としては経費の関係から沖縄本島在の郷友会員に出てもらっているようである。しかし、それが八重山古典芸能の主旨に反するようなふるまいがあったり、あるいはこの踊りは八重山では踊れる人はいない、という不謹慎な考えをもっているなどから、同会としては一日も早く正しい民俗芸能を継承していかなければ八重山の芸能は沖縄本島にあるいかがわしきものが正しいという誤った考えになってしまうと見て計画されたものという。同会としては将来、中央での発表会も考えており、さらに古典だけでなく新作創作も発表の機会をつくりたいというのでまさに八重山の芸能の黄金時代がやってきたようだと関係者は評価している。

〔八重山毎日新聞　一九七六年九月一四日〕

森田氏は、ひるぎの会の立ち上げの際にも繰り返し、八重山の芸能の「正しい継承」を主張し、八重山古典芸能のあり方や真正性を問い直そうとしている。右の記事からも、森田氏をはじめひるぎの会が沖縄本島在住の郷友会の人びとによって演じられた八重山古典芸能が変容してしまっていることに対して否定的な評価を与えていることがわかる。

ここで注目すべきなのは、復帰以降の八重山において、八重山芸能を琉球古典芸能と対置させ、八重山芸能のあり方や方向性を規定しようとしていたことである。ひるぎの会の主要メンバーの石垣博孝氏〔40〕による新聞投稿記事には、そのことが顕著にあらわれている。以下、その部分を引用する。

八重山の芸能には、八重山の風土や心がうたいこまれて格調も高い。最近では、那覇や東京などでも盛んに発表会がもたれ、あまねく流布している感がある。しかしそこには危険をはらんでおり、知らず知らずの中に風土をはなれてしまっていることが多い。久々に帰省した芸能家が次のようなことを言った。「少なくとも一年に一度は帰ってきて八重山の自然の中に立ち、それを脳裏に焼きつけていかないと、自分の謡がまったく別物になってしまう。それが都会でうたっていると手にとるようにわかる」。私は、そこに民俗芸能の宿命があると思う。風土をはなれては、民俗芸能は成り立たない。多少なりとも民俗芸能にかかわりを持つ者なら、たえずそのことを意識して習練を積まなければならないし、そこに目には見えない厳しい自分との闘いがある。

〔八重山毎日新聞　一九七六年六月一六日〕

よく八重山は文化水準の高いところであり、伝統的な行事や芸能が豊富に残っているところだと言われている。言われた方も漠然と誇りを持ち、少なからずいい気になっている。このことは、質、量ともに各地と比較にならないほどの謡や踊りを持っていることに起因している。（中略）残念ながら、もう今ではその評価は当たらない、と確信を持っていえるのである。表面的には、東京での公演、那覇での発表会と八重山の芸能が今日ほど地域的なひろがりを持って宣伝されたことはなかった。等しく今日ほど八重山民俗芸能が毒されている時代もまたなかった。謡は生活を離れ、心でうたわれず技術中心になり詩情がなくなりつつあるし、古謡に至ってはてんでんばらばらに舞台に上げて完璧なまでに破壊されてしまった。踊りの方も目をみはるほど琉球古典舞踊を真似るようになった。

［八重山日報　一九七七年六月一五日］

石垣は、八重山の芸能の発表会が、東京や沖縄本島で積極的に行われようになったことによって、伝承形態や型が変容していくことを懸念し、八重山独自の芸能を正しく継承することを重視し、指摘した。たとえば、前掲のひるぎの会による第一回発表会のプログラムや構成は、八重山の人びとにひるぎの会が理想とした模範的な八重山芸能のあり方を示すための舞台発表であったと解釈することもできる。しかし、石垣が指摘した八重山芸能が島外へ誤った形で流出しているという状況が、かえって八重山独自の芸能を正しく継承することを人びとに意識させ、琉球古典芸能とは明確に区別された芸能を極めることに向かわせたといえる。石垣は、八重山芸能を継承するためには、八重山の人びと自身が厳しい目を持つことが必要であると主張した。そうした厳しいまなざしこそが、八重山の芸能を良いものにしていくというのである。

小括

本章では、八重山芸能の成立について近世琉球期まで遡り、琉球と八重山を行き来する人びとに注目しながら検討し、現在、八重山で展開する八重山芸能についてもみてきた。

八重山芸能と呼ばれる芸能体系は、古くから存在していたのではなく、近世琉球期に琉球と八重山を行き来した人びととの接触、つまり、琉球古典芸能との接触を通じて生まれてきたものであった。そして、戦後、沖縄との差異が八重山の人びとに意識される中で、知識人を中心に八重山独自の芸能としてつくりあげられたものが現在「八重山芸能」と呼ばれる芸能であった。

また、一九七二年以降、沖縄固有の芸能教授システムである「研究所」が、石垣島を中心に開設された。そこでは、八重山固有の歌や踊りを八重山芸能として確立していくために、「八重山らしさ」をいかに表現するかが重要とされていた。また、沖縄本島を中心に展開した琉球古典芸能コンクールの開催が、八重山芸能の確立過程に大きな影響を与えていたことも重要なポイントであった。

このように、八重山芸能の確立に至る直接的な要因はいくつかみられたが、見逃してならないのは、その確立の過程で対照されるべき他者の存在が意識されていたことであった。その一つが、琉球古典芸能であった。そこには、他者（沖縄）と比較することによって、自らの芸能の核となる「八重山らしさ」を発見し、八重山独自の芸能に昇華させようという意識が含まれていた。

このような八重山芸能が、八重山独自の芸能として学校で教えられるとき、そこでは何が重要とされ、どのような取り組みが行われているのだろうか。次章では、この問いを出発点として、八重山の三高校の郷土芸能部の結成に至るまでを当時の指導者の語りや資料をもとにひもとき、学校という特定の場で八重山芸能がどのように展開してきたかについて記述していく。

［1］近世琉球とは、一六〇九年の薩摩藩の島津氏による琉球侵攻を契機として、琉球王国が中国と日本に異なる形で臣従しつつ、明との冊封・朝貢関係を維持したまま、幕藩制国家の支配領域に組み込まれた時代をいう［渡辺 二〇一二：三］。それは、琉球が「沖縄県」として日本に包括される一八九七年まで続いた。

［2］先島とは、宮古と八重山の両諸島を指す名称である［高良 一九八三：九五八］。

［3］島の政治を監督する役職として、与人《ゆんちゅ》、目差主《みざししゅ》と呼ばれる頭がいた。与人は、村をまとめる村長の役割を担い、目差主は与人を補佐する役割を担っていた［喜舎場 一九七七c：一六五］。

［4］豊見山［二〇〇四］は、近世琉球期の琉球王府の服属状況を「従属的朝貢」と規定した。当時の琉球王国が、相対的に規制力の弱い中国（明・清）との朝貢関係を保持する一方で、従属度の強い薩摩藩との関係を有する存在であったため、その両者への従属を包括する概念として「従属的二重朝貢」を提示している。

［5］当時、正式な国交を持たない明と日本が、琉球を介して間接的な貿易を行う状況は、明から清への王朝交替後も続き、日清修好条規が締結される一八七一年まで原則的に維持された［渡辺 二〇一二：六五—六六］。

［6］八重山における農耕の強制状況は「与世山親方八重山島農務帳」（一七六八年）に示されており、王府からの農業化がいかに強制的なものとして推進されていたかがわかる［豊見山 二〇〇三：七九］。

［7］王府の直接統治に置かれた八重山では、八重山に常駐する琉球の役人らが島を巡視する制度があった。その際、役人たちをもてなすために宴が開かれ、そこでは八重山の島々の人びとによる島の芸能が披露されていた［喜舎場 一九七七a：二一］。このようなことから、王府が何を規制し、禁止するかという判断は、歌や踊りの内容やそれがおこなわれる状況などによって異なっていたことがわかる。

［8］一四世紀、中国の冊封体制下にあった琉球王府は、中国から琉球に派遣された冊封使を歓待しなければならなかった。王府は組織的な芸能集団をつくり、琉球に約四ヶ月から八ヶ月の長期間滞在した冊封使を歓待した。その際、外交のために演じられた宮廷芸能を「御冠船踊《うかんしんうどぅい》」と呼んだ。中国からの冊封使を歓待するための芸能としてはじまった御冠船踊は、当時の芸能集団であった首里の役人によって多くの作品が生み出され、今日の琉球古典芸能に発展した。

［9］公務のための芸能の習得が必須とされたのは、一六六七年の羽地朝秀による大和芸能の仕置設置がはじまりである。

［10］『踊番組』は、今日における沖縄の古典芸能の歴史を知る上で重要な資料とされているだけなく、江戸上りや薩摩での踊番組についても記されているため、芸能史の史的考察においても欠かせない文献となっている。本田安次の『南島採訪記』［一九六二］の付録「踊番組」（三八七—四〇五頁）を参照のこと。

［11］ユンタとジラバの違いは、不明瞭である。土地によって多少の使い分けがなされているが、八重山全体でみると、音楽面

ではほとんど同義として捉えられている［金城　二〇〇四：四六］。

［12］琉球王府は、士族らに日常のたしなみとして三線を習い覚えさせた。そして、御冠船などの大規模な芸能の宴行事で、役人に三線職を臨時に命じ、業務として演奏させた。つまり、三線は、支配階級の楽器として尊ばれるものであったため、誰もが享受可能な楽器ではなかった。しかし、廃藩置県以降には、民間へもあっという間に広がり、一般庶民が三線を弾いて遊ぶようになった。このように人びとの嗜好の変化には、八重山における音楽的発展や社会的変質の問題が凝縮された形で現れているといえる。

［13］芝居小屋ができ始めた頃は、王府の古典芸能が中心だったが、新しい時代の人びとの感覚を捉えることができず、次第に歌劇と類似するような舞台を創っていった。その過程で新しい民謡ができ、それを併った新しい舞台は「琉球歌劇」として沖縄本島をはじめ八重山・宮古の離島まで広がった。

［14］琉球王朝時代に王府（宮廷）で創作され、保護・育成された組踊は、廃藩置県以降、地方の芸能プログラムに組み入れられ、地方の芸能として定着しており、同じ演目でも地域的特色がでていたことが明らかになっている。

［15］二〇〇九年一一月二五日に八重山市立博物館で開催された「平成二一年度博物館文化講座」の講演録を参照。

［16］近世琉球期の琉歌集『琉球百控乾柔節流』（一七九五年）に「小浜節」「恋の花」が記録されていることから［矢野　一九七四］、八重山の歌は古くから沖縄の芸能家に嗜まれており、沖縄と八重山の関係が密接であったことがわかる。

［17］首里から石垣へ移り住んだ元士族の屋部憲賢、星潤は、八重山の舞踊家の琉球芸能の指導を積極的に行うだけでなく、八重山の舞踊の研究にも熱心であった［大田　一九九三］。

［18］渡慶次は、御冠船踊の演者であった首里の比屋根安粥から宮廷舞踊を伝授された諸見里秀恩からも、八重山舞踊を習得していた［宮良　一九七九、大田　一九九三］。

［19］沖縄全域で活動する芸能家には、プロ、アマチュアを問わず、教師あるいは師範といった称号が与えられている。また、この称号を有している者は、特定の流派の保存団体が行う技芸の審査に合格し、教師免状あるいは師範免状と呼ばれる免状も与えられている。ちなみに、師範免状を取得するには、教師免状を保持していることが前提とされている。また、研究所の開設には、そのどちらかを有していることが条件とされている。教師・師範免状は、一般に、芸能家として活動す

るための資格として位置づけられているが、なかでも師範免状は、それを持つ者が沖縄全域の芸能界において高い技芸レベルを有する芸能家として認識されていることを示すものである。しかし、中には、技芸レベルも曖昧なまま、その免状を恣意的に利用し、研究所を開設する芸能家もいる。このような状況に対して、大城は「教師や師範などの資格が芸の継承を図ることから逸脱して、流派の権力の拡大に力を注いでいると思えてならない」［大城 二〇一三：四三］と指摘している。

［20］一九六〇年一月に行われた農林高校の農業祭で、演劇クラブが八重山芸能を披露していることから、舞台発表のために指導者として臨時に渡慶次が呼ばれたのではないかと推測される［八重山歌工工四編纂百周年記念事業期成会 一九八七］。なぜなら、当時、両校ではクラブ活動として芸能を導入していたという記録がないからである。正式な芸能に関するクラブ活動の設置は、八重山高校は一九六四年、農林高校は一九六六年である。

［21］大田・糸洲［一九八七：一二九―一五〇］による「八重山芸能文化史年表」を参照。

［22］柳田の旅の詳細は、一九二五年に出版された『海南小記』のなかで記述されている。

［23］「郷土舞踊と民謡の会」の顧問であった柳田は、「第一回日本郷土民謡舞踊大会」を一九二六年に開催している。その際、沖縄県当局に八重山の民謡舞踊の出演を打診したが、沖縄県側でこれを断っていることを思わせる様子が、喜舎場の「柳田翁と南島」［喜舎場 一九七七c：三六九］の記述から確認できる。

［24］一九三〇年六月に勤王流舞踊所を開設。

［25］一九五九年に「研究所」を開設した玉木舞踊研究所、山川舞踊研究所は、琉球舞踊家である星潤の星晴会から師範称号を授与され、「研究所」の開設に至っている［大田 一九九三：一七四―一七五］。

［26］一九四七年には、海南時報社主催による「第一回トゥバリョーマ大会」が宮鳥御嶽にて開催、一九四八年には星舞踊研究所の第一回公演が開催されている。その後、一九五〇年代から一九六〇年代までは、八重山の古謡大会（とぅばらーま）や研究所主体の民俗舞踊の発表会などが開催されていた。戦後間もない時期は、移動手段の限られたなかで開催されたためか、ほとんどの大会が、八重山の歌や踊りを中心とした島内（石垣島）での発表会であった。

［27］戦後、そして復帰以降も八重山における「研究所」は、ほとんどが主島の石垣島を中心に開設された。しかし、近年は、

離島にも研究所が開設されるようになり、島々、村々の伝統芸能を新しい伝承形態のなかで継承する傾向にある。

[28] 一九七五年一一月に開催された八重山古典民謡発表会では、安室流保存会、安室流協和会、大浜流保存会、八重山古典民謡研究会（那覇）が参加。舞踊は、八重山勤王流舞踊の「渡久山久枝舞踊練場」が組み入れられている［八重山毎日新聞 一九七五年一一月二日］。

[29] 二〇一一年から琉球新報社主催の琉球古典音楽コンクールに、八重山古典民謡コンクールが加わっている。

[30] 三線とは違って舞踊には譜がなく、また八重山舞踊は、島々の清楚で素朴な奉納舞いを「伝統」と捉えてきた。そのため、それぞれの技の違いに優劣を付けるコンクールの性格になじまない、といった点を理由にいまだ実施されていない［八重山毎日新聞 二〇一一年一月三〇日］。

[31] 一九八二年二月二一日「民俗芸能振興大会」（石垣市教育委員会主催）が石垣島で開催された。

[32] 沖縄県の本土復帰記念事業として沖縄本島北部の国頭郡本部町で一八三日間の会期（一九七五年七月二〇日〜一九七六年一月一八日）をもって行われた国際博覧会。

[33] 一九八三年四月二〇日、八重山芸能保存会が台湾の東アジア芸術祭に参加したのを嚆矢とする。

[34] 二〇一一年三月四日「第一六回石垣市民総合文化祭」（石垣市文化協会主催）パンフレット。「舞台発表の部」では、古謡部会から、波照間の「ぴてそりジラバ」「ぱてぃろーまぬみんぴが」、方言部会は一九八六年の「石垣市民会館落成祝の願い口上」を再現した。石垣女性コーラスあかようらは「春の唄」など三曲を歌った。武道部会からは、屋比久流八重山拳法王道会が力強い団体演舞を行った。その他に、二〇一〇年のとぅばらーま大会での最優秀賞受賞者によるとぅばらーまが披露された。

[35] 一九八六年一〇月三一日に東京・国立劇場において「八重山の舞踊と沖縄歌劇」というタイトルの沖縄の芸能公演が初めて行われた。パンフレットには、研究所名などが記載されていないため、実際に研究所を単位とした演舞に関わる詳細な情報はわからないが、すべての演目が八重山古典舞踊で構成されていた。出場者は師範免許を取得し、現在、研究所を開設した面々が名を連ねていた。この資料から、この時期は、八重山の文化に根差した新しい八重山芸能が創造される萌芽期であったことがわかる（国立劇場第一回沖縄の芸能公演「八重山の舞踊と沖縄歌劇」パンフレット）。

［36］八重山芸能における流派は、舞踊は、勤王流（八重山舞踊勤王流祥吉乃会、勤王流八重山舞踊保存会、八重山伝統舞踊勤王流）、光扇会、星流、みどり会がある。三線は、八重山古典音楽協会（安室流保存会、安室流協和会、大濱用能流保存会）、八重山古典民謡保存会がある。また、流派自体は少ないが太鼓や箏の研究所もある。つまり、近年は、ほとんどの演舞から三線、太鼓、箏の演奏に至るまでの修練が、研究所を中心に行われるようになった。

［37］これは、文科省による、学校と地域との連携を目的とした「地域力」を活用した教育活動の積極的な取り組みを背景としている。

［38］「ひるぎ」は、南西諸島（宮古、八重山）に分布し、海水と淡水が混ざり合う泥土に根を広く張る丈夫な植物として知られている。八重山の人びとの生きざまを象徴する植物としてひるぎを例に出すことが多い。八重山ひるぎの会の名称には、大地をしっかり踏みしめ、自然の猛威にもひるまず、清らかに逞しく群生するひるぎのように、という思いが込められていた。

［39］この会の活動がいつまで行われていたのか不明であるが、一九七九年の「第三回八重山民俗芸能の夕」開催以降、ひるぎの会が主催あるいは中心となって行った舞台に関する新聞記事や記録が見当たらないことから、一九七六年から一九七九年までの三年間でその役割を終えていたと思われる。

［40］石垣博孝氏は、一九七三年まで日本本土で美術教員として教壇にたっていたが、八重山には美術教師が不在だったことから、一九七四年に八重山に帰郷し、一九七六年までの二年間、地元の中学校で美術教師をしていた。その後、退職し一九七六年以降は石垣市立八重山博物館で学芸員として勤務した。退職後は、石垣市文化財審議委員として活躍している［二〇一〇年一〇月一一日・筆者の聞き取り調査より］。

第三章　八重山芸能を創造する場としての学校

沖縄県の高等学校における民俗芸能の実践は、クラブ活動のなかで顕著にみられる。県内でもいち早く郷土芸能クラブを結成した高校は、八重山高校であった［1］。一九六四年の八重山高校郷土芸能クラブ（のちの郷土芸能部）の立ち上げを皮切りに、一九六六年に農林高校、そして一九六九年に商工高校のクラブ活動で八重山芸能が教えられるようになった。以下では、一九六〇年代に八重山高校で郷土芸能クラブを立ち上げた教員の高嶺方祐氏の経験を通して、学校における八重山芸能の導入がどのように行われ、定着するに至ったかを検討する。

一　学校における八重山芸能の導入――萌芽期

戦後、八重山高校の郷土芸能クラブの設置に尽力した当時の高嶺氏は、「クラブを立ち上げようとしたとき、教職員や地域住民の猛烈な反対があった」と述べた。これは、近年、八重山の三高校が郷土芸能部の活動が盛んな高校として認識され、沖縄県内外に活動の場を広げている状況からは、想像もつかない語りである。

八重山高校は、八重山唯一の普通科が設置された高校であり、高校進学のために八重山全域から生徒が集まってくる。当時石垣島の周辺離島出身の生徒の多くが、石垣市内で下宿をしていた。当時の島嶼社会の状況からみても、子どもを高校に通わせることの第一の目的はよい職業に就かせることであり、保護者の経済的負担を考えれば、学業に関係ない芸能を学校で積極的に教えることについて疑問が持たれたことも理解できる。

また、今日の八重山において三線は、非常に親しみのある楽器であり、研究所に通い三線を嗜む人の数も増加している。しかし、戦後の八重山では、三線は非常に高価な楽器であったため、一九八〇年代以降に研究所が登場するまでは、一般に普及していなかった。その上、当時は祭祀行事以外で三線を弾くことは遊びと捉えられ、さらに三線を弾く行為そのものがやっかみの対象であったため、三線を弾く者は「ピラツカ」（怠け者）［2］と呼ばれていた［3］。このような状況は、学校で民俗芸能を教えることを困難にさせていた。特に、三線を弾く行為が「怠け者」を連想させたため、教育活動の一つとして認められなかった。八重山高校における民俗芸能の実践は、教職員や保護者からの理解や協力を容易に得られない時代に始められた。

竹富島の出身である高嶺方祐氏は、八重山高校を卒業した後、一九五六年に琉球大学に進学し、郷土芸能研究のサークルで琉球古典音楽を学んだ。そのとき同じサークルメンバーだった八重山出身の同級生に、「八重山の学校に赴任したら郷土芸能クラブを立ち上げよう」と話していたという。高嶺氏の沖縄の芸能に対する関心は非常に強く、大学在学中には沖縄本島にある琉球古典音楽（野村流）を学べる研究所に通っていた。沖縄本島での経験は、高嶺氏が琉球古典音楽の技術を身に付けることに役立っただけでなく、芸能を「学ぶ」ものとして捉える契機となった。

また、高嶺氏の出身地である竹富島は、芸能の盛んな島として知られている。特に、種子《たね》取祭《どりさい》は、竹富島の祭祀行事のなかで最も大きな祭りの一つである。高嶺氏も幼い頃からこの祭りに参加しており、生活の拠点が那覇や石垣島に移ろうとも、祭りの際には必ず島に戻り、祭りの役員を務めている。祭りで奉納される芸能は、村落の構成員が主体となり、祭りが近づくと島内の公民館では毎晩猛特訓が行われる。祭りで奉納される芸能は、島にルーツをもつ者やその配偶者、そして竹富島に居住する者でなければ演じることができない。そのため、出自や地縁、婚姻関係に基づいて形成された特定のコミュニティの内部で芸能が継承されてきた。高嶺氏の沖縄本島での経験は、師匠と弟子という出自や地縁に基づかない関係の中で芸能を身につけるという初めての経験でもあった。こうして芸能を「学ぶ」ことを経験した高嶺氏は、島に戻った後に自身が経験したような芸能教育ができないかと模索し始めた。そして、当時勤務していた学校で民俗芸能クラブを設置するべく、積極的な働きかけを開始した。

高嶺氏は、琉球大学卒業後、一九六〇年に赴任した八重山高校の教職員歓迎会であった出来事を以下のように語った。

> 場を盛り上げようと私が三線を弾いたとき、周囲の教職員の雰囲気が一気に変わり、一斉に雨戸を閉め始めたんです。当時の校舎は、木造だったから三線の音が外にも響きわたるでしょ？　学校のまわりには、民家がたくさんあったので、学校で三線の音が聞こえると、先生方は困ったのです。また、当時は八重山のウタ［4］に劣等感を感じる人も多かったですね。古臭いというか、田舎臭いというか。恥ずかしいと思う人が多かったですね。
>
> （二〇〇九年一〇月一八日・筆者の聞き取り調査より）

高嶺氏の語りからは、八重山の人びとの間に、学校で三線を弾く行為に対する否定的な印象があっただけでなく、八重山のウタに対する劣等感もあったことがわかる。八重山の古い歌や踊りは、先述した労働歌のユンタやジラバであった。しかし、人びとの生活様式の変化によって、ユンタやジラバは労働歌から遊び歌として歌われるようになった。遊び歌には、男女の恋愛を歌にしたものも多く、現在においても八重山内外の人びとに親しまれ、歌い継がれている。しかし、性の営みを隠語で表現した歌詞もあり、公の場で歌うことがあまり歓迎されないものもあったため、このような歌を「低俗なもの」として捉える島の人びともいた［呉屋 二〇〇九：一三三］。高嶺氏は、このような学校や地域社会の状況に対して疑問をもち、「学校こそ文化を知るべき場である」という考えが強くなったと語っている。その後、教職員を説得しながら郷土芸能クラブ設立に向けて活動を進めた。八重山高校において郷土芸能クラブが誕生したのは、一九六〇年の高嶺氏の呼びかけから四年後の一九六四年だった。

第二章で述べたように、八重山において八重山芸能の習得や発表に力が入れられるようになったのは、沖縄日本本土復帰以降だった。それ以前の八重山では、廃藩置県以降に琉球古典芸能家たちから伝授された琉球古典芸能や、琉球古典芸能から影響を受けた八重山芸能の習得が一般的に行われていた。このような状況は、学校においても同様であったことが写真資料からもわかる。たとえば、一九六〇年代に行われた舞台発表会の写真資料をみると、生徒たちが頭に松や竹、梅の飾りをあしらった被り物を身に付けていることから、琉球古典舞踊の「松竹梅」を踊っていたことがわかる（写真①）。また、農林高校の写真資料（写真②）では、上段枠線内の女子生徒が花笠、鶴、亀、竹の被り物を被っていることから、琉球古典舞踊の「松竹梅鶴亀」を踊っていたことがわかる。そして、下段の枠線内にはムイチャーと呼ばれる八重山の労働服を模した衣装を着る女子生徒がいることから、

写真①　八重山高校の郷土芸能クラブによる舞台発表会の様子
(『1969年度 八重山高校卒業アルバム』より。枠線は筆者による)

写真②　農林高校の郷土芸能部による舞踊発表会
(『1970年度 八重山農林高校卒業アルバム』より。枠線は筆者による)

写真③　八重山高校の郷土芸能クラブの集合写真
（『1980年度 八重山高校卒業アルバム』より。枠線は筆者による）

おそらく八重山舞踊も踊られていたのではないかと推測される［5］。

郷土芸能クラブで八重山芸能の習得に力が入れられるのは、一九七〇年代後半からであったことが、聞き取り調査で明らかになっている。一九八〇年代の八重山高校の写真資料（写真③）の左下には、鍬が写っている。これは、八重山の農民たちを表現した歌や踊りのときに用いられる道具であることから、八重山芸能を行っていたのではないかと推測される。さらに、この写真が撮影された時期は、八重山の地域社会において八重山芸能の研究所が設立されたり、八重山芸能の発表会が行われるようになったりした時期と重なっている。このようなことから、一九七〇年代後半から一九八〇年代初頭にかけて、郷土芸能クラブの活動も琉球古典芸能から八重山芸能に移行していたことがわかる。

一方、高嶺氏以外にも、戦後の八重山で民俗芸能を学校教育に取り入れようと試みた人たちがいた。大田静男〔一九九三〕によれば、八重山舞踊の第一人者である渡慶次長智は八重山高校と農林高校のクラブ活動で八重山舞踊を指導していたという〔大田 一九九三：一七三〕。しかし、何年ごろに、どのような経緯で指導が行われていたかを検証できる資料が見当たらない上に、クラブ活動自体が実際に存在したのかについて、卒業アルバムや学校要覧からも確認することができなかった。

また、一九五八年には、農林高校に勤めていた社会科教員の宮良賢貞氏が、女子生徒を対象に舞踊を教えていたことがわかっている。しかし、それはクラブ活動のように恒常的な活動ではなく、主に学校行事の余興として踊る舞踊の指導であった。宮良氏から舞踊の指導を受けた経験のある元生徒の女性（一九四一年生）は「その当時は、村の決まった人だけが祭りで踊ることが許され、誰もが自由に踊れる時代ではなかった。だから、宮良先生が舞踊を教えるといった時は、とても魅力的に感じたし、楽しかった」と述べている。また、宮良は、舞踊クラブを作ってみるのはどうか、という話を生徒らにしていたという〔6〕。女性によると、当初は希望する生徒が週に二回ほど放課後に集まって練習していたが、生徒だけの集まりで指導者がいなかった上に徐々に参加者も減り、気がついたら活動自体がなくなっていたという〔7〕。女性の話をもとに、当時の学校要覧を確認したところ、芸能に関するクラブは確認できなかった。宮良の活動が一、二ヶ月ほどで終っていたという女性の証言を踏まえると、当時は八重山の学校にとって、制度的な側面からも継続可能な民俗芸能の指導を行うことが困難な時代であったといえる。

二　八重山における芸能文化の形成と学校

八重山の祭りは、島や集落によってその構成員や規模が異なっており、その日取りは集落の祭祀儀礼の司式を一任されている神司《かんつかさ》の判断によって決められる。また、祭祀儀礼は旧暦に合わせて行われるため、毎年異なった日程で執り行われることが多い。そのため、八重山では構成員の確保や祭事にかかる費用の工面に加え、学校つまり学校長や教職員の理解と協力を得ることも祭りの持続的な運営に必要なこととして考えられてきた。学校もまた、地域の協力なしでは学校経営が成立しないという考えが定着しているため、祭祀儀礼を含む年中行事に協力的である。また、現在、八重山のすべての学校（小・中・高）では、祭祀行事を学校行事として扱っている。祭りの内容によっては、祭りの見学が授業として扱われることも少なくない。学校行事とすることによって、直接祭りに参加する児童や生徒だけではなく、その学校に在籍するすべての児童または生徒が祭りに参加できる。いつ頃から祭りを学校行事として扱うようになったかについて明らかにすることはできなかったが、少なくとも戦後から地域の年中行事が学校行事として扱われていたことが聞き取り調査から明らかになっている〔8〕。以下では、竹富島の小中学校の学校行事である種子取祭の事例を通して、地域社会と学校がどのように関わり、八重山の芸能文化の形成に影響を与えているかについて検討してみたい。

竹富町で重要無形民俗文化財に指定された民俗芸能のなかでも、竹富島の種子取祭は特に大規模なもので、一〇日間の祭りのうち二日間を学校行事とし、全校児童・生徒が祭りに参加している。また、この祭りの運営には学校長が役員として関わることが慣例となっており、一部の教職員が児童・生徒と一緒に芸能を奉納する役割が与えられている。

一〇日間にわたる種子取祭は、次のように行なわれる。第一日目（きのえさる）には島の古老や役員が集まり、種子取祭の計画や仕事の役割を決める。第二日目（きのえとり）、第三日目（ひのえいぬ）、第四日目（ひのとい）

の三日間は特に行事はなく、奉納芸能の練習が行なわれる。第五日目（つちのえね）は各家庭で行われ、それぞれの家長は畑に出て種子を蒔き、女性たちは祭りの主食であるイイヤチ（飯初）を作る。竹富では、「つちのえね」の日は、古くから種子を撒く最も重要な日とされており、その日には御嶽《おん》に奉納芸能を披露するための舞台を設営し準備を行なう。神司六人による種子取祭の祈願が始められるのもこの日からである。第六日目（つちのとうし）は、精進する日と称して身を慎む日とされている。物音を立てたり、大声を上げたりしてはいけない。また、味噌、醤油など味の濃いものや青野菜を食べない、色の濃いお茶を飲まないこととされている。第七日目（かのえとら）は、発芽を祈る日である。この日と翌日の第八日目（かのとう）が、もっとも祭りらしい日であり、奉納芸能もこの二日間に行われる。第八日目、まだ日が昇らない早朝に、島の古老、役員たち（小中学校の校長を含む）は、「ミルク起こし」の儀式を行なう。一方で、そのミルク奉安殿近くの御嶽（種子取祭を行う場所）では、六人の神司が祈願を行う。その両者は、御嶽で合流し、その神前に仮設された舞台の上で干鯛の儀式を行う。その儀式が終るとドラ・太鼓を打ち鳴らし、朝の「ユークイ」を行う。「ユークイ」とは、豊穣を乞い求めるという意味である［狩俣 二〇〇四：一一—一二〇］。

児童・生徒の種子取祭への参加形態には二通りある。一つは芸能を演ずることであり、もう一つは観客席で「見学」することである。演者の役割を担う子どもたちは、全校生徒の三分の一に相当する約一〇名である。舞台の上で舞う者、太鼓を叩く者、鐘を鳴らす者と、その役割は様々である。子どもたちを祭祀行事に組み込むことによって、島の芸能を学ぶ教育の場となっているといえる。また、教育の場であることは芸能を奉納する子どもたちに限らない。学校長や全校生徒も見学という形で行事に参加することによって、島の芸能を体験することができる。

種子取祭の見学は二日間にわたるが、出席扱いとなる。子どもたちは朝学校に登校し、引率の先生と一緒に祭りの会場に向かう。会場に到着すると、奉納芸能が一番よく見える舞台の真横に設けられた「席」[9]に座って儀礼がはじまるのを待つ。祭りへの参加は、通常の授業と同様の扱いになるため、朝八時一五分から午後三時半までの間は学校行事に参加していることになる。会場に保護者がいても子どもたちは学校単位で見学する。

学校の授業日数は教育計画に沿って定められており、地域行事への参加は学校での調整が不可欠である。学校の授業として地域行事に参加する場合、学校の教育課程のどこに位置づけるかが問題になってくる。現在では「総合的な学習の時間」として扱われているが、地域を主体とする学びが教育課程のなかで柔軟に対応できなかった一九九〇年代までには、クラブ活動や選択教科の時間数で調整されていた。このように祭りを学校行事として位置づけ、児童・生徒が参加できるよう便宜をはかった取り組みは、学校側が地域の民俗芸能について理解を示していることの一例といえよう。同時に、子どもたちが祭りという非日常のなかで八重山芸能に接する機会は、子どもたちが島の芸能を好むか好まないか、楽しいと思うか退屈と思うか、共感するかしないかに関わらず、種子取祭の舞台で披露される芸能に参加する、つまり「音楽をする」ことにも繋がっている。特に、地域の人びとや学校の関係者の間では、子どもたちが地域の芸能に触れることが最も重要であるという考えが共有されている。このような考えは、芸能の伝達や保存、そして実践者を育成するために必要とされる人材、つまり八重山芸能を鑑賞できる人材を育成することに繋がっている。

このように八重山芸能の継承の一端を学校が担っているという状況は、少なからず地域の芸能文化の形成に学校が影響を与える可能性があることを示している。現在、八重山における芸能文化の形成には、行政や学校などの外部アクターとの関わりを抜きにして考えることはできない。

次節では、八重山の教職員の実践について考察する。具体的には、一九七〇年代の八重山において、八重山独自の教育を模索しながら、八重山の文化を教えることに積極的に関わっていた沖縄県高等学校教職員組合八重山支部の活動に注目する。

三　沖縄県高等学校教職員組合の活動

一九七〇年代以降、沖縄県の学校教職員の活動の一環として、琉球古典芸能や八重山芸能の実践が見られるようになる。それは、沖縄県高等学校教職員組合（以下、高教組）に属する教職員が中心となった活動で、特に、沖縄本島本部と八重山支部の活動は、教師自らが地域の芸能を体験し、子どもたちに伝えることを目的としていた。

以下では、高教組の具体的な活動について明らかにする。それらを踏まえて、高教組八重山支部が、どのように生徒や保護者、そして地域の人びとと関わりながら、八重山の地域に根ざした教育の一つとして八重山芸能の教育を定着させていったのかについて検討する。

1　沖縄県高等学校教職員組合の誕生とその活動

高教組は、沖縄県教職員組合（以下、沖教組）の単一組合組織として琉球政府公務員法にもとづいて一九六七年七月一日に結成され、一九八八年一二月に独立組織となり現在に至っている〔10〕。一九七二年の復帰までの五年間は、諸権利・賃金・民主的諸制度等の獲得に向けた運動を組織的に展開した。そして、復帰後は、新しい沖縄県政が自治の確立を目指す過程のなかで、教育の中央集権化に対抗しながら、民主的諸制度の確立、教職員の身分確立、労働慣行、既得権利の擁護・高校増設・教育予算増に関する問題の解決に向けた取り組みがなされた。

一九六〇年四月一日、高校教員には琉球政府公務員法が適用され、小・中学校の教員とは異なる管理体制下に置かれた。当時、沖教組に属していた高校教員たちは管理体制の改組をきっかけに、高校教員が主体となる組織の設立に向けた活動を開始した。特に、この時期の高校教員たちは、文教局の管理体制に不満をもっていた。その理由の一つとして、自らが関わる教育の問題への対処を独自に行うことができなかったことがあげられる。そのため、沖教組から独立した高校教員のための組織を設立したいという要望が高まっていた［二十五周年運動史編集委員会 一九九六：一七〇］。

一九六七年六月二九日の第三一回教職員会総会において、琉球政府公務員法にもとづき高教組が結成された。結成初期の琉球政府時代における高教組の活動は、主に、琉球政府文教局を相手に、教職員の労働条件や教育条件に関する権利の獲得を要求する運動を行うことであった。特に、教職員の生活・権利の向上をめざした賃金引き上げの交渉は急務だった。また、アメリカ留学の研修制度が設けられる一方で、日本本土への大学院進学等を目的とした留学は研修として認められていなかった。その上、米軍統治下におかれた管理制度では、日本本土への進学は休職制度の対象外とされ、教職員の自主的な研修活動を認めなかった。その後、高教組が改善を求めた運動を展開した結果、一九六八年から数回の交渉を経て二年後の一九七〇年四月二三日に日本本土の大学院への留学研修が認められ、職務扱いの要求が実現した［沖縄タイムス 一九七〇年四月二三日］。

沖縄の日本本土復帰後は、文部省による学習指導要領が一九七三年度から導入された。しかし、米国統治下の沖縄県の高校では沖縄独自の教育課程が編成されてきた経緯があり、文部省を主体とする教育政策は復帰後の沖縄県の学校に馴染まなかった。そのため、高教組は県教育庁に教育課程の自主編成に関わる意見書を提出し、「教育課程の編成権は学校現場にある」［二十五周年運動史編集委員会 一九九六：一五二］という基本姿勢を示すなどの積極的な抵抗を試みた［11］。

このような高教組による諸活動は、次第に沖縄独自の教育を目指す活動へと転換していった。

2 沖縄県高等学校教職員組合による文化祭

高教組は、沖縄本島の北部支部、中部支部、那覇支部、南部支部、そして離島地域の宮古支部、八重山支部の、合計六つの支部から構成されている。高教組は各支部に所属する教員同士の交流を通して、教育現場の問題や課題を解決するためのさまざまな活動を行ってきた。そのなかでも注目される活動の一つに、高教組主催の文化祭がある。これは、日本本土復帰直後の一九七三年から始められた活動である。復帰前の高教組は、祖国復帰運動が主な活動になっていた。復帰後は、これまでの反省から地域に根ざした文化活動を目指そうという雰囲気が組合員のなかで高まり、文化祭が開催されることになった［二十五周年運動史編集委員会 一九九六：一一二八］。

一九七二年七月の高教組第六回定期大会において文化祭の開催予算が決定された。文化祭の開催意義は、次のとおりである。

戦前の沖縄は、政府による地方文化の抑圧のなかにあっても、豊かな地方文化をはぐくんできたが、無謀な大戦はそれを一挙に破壊し、県民は荒廃と混迷の中にたたされた。さらに二七年間およぶアメリカの軍事的支配は、退廃的な文化をひろめ、利益追求の低俗文化をはん濫させ、県民の健全な文化の継承と創造活動をはばんできた。このような中で、県民の伝統的な文化を継承発展させ、教育の場で実践していくことは、地域に根ざした文化運動と民主教育をおしすすめていく上で大変重要である。
［二十五周年運動史編集委員会 一九九六：六六二］

一九七二年まで続いた米軍統治は、沖縄県の学校教育の体制にも大きく影響を及ぼした。特に、復帰前の高教組の活動は、沖縄の日本本土復帰に向けた運動に集中していたため、文化活動に取り組むような状況ではなかった。しかし、復帰以降は、沖縄の主体的な教育を模索する意識の高まりが台頭した時期であったため、沖縄の文化を学ぶ機会として文化祭が企画されたといえる。

第一回目の大会は沖縄県内の教育・行政団体からの支援・協力を得て［12］、一九七三年三月七日に那覇市民会館で開催された。文化祭は、展示部門と舞台部門の二部門から構成され、展示部門では、写真、書道、生け花、絵画、彫刻、民具、紅型《びんがた》［13］が展示された。舞台部門では、空手、郷土芸能、古典音楽の合奏、古典舞踊、創作舞踊、日本舞踊、合唱の発表が行われた［二十五周年運動史編集委員会 一九九六：六六二］。具体的な展示物の内容、制作者、そして舞台発表の演目や演者の氏名等を確認する資料に辿り着くことはできなかったが、『二十五周年運動史』［一九九六］に、主に沖縄の民具、紅型の展示、空手、郷土芸能の発表が行われたという記述があることから、この文化祭が沖縄文化に根差したものを意識した内容であったことがわかる。高教組文化祭は、初回から学校関係者や地域の人びとに大好評であったため、次年度からは、それぞれの支部（沖教組中央、沖教組那覇支部、中部支部、高教組八重山支部、那覇支部）が単独で文化祭を行っている。

3　沖縄県高等学校教職員組合員による組踊部会の発足とその活動

初回の文化祭が好評であったことから、高教組の組合員の間では「沖縄文化の継承と発展」を目指した取り組みを継続していこうという雰囲気が高まり、第二回目の文化祭では沖縄の古典芸能である「組踊《くみおどり》」が演じられた。「組踊」とは、音楽と舞踊、そして琉歌形式のひとつである八・六調を主調とする韻文の台詞で構成された沖縄独特の伝統楽劇であり、沖縄に伝わる音楽、歌謡、舞踊を総合的に取り入れ、一つの物語に仕立てた戯曲である〔当間b 一九八三：九七二〕。組踊は、沖縄の音楽・舞踊・演劇のすべての要素が融合した総合的な舞台芸術であると日本や沖縄の芸能関係者らによって高く評価されている。しかし、琉球古典舞踊や琉球古典音楽を基礎とする組踊は、技術の習得が容易ではなく、非常に難易度の高い伝統芸能として知られている。そのため、一九七二年に国指定重要無形文化財に指定されるまで、琉球古典芸能家で構成される伝統組踊保存会が中心となりその保存と継承に尽力してきた。その上、当時は、沖縄の人びとが組踊を鑑賞する機会も少なかったため、沖縄を代表する芸能とされているにもかかわらず、一般には馴染みの薄い存在であった。

その一方で、一九七〇年に高教組の教科書問題対策専門委員会国語班の教員によって編集・出版された副読本『沖縄の文学』〔14〕には、古謡、物語歌謡、短詩型歌謡に続いて組踊が掲載された。当時の沖縄でも馴染みの薄い組踊を副読本の中に取り上げたのは、国語科の教員の間で組踊が沖縄を代表する古典文学作品としてみなされ、沖縄の文学を学習させる上で重要な教材だと考えられていたからであろう。また、高校教員自ら組踊を学び、演じることを通して、生徒に沖縄の古典文学を伝えていこうという考えから、高教組組踊部会（以下、組踊部会）が結成された。組踊部会の特徴は、メンバー全員が沖縄本島の高校に勤務する組合員であることであった。

組踊部会は、一九七四年の第二回文化祭で、組踊「手水の縁」「執心鐘入」［15］「二童敵打」と琉球歌劇「泊阿嘉」を発表した。組踊部会のメンバーは、琉球舞踊家の宮城美能留氏と琉球古典音楽家の安冨祖竹久氏を講師として招き、練習を行っていた。先にも述べたように、そもそも組踊は、琉球古典音楽と琉球古典舞踊を基礎としていることから、その習得は容易なものではない。ではなぜ、組踊の未経験者である高校の教員たちが、琉球古典芸能家のなかでも権威のある指導者の教授を受けることができ、短期間で公演が可能になったのだろうか。それには、一九七〇年代の沖縄の状況と沖縄の伝統芸能の継承体系が関係している。まず、組踊の指導者である宮城美能留は、沖縄が日本本土へ復帰する前に「沖縄歌舞団」を結成し、国内縦断公演を手がけ、広く海外にも沖縄の伝統芸能を紹介した芸能家であった。宮城は、高教組から指導依頼を受けたときのことを「一時期、（筆者注――学校の）先生方が先頭に立って沖縄芸能を卑しめ、背を向けてきた。しかし今は学校教育の中で率先して教える。このようなことは考えてもみなかった。まさに隔世の感がある」［沖縄県高教組教育文化資料センター二〇周年記念誌「蘊」編集委員会編　一九九九：一二七］と述べている。この述懐からもわかるように、宮城の「芸」と「沖縄」に対する想いが高教組や組踊部会の関係者の沖縄の教育に対する想いと一致し、共感したことにより、組踊部会の指導者として宮城を招くことが可能だったのではないか。

また、すでに述べてきたように、沖縄の伝統芸能には、日本の歌舞伎や能のような家元制度がなく、特定の流派に属する師匠とその弟子から構成された研究所で継承されているという特徴がある。研究所で修練するためには、特別な資格を要することはなく、年齢や性別も問われない。そして、沖縄の古典芸能関係者の多くがプロではなくアマチュアであることから、プロとアマチュアとの間の垣根の低さも特徴的だといえる。少なからずこうした独特の継承形態も影響し、アマチュアであり初心者に近い教員らが師匠格にあたる宮城の指導のもと組踊を習得できたといえる。その上、宮城は技術の伝授のみならず、教員らが組踊を演じる際に必要な衣装や小道具を貸し出していた。つまり、文化祭のために、高額の衣裳（紅型）や小道具を取り揃えることができたことを考えると、実演家の協力は大きなものであったといえる。

組踊部会による文化祭での公演が評価されたことから、学校での公演にも呼ばれるようになった。最初の学校公演は、一九七七年の沖縄県立小禄高校で行われており、九一〇名の生徒を前に「執心鐘入」が披露された。その際、国語科の教員と協力し、一九七〇年に出版した副教材に収録された文学作品としての組踊「執心鐘入」を用いて、場面ごとの指導案を作成し、全生徒による事前の学習会を行った。そして、舞台を鑑賞した後に提出された生徒の感想文をもとに、公演後の役者を交えた合評会を行っている。

その後、学校公演は、一九七七年度の小禄高校を皮切りに、美里工業高校、那覇商業高校、コザ高校、真和志高校、前原高校、浦添高校、知念高校、南部工業高校、八重山高校で行われた[16]。これらの鑑賞会では、組踊の学習に副教材『沖縄の文学』を役立てることが目的とされていたため、演目は「執心鐘入」で統一されていた[17]。

このような学校公演が活発になった背景には、一九七七年七月の文科省による新学習指導要領のなかで「学校側の自主裁量によって、古典芸能鑑賞、郷土文化の研究がなされること」が位置づけられたことにある。これを受けて沖縄県教育庁では、「学校教育指導の重点目標の一つに『郷土を理解し、その良さを伸ばす態度を養う』（郷土の自然や文化財など郷土的要素材を生かし、郷土に対する理解を深め、郷土を愛し、伝統の継承と新しい文化の創造に貢献する児童生徒の育成を図る）ことを明示した」［二十五周年運動史編集委員会 一九九六：一一五四］。

さらに、組踊部会の公演は文化祭や学校現場にとどまらず、県外や海外にまで及んだ。高教組三十周年記念事業として一九九八年には、広島と大阪の二ヶ所で県外公演を行っている[18]。県外公演では、組踊だけでなく、高校生による琉球古典舞踊の演舞を加えた舞台だった[19]。

このような沖縄県の学校教員による組踊の公演活動は、沖縄県の教育庁から「沖縄の伝統文化を広く知らしめる行為」として高い評価を受けた。このような評価は、学校教育で沖縄の伝統文化を積極的に学ぶための教育環境の整備に影響を与えた。たとえば、正規の教育課程のなかに選択科目として「郷土の音楽」「郷土の文化」を導入したことや、県内初の「郷土文化コース」が県立高校で設置されたことが挙げられる。

4　沖縄県高等学校教職員組合八重山支部の活動とその展開

高教組八重山支部（以下、八重山支部）は、沖縄本島で開催された第一回高教組文化祭の翌年の一九七四年から支部内でも文化祭を開催しており、その活動は現在も継続されている。支部主催の文化祭開催の経緯は、以下のとおりである。

同組合が第一回文化祭を開催したのは昭和四十九年二月。日本本土復帰して二年目で、本土からあらゆるものが入りこんできた。その中には、教育的な知見から評価されるものもあれば、住民生活を破壊するような退廃文化や、自然を破壊する開発行為も進んでいった。このままでは沖縄県民の先達が残した文化はどうなるのか、憂慮される事態に陥った。その時に住民の間から破壊行為にブレーキをかけ亡びゆく文化の継承が強調されるようになった。（中略）高教組八重山支部では、このような廃退文化に抗して、子どもたちと、私たちの生活を守るためにどうすればよいかを真剣に討議。その結果企画されたのが「文化祭」であった。

〔八重山毎日新聞　一九八三年二月一二日〕

八重山支部主催の文化祭が開催された一九七四年は、沖縄県が日本本土に復帰して二年後であり、右の新聞記事からもわかるように当時の八重山は、非常に多くの課題を抱えていた。課題に対する解決策の一つとして、教員同士の情報共有はもちろんのこと、生徒、保護者、そして地域の人びとが一致団結できるような機会として文化祭を企画したのであった。ここで注目したいのは、地域に根ざした文化活動によって、生徒・保護者、そして地域との連帯を深めることを目指して教員らが主体的に文化祭を企画した点である。当時、八重山支部長を務めていた石垣久雄氏は、高教組第一〇回記念文化祭の際、「八重山の高教組は、八重山は歌の島、踊りの島と内外に広く知られているにもかかわらず、それが教育の中に取り入れられてないことを深く反省し、地域に学び、地域に根ざす教育を実践することを目指す」と意気込みを語っている〔八重山毎日新聞　一九八三年二月九日〕。このように、八重山支部では、文化祭を地域に根ざした新たな教育実践の機会として捉えていた。

また、この頃の八重山は、学校で八重山芸能の実践を行うクラブ活動が定着してきた時期でもあったため、文化祭を学校と地域が一緒に創り上げようという気運の高まりが見られた。一例を挙げれば、一九七四年の第一回で発表した演目「太鼓の段のもの」（太鼓演奏）は、高教組実行委員の教員数名で竹富島を訪問し、島で唯一の継承者の方から直接指導してもらったものだという〔20〕。そして、同年に行った「黒島のコームッサー」（歌・踊り）も、継承者が途絶えるといった危機的な状況であったため、教員らは芸能の保存・継承を目的に地域の人びとから芸能の指導を受けていた。また、第八回（一九八一年）の字新川の「南ヌ島カンター棒」は、字新川の集落行事のなかでは、一三年に一度しか演じない、普段目にすることが難しい演目である。つまり、地域の人び

年　度	回	演　　目	継　承　地
1974年	第1回	•太鼓の段のもの •コームッサー	竹富島、黒島
1975年	第2回	•布晒 •一人棒	小浜島、石垣島（字宮良）
1976年	第3回	•ダートゥーダー	小浜島
1977年	第4回	•銭太郎・獅子棒	竹富島
1978年	第5回	•ダートゥーダー	小浜島
1979年	第6回	•鍛冶工狂言 •芋掘狂言	竹富島
1980年	第7回	•鍛冶工狂言 •芋掘狂言	竹富島
1981年	第8回	•南ヌ島カンター棒	字新川
1982年	第9回	•大胴・小胴	石垣島（字登野城）
1983年	第10回	•ムシャーマ（テーク・棒） •布晒 •結願狂言始番 •大胴・小胴	波照間島、小浜島、 黒島、石垣島（字登野城）

表②　高教組八重山支部文化祭演目一覧
（[八重山毎日新聞 1983年2月11日] より筆者作成）

との協力が不可欠とされる演舞を行っていたのである。
　表②で示したように、八重山支部主催で一九七四年から一九八三年にかけて行われてきた文化祭のプログラムを確認したところ、そのほとんどの演目が継承を危ぶまれているものであり、教員たちが芸能を修得するためには、地域の技能保持者の協力を必要とするものばかりであった。
　表からもわかるように、第一回から第九回までの演目は、一点から二点までだったが、第一〇回記念文化祭では地域の人びとの演舞四点が発表された。一〇回記念文化祭の統括責任者であった糸洌長章氏は、舞台発表の内容について次のように説明している。

　幕開としては、生徒を交えて三線愛好家による八重山古典民謡の合奏です。曲目は、「鷲の鳥節」「鶴亀節・虹ゆば節」です。舞踊の部では、高教組執行部五人（支部長、副支部長、書記長、婦人部長、文化祭実行委員長）による「赤馬節」で観客への歓迎する意を込めて踊ります。その他、各分会による舞踊「崎山節・みなとーま」〔北城ろう学校分会〕、「満月太鼓はやし」〔八重山養護学校分会〕、「かたみ節」〔八重山農林高校〕等があります。コーラスの部門では、「自然における神の栄光」と宮良長包作曲による「鷲の鳥」を混声合唱で歌います。洋楽部門では、八重山商工高校分会によるリコーダー・アンサンブル「伊良部とうがに」と「なんた浜」の演奏があります。

〔八重山毎日新聞　一九八三年二月一〇日〕

第一〇回記念文化祭は、八重山芸能の他にも、八重山出身の音楽家である宮良長包氏の楽曲を取り入れるなど、工夫を凝らしていた。また、生徒を演じ手として文化祭に参加させている点は、八重山支部の特徴である〔21〕。糸洌氏は、文化祭開催の呼びかけの記事のなかで「私たちの文化祭の最大の特色は、地域の祭りや行事のなかで生きづき継承されている伝統芸能、あるいはすでに祭りの中から消えていった民俗芸能を掘り起こし、守り発展させること」〔22〕と述べている。文化祭における八重山芸能の発表は、単なる余興的な意味合いをもった企画ではないことが示されている。また、教員自身が八重山芸能を実践することを通して、生徒や保護者、そして地域と八重山芸能の価値に対する認識の共有を図り、伝統芸能の継承と発展を目指していたのである。

ここで、第一〇回発表会のプログラムを見てみよう。黒島の東筋部落の結願祭で演じられる狂言「始番」が、初めて八重山支部の文化祭で発表された〔八重山毎日新聞　一九八三年二月一〇日〕。また、石垣島の字登野城に伝わる「大胴・小胴〔ウードゥ・クードゥ〕」は、大和芸能の鼓と八重山の「太鼓の段のもの」が組み合わされたもので、第九回の発表会は教員によって行われたが〔23〕、第一〇回は、記念文化祭ということで、登野城の伝統芸能保持者〔24〕に特別賛助出演してもらい発表している。そして、波照間の「ムシャーマ」は、旧盆行事で行われる芸能であり、「文化祭」では波照間島の西組のテーク〔太鼓〕と棒〔長刀と棒とティンバイ〕を発表した。これらの演目は、波照間出身の教員によって演じられている〔25〕。

一九七四年から開催された八重山支部の文化祭は、組合員の取り組みの甲斐もあり、中央の沖縄県高教組から非常に高い評価を受け、沖縄県高教組中央文化祭で合同文化祭を開催するなど、沖縄本島の高校教員で組織される高教組組踊部会や宮古の組合員との交流も行っている。また、八重山においても、「文化祭を通して八重山の人々の伝統文化に対する認識はさらに深まってきた」〔八重山毎日新聞　一九八三年二月一一日〕という評価を得た。

以上、高教組の誕生と高教組文化祭を通して、高教組の具体的な活動の事例を紹介してきた。沖縄本島の組合員（教職員）を中心に展開した組踊部会の活動は、高校の教職員が主体となり、沖縄の伝統文化を広く知らしめるという点において、非常に大きな役割を担っていたと言える。

八重山支部の活動は、八重山芸能の保存・継承を意識した文化祭の開催をきかっけに、学校で八重山芸能を教授する意義や必要性を保護者や地域の人びとに伝える契機となった。現在、文化祭は、組合員だけでなく、八重山の三高校の郷土芸能部の生徒たちの成果発表を行う場としても定着している。

四　琉球大学八重山芸能研究会

現在、琉球大学の学生が組織する八重山芸能研究会は、一九六七年に琉球大学に進学した八重山出身の四人の学生によって始められた。発足当時は現在のような研究会ではなく、「ウタ・サンシン」という名称の自主サークルであった。同年一一月に、八重山の島々、村々の民俗芸能を学び、それを広く社会に広めることを目的として「八重山民謡同好会」の名称で大学学生課に届出を提出して活動を開始した。

八重山出身の学生によってサークルが発足したが、当時、三線を弾ける者は一人しかおらず、他の部員は手探りで「工工四《くんくんしー》」〔26〕を頼りに練習をした〔山里編　一九八六：五〕。同会メンバーは、八重山に帰省する度に島の古老や民俗芸能の保存・継承に取り組む大人たちから太鼓や笛、踊りの指導を受けた。一九六八年二月、身につけた八重山の歌や踊りを初めて大学祭で披露した。

一九七〇年には、八重山で合宿をし、現地の生活に触れながら歌や踊りを練習しようという新しい活動方針が提案された。このような合宿が提案された理由について、以下のように語られている。

「八重山」と一口に言っても離島の集合体であるため島々・村々は、それぞれ独自の文化・風俗・習慣がある。私たちの活動においても、いくらどんなに上手く歌っても、また魅力的に踊っても、その歌や踊りに出てくる島や村の水を飲み、空気に触れ、人々との心の通いあいがなければ、その芸能の本質に迫ることはできないのではないか、つまり、イメージに頼るような歌や踊りでは民俗芸能の形骸化に等しいのではないか、ということが真剣に議論されるようになった。〔山里編　一九八六：一〇〕

合宿〔27〕を始めるようになり、サークル内では「本場主義」〔山里編　一九八六・一九九七〕という言葉が議論されている。「地元に忠実な芸能」を追求しようという方向性の確立とともに、八重山芸能を「伝統的な姿」に回帰させ、保存・継承しようとする動きが高まっていた〔28〕。また、この時期は、先述したひるぎの会の活動時期とも重なっている。同好会の会員が、ひるぎの会の影響を受けたことを示す資料はないが、同好会の三〇周年記念誌で「合宿を取り入れたことによって、同好会の活動の転換期を迎えた」〔山里編　一九九七：二六六―二六七〕という記述があることから、一九七〇年代という時代は、八重山の芸能を「伝統的な姿」に回帰させていこうという時期であったことが推測される。

一九七三年に、同好会の名称は、「八重山芸能研究会」(以下、八重芸)と改称された。これは、一九七二年の沖縄の日本本土復帰に伴い、琉球大学が琉球政府立から国立になったことを契機に、サークル名も改称しようということになったためである。以降、サークルの活動内容は、八重山芸能を「研究する」ことに重点が置かれるようになった。

一九七〇年から一九九六年まで毎年行われた合宿時の取材記録の数、そこに記された話者の数、その他の膨大な資料を含めた蓄積量から、八重芸の活動がいかに「現地」に基づいたものであったかがわかる[山里編 一九九七]。八重山の島々に伝わる歌や踊りを島の人びとから直接習い受ける活動を、八重芸は「取材」と称している。一九七〇年から一九八五年までの取材記録の一覧表[山里編 一九八六:一〇六―一一七]から、石垣島(五四)、小浜島(一四)、竹富島(一三)、黒島(九)、西表島(一四)、鳩間島(三)、波照間島(一三)、与那国(一三)、そして那覇・在沖八重山郷友会(一六)を含む一五八の歌や踊りを取材した詳細を知ることができる。その後、一九八六年から一九九六年までは、再取材も含めて七一件の歌や踊りを取材していた。また、話者の氏名欄には、今日の八重山芸能の保存と継承、そしてその創造に尽力した方々の名が連ねられていることから、八重芸の活動記録は、八重山芸能の保存・継承にどのような人物が関わったかについての、非常に重要な資料であるといえる。

さらに、取材記録からは、現在、すでに八重山で演じられなくなった演目を発見することができる。また、継承者が途絶えた地域の芸能の他に、自然災害によって廃村になった地域の芸能の発掘と保存にも尽力したことがわかる。たとえば、一九七四年に八重芸が調査した小浜島の「ダートゥーダー」[29]は、本来、結願祭の際に御嶽の庭で演じられる奉納芸能の一つであったが、その姿があまりにも異様であったため、島の人びとから「恥ずかしい」という声が上がり、結局は途絶えてしまった民俗芸能である［琉球新報　一九九一年一〇月九日］。

八重芸は、これまで一二回にわたり発表会で途絶えてしまったダートゥーダーを独自に演じ続けてきた。八重芸は、ダートゥーダーを演じるにあたり、芸の技術的な部分だけでなく、小浜島で踊られたダートゥーダーがどのような背景をもって演じられ、そして途絶えてしまったかということについても調査した。八重芸が目指した「研究」としての芸能の習得は、ダートゥーダーを踊ることのできる八重山出身の部員を育成した。また、小浜島の民俗芸能保存会の一員となって活躍するOBがあらわれるなど、小浜島にとっての人材育成にも貢献した。小浜島民俗芸能保存会の呼びかけによって、二〇〇一年には小浜島の結願祭の場で七五年ぶりにダートゥーダーが奉納されたが［琉球新報　二〇〇一年一〇月五日］、その実現には八重芸が大きく関わっていたのである［30］。

現在も八重芸は、地域で途絶えた芸能の継承や保存について問題意識をもって活動している。『琉球大学八重山芸能研究会創立三十周年記念誌』には、OBによる活動の「回想」が次のように記されている。

「島で行われている通りにやるのか、島の人たちがやりたかったであろうことを想定してやるべきか」ということに対する選択の余地は全くなく、島がすべてと認識していた。ところが、その島自体が変化している。例えば、島に住んでいない人が祭りの時だけ来て踊る、あるいは島の人が研究所で習ってきたものを祭りの奉納舞踊として踊っている、踊りの手が統一され、個性が失われていく。こうした現状であるのに、島では踊られていないものを島人ではない私たちが踊ることに果たしてどれ程の意義があるか、「八重芸」の、そして自分自身の拠り所を失い、ジレンマに陥った。そうした中で、クラブにおいては新しい価値観がちらほら見え始めていたように思える。それは伝統（島）にとらわれないということであった。それまでの「八重芸」は、少なくとも生粋の八重山出身者が核になって活動しており、したがって「取材」も、その舞台構成も彼らが小さい頃から日常生活の中で経験したことをもとに行えたところがあった。すなわち、クラブと八重山が一体化していたように思われる。ところが、方言が日常生活で使われなくなって、方言を知らない若者が、英語クラブや箏曲クラブに入部する感覚で「八重芸」の門を叩く。そうした状況の中で、クラブと八重山の一体感を求めること自体無理である。新しい価値観はそうした現状認識を踏まえてのものだった。

［山里編　一九九七：二七九］

八重芸の活動は、「合宿」を通して島での生活を体験し、島に伝わる歌や踊りを記録し、それらが結果として島々の芸能の保存・継承に繋がっている。このような状況を考えると、大学生たちは、現地の人びとから技を習得するだけでなく、芸能をめぐって語られるさまざまな知識の習得も同時に行っているといえる。

八重山の島々の歌や踊りは、演じられている様子を写真や音声で記録をすることが禁じられ、直接的な教授のみ許されている。また、社会環境や人びとの生活スタイルの変化に伴い、地元の人ですら直接指導を受けることが難しい状況がある。こうした状況は、島の歌や踊りが、どのように歌われ、踊られていたかについて知る術を失うことをも意味している［31］。いずれにせよ、こうした状況下で芸能を継承していく際、教授する側と担い手側との間の信頼関係も重要となってくる。そうした意味でも、八重芸の活動は、八重山芸能の保存・継承の一端を担う重要な存在であるといえる。

小括

八重山の三高校では、一九六〇年代からクラブ活動（のちに部活動となる）のなかで民俗芸能の教育が行われていたが、当時の八重山は学校で芸能を教育することに対して地域社会の人びとの理解を得ることが難しい時期であった。しかし、八重山芸能ではなく、琉球古典芸能を取り入れたことで、地域社会の人びとの「学校で芸能を習う」ことへの意識が変化し、クラブ活動を通して、芸能を教育することが可能になった。

一後に、学校で八重山芸能が教えられるようになったのは、一九七二年の沖縄日本本土復帰以降からだった。一九六〇年代に八重山の三高校で誕生した郷土芸能クラブも当初は琉球古典芸能の習得に努めていたが、一九八〇年代以降は八重山の社会状況の影響を受けて、八重山芸能の習得を指向するようになった。つまり、「八重山らしさ」を追求した一九七二年以降の八重山の社会状況の流れは、地域社会だけでなく、学校にも影響を与えていたのである。

［1］石垣島をはじめ周辺離島である小浜島と竹富島の学校（義務教育も含む）における民俗芸能の実践について聞き取り調査を実施したところ、石垣市内のほとんどの小中高等学校で、八重山芸能の教育的な実践例をみることができた。たとえば、小浜島では、小学校で笛の指導や竹笛づくりが行われていた。また、竹富島では前章でも触れたように、種子取祭の奉納芸能に児童、生徒はもとより、学校長や教職員が積極的に参加する様子がみられた。一方、高校の場合、右のような義務教育でみられた民俗芸能の実践よりも前から、クラブ活動で民俗芸能の実践が行われていた。

［2］篦《へら》は土を耕す道具だが、柄の部分は単に握るだけで、動きがない。そのことから「ピラツカ」は「篦の柄を握る者」、すなわち怠け者を意味する喩えで用いられる。

［3］一九六六年から一九六八年まで八重山農林高校の郷土芸能クラブに属していた元部員の回想によれば、高校生の時、三線を弾くと「ピラツカ」と言って揶揄され、布団のなかに隠れて三線の練習をしていたという。

［4］ウタとは、一般の歌謡を指す用語ではなく、琉球古典音楽と対置して用いられる八重山民謡のことを指している［呉屋 二〇〇九］。

［5］当時の学校関係者に確認したところ、演目名は不明だが、衣装の様子から八重山舞踊だったのではないかという情報も得られている。

［6］二〇一〇年一〇月七日・筆者の聞き取り調査より。

［7］二〇一〇年一〇月七日・筆者の聞き取り調査より。

［8］学校要覧に収録されている学校行事予定表をみると、主に豊年祭や海人祭《かいじんさい》、十六日祭《じゅうろくにちさい》などが一九八九年以降から学校行事として記載されていることが確認できる。しかし、筆者は、聞き取り調査によって、地域や学校関係者の認識では、戦後からすでに学校行事として扱っていたという情報も得ている。

［9］子どもたちが種子取祭の舞台芸能を鑑賞する際、竹富小中学校の児童・生徒専用の鑑賞席が設けられる。この席は、舞台がよく見えるだけでなく、ちょうど拝所の真正面に当たる神聖な場であることから、祭りの関係者からは特別な「席」として認識されている。

［10］本章では、高教組の活動を主な考察の対象としているため、沖教組に関わる組織分離問題について言及はしない。高教組と沖教組の組織分離についての詳細は『高教組二十五周年運動史』［二十五周年運動史編集委員会 一九九六：一四四―一六六］を参照のこと。

［11］一〇ヶ月間におよぶ交渉ののち、組合の要求が全面的に承認された。

［12］沖縄県内の協力機関は、次の通りである。公立共済、沖縄県教職員組合（沖教組）、沖縄県高等学校ＰＴＡ連合、沖縄県教育委員会、琉球新報、沖縄タイムス。

[13] 紅型とは、沖縄の伝統的な染色技法である。紅型染めの衣装は、琉球王国時代、王族や役人の礼服として、また中国（明・清）からの冊封使歓待の宴で演じられる芸能の衣装として着用された。

[14] 一九七〇年に初版が発行され、一九七八年八月の改訂版を経て、沖縄の古典文学を学習する副読本として知られている。その後、国語科の専門教員たちの積極的な取り組みによって、一九九一年には『沖縄の文学』の近・現代編を出版している。

[15] 組踊「執心鐘入」は、副読本に掲載されている。そこから、あらすじを引用する。

名高い美少年の中城若松は、首里王府へ奉公に行く途中、日が暮れて道に迷い、一軒家に一夜の宿を乞う。女は親がいないことを理由に、一度断るが、名高い若松と知り、宿を貸すことにし、招き入れる。その女は、疲れて眠る若松を起こし、口説き迫る。若松は女を峻拒し、逃げ出すが、女は恋が成らぬならばともに死ぬ以外にないと、後を追いかける。若松は、末吉寺に逃げ込み、座主の計らいで鐘の中に隠れる。座主は、若松を小僧に守らせるが、小僧は恋焦がれて追ってきた女を、抗しきれず寺内に入れる。探しあぐねた女は、鐘に目を留め、鐘に向かう。若松は座主によって間一髪、鐘から抜け出すが、女はなおも求めて鐘にまといつき、中に入り、鬼と化す。女は猛り狂うが、ついには座主の法力によって退散させられる。また、「執心鐘入」は、道成寺説話の一種と捉えられている。

［当間　一九八三b：三七三］

[16] 一九七七年から一九九二年までに行われた学校公演は、一二二校に及んでいる［二十五周年運動史編集委員会　一九九六：一一五四］。

[17] 教材に対する考えについて、「郷土に根ざした文学を学ぶことは、沖縄文化の継承発展に資するだけでなく、沖縄の高校生として真に主体的な創造性をつちかうことができ、豊かな心情を育んでいくものである」とし、高校生を対象とした教材として、「構成・語句・表現の難易や量的な面からも適切であると思うし、内容的にも女の恋の執念（愛とその怨念）を描いて現実的であるので、高校生にもわりと理解しやすく関心の持てる作品である」と述べている［沖縄県高等学校教職員組合組踊部会　一九八七：一四―一五］。

[18] 一九九五年に起きた米兵による少女暴行事件をきっかけに、米軍基地が集中する沖縄へ関心が高まった。しかし、その熱

気が日本本土では冷め始めていることを懸念し、沖縄県高教組は自分たちの取り組みを通して沖縄に関心を持ってもらいたいという期待を込めて本土公演が企画された［朝日新聞 一九九八年二月八日］。

［19］高教組三十周年記念事業では、研究所で琉球古典舞踊を修練する高校生（六名）が参加した。高教組組踊部会は、県外公演以外に、海外公演（フランス）も行った［琉球新報 一九九八年六月二九日］。

［20］二〇〇九年七月一〇日・筆者の聞き取り調査より。

［21］二〇一〇年八月九日・筆者の聞き取り調査より。

［22］「高教組第一〇回記念文化祭 文化祭への誘い―舞台の部―」［八重山毎日新聞 一九八三年二月一〇日］。

［23］「大胴・小胴」や「太鼓の段のもの」と呼ばれる太鼓芸能は、近世琉球期に大和芸能の影響を受けて八重山で誕生した芸能である。廃藩置県以降、石垣市字登野城の集落で継承されてきたが、戦後はその保存と継承が危ぶまれるようになった。高教組八重山支部の教員らは、八重山の芸能の保存・継承に関わる取り組みとして、太鼓芸能に挑戦し、文化祭で発表した。

［24］富永実氏、佐村博明氏、新城弘志氏に依頼。

［25］二〇〇九年七月一〇日・筆者の聞き取り調査より。

［26］工工四とは、三線の楽譜を指す用語である。

［27］当時（一九七〇年）の八重山では、琉球大学に八重山民謡同好会があること自体、知られていなかった。その同好会の存在が認知されるきっかけになったのが、八重山での合宿だった。数日間の合宿は、島の人びとから芸能を習うだけでなく、島の人びとに同好会の活動を理解してもらう機会になっていた。

［28］一九七一年の夏休みの合宿は、西表島の祖納という集落で行っている。祖納には、「まるま盆山」という歌があり、祖納合宿の際、部員全員で声高らかに歌っていたところ、地元の人から「これは石垣の歌で、シマの『まるま盆山』ではない」と指摘されたという。こうした指摘は、「地元の歌い方・地元で受け継がれてきた踊りにこだわるきっかけとなり、その後のクラブの歩むべき道を決定づけた」［山里編 一九九七：一五］と記念誌のなかで語られている。

［29］取材日は一九七四年七月二一日〜二三日、取材地は小浜島、被取材者は大嵩秀雄、仲盛長儀、登野貞［山里編 一九九七：

二四二]。

[30] ダートゥーダー以外にも、波照間島の「玉踊り」は、現地ではすでに保存・継承が途絶えた状況にあり、八重芸の発表会で演じられる以外には、島でも踊られることはなくなった。

[31] 例えば、八重芸が取材した八重山の歌や踊りのうち、新城島の「サーサー節」はすでに継承者が途絶えており、撮影や録音が禁じられていたため、その姿は視覚・聴覚資料としても残っていない。しかし、「サーサー節」がどのように歌われ、踊られていたのかについては、八重芸の「取材」によって記録されており、また直接指導者から習ってもいる。そして現在、「サーサー節」は、八重芸のなかで受け継がれている。

第Ⅲ部

第四章　「学校芸能」と全国高等学校総合文化祭

近年、学校教育における「文化活動」は、伝統文化に関わる芸術鑑賞会や文化祭、そして文化系の部活動などを指す言葉として用いられている。本章では、高等学校の文化活動のなかでも、特に文化系の部活動に注目し、その展開について検討する。

全国の高等学校における文化系の部活動は、学校や地域で行われる発表会だけでなく、競技的な側面を重視するコンクールにおいても成果発表を行うようになっており、専門家や文化人から注目され、高い評価を受けている。特に、演劇部や吹奏楽部、合唱部、そして郷土芸能部[1]は、参加するコンクールに審査制度が導入されたことによって、技やパフォーマンスのレベルが上がり、より洗練された演舞を創り上げている。

このようなコンクールは、各都道府県の高等学校文化連盟（以下、高文連）と教育委員会や教育庁が中心になって開催する地方大会や地区ブロック大会、そして全国高等学校文化連盟（以下、全国高文連）と文化庁が開催する全国大会に分かれて開催されている。特に、全国高文連が主催する全国高等学校総合文化祭（以下、全国高文祭）は、全国の高校生による文化活動の発表が行われ、高校生の「文化の祭典」として位置づけられている。

全国高文連には、現在、演劇、合唱、吹奏楽、器楽・管弦楽、日本音楽、吟詠剣詩舞、郷土芸能、マーチングバンド・バトントワリング、美術・工芸、書道、写真、放送、弁論、小倉百人一首かるた、囲碁、将棋、新聞、文芸、自然科学の一九の専門部が設置されている。本書で取り上げる郷土芸能専門部は、人形浄瑠璃、神楽、獅子舞、舞踊、和太鼓、エイサー、民族芸能（在日コリアンや華僑のコミュニティで継承される伝統芸能）などを行う部活動を統括し、それらの発表の機会を提供する下部組織である。全国の高等学校の郷土芸能部や和太鼓部は、郷土芸能専門部が開催する全国高等学校郷土芸能大会（以下、全国郷土芸能大会）に参加することができる。ただし、全国郷土芸能大会に出場するためには、地方大会を勝ち抜かなければならない。そのため、高校生は全国大会の出場権を獲得するために、日々、技を磨き、新しい演舞を創り上げている。

また、全国郷土芸能大会で上位に入賞した学校は、国立劇場で行われる全国高等学校総合文化祭優秀校東京公演に参加することができる。これは郷土芸能部で活動する生徒や学校にとどまらず、保護者をはじめ地域社会にとっても名誉なことだとされている。つまり、高等学校の文化活動を捉えるためには、学校で行われる部活動の様子だけではなく、全国高文連や文化庁などの外部組織が与える影響についても検討する必要がある。

そこで、本章では「学校芸能」の創造とその展開を明らかにする手がかりとして、①学校、②地域社会［2］、③全国高文連および沖縄県高等学校文化連盟、そして④文化庁の四者間の関わりに注目し、全国高文祭の開催が高校生の文化活動、特に郷土芸能部の活動に与える影響について考察する。そのため、まず、全国高文連の設立と全国高文祭が開催されるに至った経緯について述べる。そして、沖縄県高等学校文化連盟（以下、県高文連）の設立と地方大会である沖縄県高等学校総合文化祭（以下、県高文祭）の実態について把握する。特に、県高文連に設けられた郷土芸能専門部（以下、県郷土芸能専門部）が主催する沖縄県高等学校郷土芸能大会（以下、県郷土芸能大会）の実態については、過去の大会資料だけでなく、インタビュー調査で得られたデータからも検討する。これらの検討を通して、県郷土芸能大会に参加する生徒や教師、そして地域社会の取り組みを明らかにするとともに、高等学校の文化活動に与えるコンクールの影響力について考察する。

一　全国高等学校文化連盟の設立経緯

一九七七年、文化庁と北海道、山形、宮城、東京、石川、福井、広島、大分の八都道府県［3］の高文連によって、全国の高校生による文化系の部活動の成果発表会（以下、第一回大会）が千葉県で開催された。第一回大会は、全国高等学校演劇研究千葉大会（第六回大会）に、音楽（合唱、邦楽）・マーチングバンドの部門を追加して行った発表会だった［長谷川　一九七七：二九］。

その後、第一回大会の開催に関わった八都道府県の高文連の関係者によって、「高等学校間の相互の交流と活動内容の向上を図ること」［大分県教育委員会　一九八〇：六六］を目的とした全国の高校生の文化活動を統括する組織の設立が提案された。そして、一九八〇年八月に第一回全国都道府県高等学校文化連盟連絡協議会［4］（以下、高文連協議会）で、全国高文連の設立に関する検討が行われた［全国高等学校文化連盟編　一九九七：八］。また、この全国高文連の設立に関する議案は、全国校長会でも取り上げられ、各都道府県の校長会に伝えられた。全国高文連の立ち上げには、高文連加盟数が全都道府県の半数である二四を超えることが目標とされていたため［5］、まず、各都道府県の校長らの理解と協力が必要だった。

ちょうど同じ頃、文化庁でも、高校生による文化芸術［6］の創造に関わる活動を推進する計画が行われていた［全国高等学校文化連盟編　一九九七：一二］。当時の文化庁は、地域社会の住民による文化活動［7］を重視し、それを支援するための政策を進めていた。芸術文化の振興をめぐる座談会［8］の場で、当時文化庁次長を務めていた吉久勝美氏は、将来の文化行政のあり方について、以下のように述べている。

文化庁でも「参加する文化活動」の促進が重要であると考えて、今年から市町村が主催して地域住民が参加する文化活動に補助金を出すことにしました。これまでの文化活動というと演劇、音楽や美術作品を鑑賞するという受動態的なもの、しかも日常の生活から離れた何か高級なものと考える傾向があった。しかし、これから重視しなければならない文化芸術活動は、やはり地域の住民が日常生活の中で自ら積極的に活動し、創作し、表現する喜びを味わうというものであるでしょう。そのためには、住民の生活に密着した文化活動でなければならない。そういう中から特色ある地方の文化も創造されていくでしょうし、優れた芸術文化を生み出す基盤もでてくる。私たち文化行政担当者としても国民が何をしたいと望んでいるかを的確に把握し、国民の望む文化活動が活発に行われるために必要な条件を整えていくことが重要だと思っている。

［文部省大臣官房編集　一九七七：一四］

文化庁は、地域社会の人びとが主体的に文化活動を行う状況を「参加する文化活動」と捉え、日本の新しい芸術文化の創造に寄与するものとして評価した。これは、これまで特定の芸術家や音楽家によって創られた芸術文化を受動的に接する時代から、地域住民の主体性を重視した能動的な文化活動を行う時代へ転換した日本社会の動きに対して、文化庁が敏感に反応したことを示している。このような文化活動の変化の背景には、高度経済成長期を経て、人びとの生活が安定し、それに伴ってライフスタイルや余暇の過ごし方が急速に変化したことがある。たとえば、余暇の過ごし方として、コーラスグループに入会し歌を習う人や絵や書を習う人、そして、郷土の歴史を考える会や日本文化研究会といった学習グループなどが増えたことが挙げられる［文部省大臣官房編集 一九七七：一二］。文化庁は、このような社会現象に対して、既存の芸術文化を規定してきた基準を見直し、地域社会の人びとが主体的に参加する文化活動を新たな芸術文化として位置づけ、それらを積極的に支援するための政策の構築を図った［文部省大臣官房編集 一九七七：一三］。

さらに、文化庁の関心は、公的な教育機関である学校にも向けられた。文化庁は学校教育における文化活動も「参加する文化活動」として捉え、特に、高等学校の文化活動に注目していた。たとえば、文化庁は、一九七六年一二月「参加する文化活動」の推進に関わる事業の一環で、全国都道府県・政令指定都市教育委員会、文化財行政主幹課長協議会など、国民文化祭や高校文化祭の関係者を対象に、アンケートによる実態調査を行っていた［9］。

一九八二年七月に開催された第四回全国都道府県高等学校文化連盟協議会には、文化庁の関係者が参加していた。そこでは、文化庁の「参加する文化活動」の取り組みとして、全国高文連の設立を積極的に支援する意向が述べられた［全国高等学校文化連盟編 一九九七：八］。文化庁は、芸術文化の振興に関わる事業として、全国高文祭や各都道府県の高文祭を支援するための政策を検討していた［文部省大臣官房編集 一九七七：三三―三四］。

そこで高文連協議会は、各都道府県の高文連加盟数を増やすために文化庁と連携し、高文連未加盟の都道府県に対して加盟の呼びかけを行った。その結果、一九八五年、高文連加盟数は二五都道府県［10］に達し、高文連協議会によって設立準備委員会の設置が承認された［11］。

第一回設立準備委員会は、一九八五年一〇月に国立教育会館で開催された。委員会のメンバーとして、岩手県、千葉県の教育委員会教育長二名を含む岩手県、秋田県、茨城県、東京都、千葉県、石川県、岐阜県、大阪府、兵庫県、山口県、大分県の公立高校の校長からなる一五名が任命された。また、この役員の任命には、当時の文化庁文化普及課の関係者からの助言が反映されていた〔社団法人全国高等学校文化連盟編 二〇〇六：三二―三三〕。

その後、二度の準備委員会を経て、全国高等学校文化連盟規約、事務所の設置、役員の選出、事業計画および予算、全国高等学校文化連盟諸規程、全国高等学校文化連盟設立総会（結成大会）の開催などのすべての案件が承認された。そして、一一専門部（演劇、合唱、吹奏楽・管弦楽、邦楽、吟詠剣詩舞、郷土芸能、マーチングバンド・バトントワリング、美術・工芸、書道、写真、放送）及び、九つの地区ブロックの設置が決定され、全国高文連が設立された。

こうして一九八六年に全国の高等学校の文化活動を統括する組織として全国高文連が誕生した〔12〕。全国高文連の会長として、岩手県高文連会長が任命され、岩手県教育委員会文化課内に事務所が設置された。全国高文連の役員は、顧問、会長（各一名）、副会長（三名）、評議員（各都道府県高文連会長・各専門部会長）、理事（各ブロック理事・専門部理事）、監事（二名）、事務局長（一名）、事務局次長（一名）で構成された。そして、全国高文連は、文化庁と連携しながら「高等学校における生徒の創作活動の向上充実を図り、文化活動の健全な発展と芸術文化の振興に資する」〔13〕ことを目的に活動を開始した。

全国高文連では、各都道府県単位の高文祭の内容を充実させるために、各都道府県の高文連に専門部の増設を促し、地方大会の底上げが図られた。そして、全国高文祭への参加校数の増加に努めた。その他にも、全国高文祭のプログラムに海外の高校生による伝統芸能の発表やワークショップを取り入れるなど、文化活動を通した国際交流事業〔14〕にも力を入れた〔社団法人全国高等学校文化連盟編　二〇〇六〕。

このように全国高文連は、全国高文祭の開催を中心に国際交流事業などにも積極的に取り組み、高校生の文化活動の活性化を図った。しかし、各都道府県で行われる地方大会は活性化したものの、全国高文祭への参加校数の増加にはあまり繋がらなかった。現実的な問題として、全国高文祭に参加するためには、参加校は大会参加費以外に、生徒や教員の交通費や滞在費などの諸経費を負担しなければならなかった。たとえば、全国高文祭は、各都道府県の高文連が持ち回りで開催するため、開催地によっては、移動のための交通費や宿泊費など、負担する額が高額になる場合も少なくない。特に、団体で出場する部活動では、地方大会や全国大会を問わず参加にかかる経費の確保が大きな問題となっていた。そのため、地方大会において好成績を修めた学校であったとしても、各都道府県の教育委員会や学校、そして地域から資金的な支援を受けられない場合は、出場を断念せざるを得ない場合もある。そのため、全国高文連にとって、全国高文祭に各学校が参加するためにかかる経費の負担という問題を解決することが大きな課題となった。これは、全国高文祭の運営のためには、文化庁による補助金や各都道府県の高文連会費だけでは限界があったことを示している。

そこで、全国高文連は、費用の問題を解決すべく民間団体や企業からの助成金や協賛金を募る方法を導入することを決定し、二〇〇一年に文部省の認可を受けて社団法人になった〔15〕。これは、「全国高文連の財政基盤の確立・活動の拡大と活性化を図るため、企業寄付金を得られやすい法人とした方が良い」〔社団法人全国高等学校文化連盟　二〇〇六：三五〕という当時の文化庁文化普及課長からの助言がきっかけとなっていた。

さらに、二〇〇一年に文化芸術振興基本法の施行によって、文化庁は「全国高文祭派遣助成事業」を設け、高校生の文化活動の成果発表に伴う交通費や滞在費に関わる支援を行う等、全国高文祭が一層充実するよう積極的に働きかけた。

このように、全国高文連は、文化系の部活動を通した教育の普及を行う組織として活動を展開してきた〔16〕。特に、全国高文連の設立以降、四七都道府県すべてに高文連が設立され、多様な専門部が増設されたことは、全国高文祭の内容の充実に繋がっている〔17〕。そして、全国高文連の法人化によって、民間企業と連携した組織運営が可能になり、全国高文祭に参加する学校が抱える諸問題についても可能な限り改善がなされた。以下では、全国高文祭と郷土芸能専門部の詳細について述べる。

二　全国高等学校総合文化祭

1　全国高等学校総合文化祭の開催

全国高文祭は、各都道府県の高文連が主催する高文祭で優秀校に選ばれた高校生が集まって開催されるコンクールである。ここでは、全国高文祭の歴史的変遷を辿るために、全国高文連が組織化される以前の大会から説明し、全国高文祭の開催の変遷について述べる。

先述したように、高校生の文化系の部活動における総合的な発表会が初めて全国規模で行われたのは、一九七七年に千葉県で開催された全国高文祭である〔18〕。この全国高文祭は、一九七六年に、大分県の高文連が開催した「第一回大分県高校中央文化祭」〔19〕をモデルにして行われていた〔20〕。文化庁は、一九七七年に開催を控えていた第一回大会のため、一九七六年に大分県で開催された「第一回大分県高校中央文化祭」に文化庁の特別視察団を派遣した〔全国高等学校文化連盟編 一九九七：一五九〕。大分県は、高校生の文化系部活動の活性化に向けて、全国でいち早く高文連を設立した県である。この視察団に派遣された教育関係者は、のちに発足する全国高文祭準備委員会（以下、準備委員会）の委員を引き続き務めた。全国高文祭の開催地に選ばれた各都道府県の高文連では、開催年度の前年度に準備委員会が設置され、組織運営の調整や開催施設の確保、各学校の有志の教員によって構成される部会や生徒が主体になった実行委員会が結成された。

この頃の全国高文祭の運営は、文化庁を中心に有志の教員で構成された全国高等学校総合文化祭実行委員会（以下、実行委員会）によって行われていた。実行委員会の他に、開催地の教育委員会や文化課の担当者で構成する準備委員会も関わっていた。その他の支援・協力を文化庁文化部文化普及課、文部省教育局高等学校教育課、全国高等学校校長協会、日本高等学校演劇協議会、全日本音楽教育研究会高等学校部会、日本三曲協会、日本吟剣詩舞振興会、全日本高等学校書道教育研究会の各代表者に依頼し、全国高文祭の開催に向けた組織体制を整える〔21〕。

また、当時の全国高文祭の参加資格は、各都道府県の教育委員会から推薦された学校を原則とし、学校のクラブ活動あるいは部活動で活動している生徒に限定されていた。そして、文化庁は「一定の内容をもったフェスティバルとして行い、教育的知見に立ち、かつ地域の特色を発揮して開催する」〔大分県教育委員会 一九八〇：五〇〕という全国高文祭の性格と開催意義を明確に示した〔22〕。

文化庁を中心とした実行委員会と準備委員会、そして各分野の組織団体の代表者による検討会を経て、第一回大会では、演劇、音楽（合唱、邦楽）、マーチングバンドの三つの部門による舞台発表が行われた。そして、翌年の一九七八年に兵庫県で開催された第二回大会からは、舞台発表だけでなく展示発表も追加された〔23〕。一九七九年の第三回大会は、大分県の高文連によって行われた。大分県の高文連は、全国高文祭の開催地に決定したことを契機に、演劇部門、合唱部門、吹奏楽部門、邦楽（箏曲）部門、邦楽（吟詠）部門、マーチングバンド部門（バトントワリングを含む）、美術・工芸部門、書道部門の八つの部門の設置を提案し、舞台発表と展示発表の内容の充実を図った。

一九八六年の全国高文連設立以降、全国高文祭は各都道府県の地方大会で勝ち抜いた代表校が集い、成果発表を通して高校生の文化活動を活性化させ、さらに高校生による文化芸術の創造に貢献することを目的に開催されている。そして、全国高文連が主体となり、文化庁と開催都道府県の高文連が連携しながら、開催地の地域の特色を生かした全国高文祭を開催することが目指されている。

2　全国高等学校郷土芸能大会の開催と東京公演

先述したように、全国高文連は、高校生の文化活動を分野ごとに区分し、専門部を設置している。そのうち、全国郷土芸能専門部は、一九八七年の第一一回大会の理事会で検討され、一九八八年に設置された。しかし、専門部として組織される以前から、全国高文祭では郷土芸能の舞台発表が行われていた。例えば、一九八一年の第五回大会［24］や翌年の第六回大会では、郷土芸能の発表会が有志の教員によって行われていたが、発表会を開催するための運営費を確保できなかったため、第七回大会、第八回大会では、郷土芸能の発表会が開催されなかった。また、当時の発表会の運営費は、特別協賛企業からの支援で賄われていたため、不況の影響を受けると発表会のための資金を確保することができず、中止を余儀なくされた。

このような状況を一変させたのは、一九八五年の第九回大会だった。この年は、岩手県で開催された。郷土芸能の発表会は、岩手県の高等学校が中心となって行われ、全国高文連もこの年の郷土芸能の発表会に関心を示したことが当時の資料から明らかになっている[25]。また、当時の報告書[26]によれば、第九回大会の「郷土芸能・舞台発表会」の講評を務めた当時文化庁文化財調査官・芸術調査官の田中英機氏は、継承が危ぶまれている民俗芸能に高校生が挑戦したことを高く評価し、発表会を継続していく必要性について述べた。

郷土芸能の発表会は、一九八七年の第一一回大会までは、有志の教員によって行われていたが、一九八八年に郷土芸能専門部が設置されたことを受けて、専門部が主催する全国高等学校郷土芸能大会（以下、全国郷土芸能大会）に統一された[27]。

一九八九年から、舞台発表に関わる専門部（演劇、日本音楽、郷土芸能）で、審査制度を導入している。郷土芸能部門の場合、このような審査制度が導入される以前は、文化庁の関係者による講評が行われていた[28]。審査制度が導入されてからは、これまで平等に評価されていた高校生の文化活動に、ある基準に基づいた順位がつけられることになった。そもそも全国高文連は、高校生の文化活動に優劣を付けるような公演は一切行わないという立場を設立当初から示していたにもかかわらず、なぜこのような審査制度が導入されたのだろうか。その背景には、文化庁による「東京公演」の実施が関係していた。

「東京公演」とは、全国高文祭の演劇・日本音楽・郷土芸能三専門部からそれぞれ優秀校として選ばれた学校が参加して行われる全国高等学校総合文化祭優秀校東京公演のことである。ここでいう優秀校とは、三部門におけるそれぞれの文部科学大臣賞受賞校一校と、文化庁長官賞受賞校三校のことを指す。部門ごとにそれぞれの賞が授与されるため、三部門から合計一二校が選ばれることになる。東京公演は、日本芸術文化振興会からの助成を受けて国立劇場で二日間にわたって行われる。

東京公演が開催された経緯について、『全国高文連一〇年の歩み』に記された全国高文連三代会長沖田岑夫氏の追記を、以下に引用する。

平成元年五月、西岡武夫文部大臣から「高校生の文化活動のより一層の振興を図るために、野球部の甲子園大会に匹敵する大会として、高校演劇部の発表会を国立劇場で開催してはどうか。もしそれを希望するならば毎年数日間、国立劇場を開放する用意がある」との諮問があった。私は「大変ありがたいお話だが、数ある運動部の中から野球部だけを取り上げて、高野連を組織し甲子園大会を行っている現在の形態は、高校の体育部活動の振興や高校生の人間形成のためには、必ずしもプラス面だけとは考えない。全国高文連としては、その轍を踏まないように、演劇部単独の発表だけでなく、少なくとも日本音楽と郷土芸能を加えた三部門の発表会の場としてスタートさせて頂きたい。そして将来は高文連のすべてのステージ部門が国立劇場で発表できるようにご配慮ください」と申し上げ大臣のご快諾を頂いた。〔全国高等学校文化連盟編　一九九七：一二五〕

文化庁による東京公演の提案について、沖田氏は、学校は生徒のすべての活動を平等に評価する場であることを強調しながら、全国高文祭の活性化を図る一つの方法として東京公演の開催に関心を示している。また、演劇や日本音楽、そして郷土芸能の専門部だけでなく、将来的にはすべての舞台発表の部門が国立劇場の舞台で発表が行えるような機会の提供を切願している。

全国高文連の協議会において東京公演の開催をめぐる議論が行われたが、そこで問題になったのは、そもそも優劣が付けられない高校生の文化活動に対して、「日本一」を決めるような審査制度の導入についてだった。特

開催年度（大会回数）	1989（13）	1990（14）	1991（15）	1992（16）	1993（17）	1994（18）	1995（19）	1996（20）	1997（21）	1998（22）	1999（23）
都道府県数	11	24	15	13	19	19	20	23	25	28	28
学校数	19	33	27	38	32	34	33	38	45	50	45
出演人数	302	486	365	428	563	591	626	673	796	958	955

表③　全国高等学校総合文化祭郷土芸能部門参加状況
（「全国高等学校総合文化祭部門別参加状況No.2」［社団法人高等学校文化連盟編 2006］より筆者作成）

に、国立劇場の場で発表を行う際、演舞の内容に対して「国のコントロール」を受ける可能性があるのではないかという意見も関係者からあがっていた［全国高等学校文化連盟編 一九九七：二八］。東京公演の開催をめぐって、高校生の文化活動は高校生が主体であり、高文祭は彼らの自由な表現を重視することを前提とする活動であることが、改めて議論された。そして、国立劇場の舞台で発表を行える団体は、数が限定されるため、全国高文連に参加する高校生の活動に対して、何らかの規準を設け、選定しなければならなかった。

東京公演の開催をめぐって否定的な見方もあったが、国立劇場という一流の舞台環境で演舞を行うことによって、高校生たちの文化活動に対するモチベーションを上げ、演舞の向上も期待されるという結論に達した。こうして国立劇場で第一回目の東京公演が一九九〇年に開催された。

文化庁や全国高文連の資料［29］によれば、東京公演は、高校生の最高レベルの上演を広く一般に公開することにより、芸術文化の振興に貢献するものとして位置づけられている［30］。確かに、東京公演が開催されて以降、全国高文祭の舞台発表に関わる専門部の活動が活発になり、郷土芸能部門を設ける各都道府県の高文連が増加した。たとえば、第一四回大会では、参加都道府県が二〇を超え、参加校数は三〇を超えている。

表③をみると、一九九三年の第一七回大会開催以降、各都道府県の高文連では、郷土芸能専門部に加入する学校が増加していることがわかる［31］。

一九九五年の第一九回大会以降は参加校が二〇都道府県を超え、ようやく「全国大会」と呼ばれる規模の大会が開催されるようになった〔社団法人全国高等学校文化連盟編 二〇〇六：一〇〇〕。

一九九七年の第二一回大会（奈良大会）からは、各参加校の技が著しく向上したことから、最優秀賞・文部科学大臣賞（一校）、優秀賞・文化庁長官賞（三校）、優良賞（四校）が新たに設けられた。このうち、最優秀賞・文部科学大臣賞、優秀賞・文化庁長官賞に選ばれた四校が、東京公演に出場することになった。この時期から、郷土芸能における技の充実を図るための取り組みが行われるようになった。

一九九八年の第二二回大会で開催された全国高文祭の郷土芸能専門部会の協議会において、出演団体数「各県二団体以内」、上演時間「一五分以内」という基準を設ける提案が行われた。さらに、二〇〇〇年の第二四回大会の協議会では、「和太鼓部門と伝承芸能部門に分けて審査すること」が提案された。それを受けて、二〇〇二年の第二六回大会からは、出演団体数が各都道府県一団体以内、加盟校数が一〇校以上の都道府県は二団体以内、開催県は三団体以内とした。そして出演時間については、「伝承芸能部門」〔32〕は一五分以内、「和太鼓部門」は一〇分以内の発表ということが具体的に定められた。

このような出演団体数や演舞時間の制限は、全国高文祭の郷土芸能専門部における参加校数の増加に伴う措置として設けられたものだった。しかし、このような条件を設けたことによって、全国郷土芸能大会だけでなく、地方大会の状況も大きく変化した。特に、本書で取り上げる八重山を含む沖縄県の場合、政治的な問題や民俗芸能の実践や継承に関わる地域特有の事情によって、より複雑な状態を生み出すことになった。以下、沖縄県の高等学校郷土芸能大会が実施される過程からそれを明らかにしたい。

三　沖縄県高等学校文化連盟の設立

1　沖縄県高等学校文化連盟の設立経緯

沖縄県で高校生の郷土芸能大会が実施される背景として、沖縄県高等学校文化連盟の設立と高等学校総合文化祭の開催について述べていきたい。沖縄県では、一九七九年五月一五日に沖縄県高等学校文化連盟（以下、沖縄県高文連）が設立された。沖縄県高文連初代会長の真栄田邦男氏は『沖縄県高等学校文化連盟20周年記念誌』［沖縄県高等学校文化連盟 二〇〇〇］のなかで、沖縄県高文連が設立された当時の様子について、以下のように述べている。

昭和五一年六月ごろ、福岡市で九州地区指導部課長会議があった。私も関係者としてそれに出席していた。休憩時の雑談のおりに、福岡県のある課長が「高体連の向こうをはった形で高文連というものができましてね、演劇・絵画など盛んになってきましてね、大分県など本県よりも盛んです」（中略）私が「コウブンレン」という言葉を聞いたのは、その時が初めてであった。（中略）昭和五四年二月二二日、校長会があった。その冒頭で、当時の校長協会長・石垣長三氏から「高等学校文化連盟」略して「高文連」の情報提供があった。その内容は先に私が福岡で聞いたのとほぼ同じ中みであったが、本県でもぜひ創って高体連と両輪となって、高校生の体育・文化を向上発展させたいものである。次回の校長会で話し合いたい、ということであった。（中略）昭和五四年五月一五日、「沖縄県高等学校文化連盟」結成総会の日である。奥武山の体協会館に続々と引率教諭と各校数人の生徒が集まってきた。どれだけの学校が加盟してきたか、私の手帳に記録が無いので明確には解らないが、予想以上であった。殆ど八割程度の学校が加盟したように思う。加盟の意志はあるが、十分な意志統一ができてないので参集を見合わせたという学校からの電話などもあった。

［沖縄県高等学校文化連盟 二〇〇〇：二〇］

沖縄県高文連の初代会長真栄田邦男氏の回想記には、当時の沖縄県の高校教員の間で、そもそも、「高文連」の名称やその活動についてほとんど知られていなかったにもかかわらず、沖縄県高文連の結成集会に多くの教員が集まり、多くの学校が沖縄県高文連に加盟したことが述べられている。高文連の活動や組織に関する情報が十分に説明されていなかった状況であったにもかかわらず、なぜ、沖縄県高文連の結成集会に多くの高校の教員が集まったのだろうか。当時、沖縄県の教員で組織する高教組では、沖縄の教育を日本本土の教育水準に近づけるための模索が行われていた。特に、沖縄の日本本土復帰後は、本土で行われている教育に対する関心が、非常に高まっていた。このような日本本土の教育に対する関心の高まりが、「コウブンレン」への関心に繋がっていたのではないだろうか。偶然にも、沖縄県高文連の結成集会が、沖縄本土復帰記念日に開催される「五・一五沖縄平和行進」［33］と重なっていたことから、多くの教員がそこに集まったと推測される［34］。沖縄県高文連の設立準備の段階から高文連に関わった沖縄県高文連二代目の会長照屋林一氏は、当時のことを次のように述べている。

当時私は、高体連剣道部の顧問であり、やれるかどうか不安であったが（筆者注――県高文連の結成を）引き受けることにした。教育庁高等学校指導課に行き、課長栄野元康昌先生に相談、文化系指導主事崎山用豊先生を紹介してもらう。先生との話し合いの結果、結成するに一人では無理、相談相手でもあり補佐役にもなる人が必要であるとのことで、人選のすえ、首里高校の名渡山愛文先生が適任であるとの事で、早速手配してもらい、教育庁にきてもらう。（中略）他府県から寄せられた資料を見せてもらう。私が常日頃考えていた事は、高体連に対するものとしては、文化に関する総てが総合されるものであると、考えていたが、そのようなものはどこの県にも見当たらない。最近やや活発に活動している県が大分県らしいとの事であった。その県の吹奏楽連盟関係の糸永信義先生と名渡山愛文先生は関係が深いとのことで手配、先方も承諾してくださったので早速二人で大分県に出かける。（中略）更に福岡県では美術、工芸、書道、音楽の各部門が一堂に会して活動しているとの事であった。そこで私は益々沖縄県では文化系を全部網羅すべきであると意を強くする。

［沖縄県高等学校文化連盟 二〇〇〇：二二］

沖縄県高文連二代目の照屋会長の回想記によると、沖縄県高文連の設立は、大分県の高文連の活動を手本にして行われた。当時、沖縄県の高校の教員の多くが、文化系のクラブや部活動に携わった経験がなく、手探りの状況だったため、大分県の高文連の視察で得られた情報をもとに、県高文連の組織づくりが行われた。

また、沖縄県高文連の設立後、すぐに専門部が設けられ、音楽、美術・工芸、放送・演劇、郷土芸能、棋華［35］、弁論、科学、定・通［36］、農業、工業、水産、商業、家庭、社会の一四部が設置された。沖縄県高文連は、専門部の設置を検討する際、文化系の部活動だけでなく、実業高校で学ぶ高校生の実践活動の充実を図るために、農業、工業、水産、商業などの専門部も設置した［沖縄県高等学校文化連盟 二〇〇〇：二三―二四］［37］。

一九八〇年に沖縄県教育庁では、沖縄県高文連の活動予算の増額に関する検討が行われた。そして、沖縄県高文連の活性化を図るために、県外派遣事業が設置された〔沖縄県高等学校文化連盟 二〇〇〇：二四〕。これは、沖縄県高文連に加盟する学校が県外で開催される大会や発表会に参加するための派遣補助費を支給する事業である。一九八〇年以降は、沖縄県高文祭で沖縄県代表に選ばれた学校の多くが、派遣補助費を利用して九州地区大会（県外）や全国高文祭に参加している。このような支援によって、これまで県内に限定されていた沖縄の高校生の文化活動の場は、県外にも広がった。

2　沖縄県高等学校総合文化祭の開催

沖縄県高文連が主催する沖縄県高文祭の詳細について確認することができる資料として、『沖縄県高等学校総合文化祭集録』〔38〕、『沖縄県高等学校文化連盟20周年記念誌』、『第一六回全国高等学校総合文化祭・沖縄』、『高文連会誌』〔39〕がある。『沖縄県高等学校文化連盟20周年記念誌』によれば、沖縄県で初めて開催された沖縄県高文祭は、一九七八年に沖縄県教育委員会が主催した「高等学校産業・文化作品展」である〔沖縄県高等学校文化連盟 二〇〇〇：二四〕。

沖縄県高文祭の第一回大会〔40〕が開催された一九七八年は、沖縄県の教員の間で「コウブンレン」の用語やその活動の詳細がまだ認識されていなかったとされる時期である。また、全国高文連の資料からは、一九七八年の全国高文祭に沖縄県の高校生が参加していたことも確認されている。沖縄県高文連が設立される以前から、全国高文祭に沖縄県の高校生が参加していた状況を考えると、最初の沖縄県高文祭は、全国高文祭に関心を持っていた一部の教員によって開催されたものと推測される〔全国高等学校文化連盟編 一九九七：一六二〕。

その後、一九八〇年に、沖縄県の高校生による文化活動の成果発表の場として、文化活動の充実をはかり文化活動を通した生徒同士の交流を深めることを目的に、沖縄県高文連が主催する沖縄県高文祭の第三回大会が開催された［沖縄県高等学校文化連盟 二〇〇〇］。

沖縄県高文連は、一九八八年から沖縄県高文祭に講評会と表彰式を導入している［41］。この講評会と表彰式の導入によって、沖縄県高文祭に参加する学校が増加している。筆者の聞き取り調査によれば、これらの導入によって、県高文祭の場が、参加校の生徒や教員たちから高校生の文化活動に対する一定の評価を得る機会として捉えられるようになったという。また、このことが沖縄県の高校生による文化活動を活性化させ、全国高文祭への関心を高めることに繋がっている。特に、一九八九年の全国高文祭における審査制度の導入や一九九〇年から開催された東京公演によって、沖縄県高文祭に参加する学校の取り組み方も変化している。たとえば、次節で説明する沖縄県高等学校郷土芸能大会に出場する生徒の演舞は、内容や取り組み方、技のレベルに至るまで、それぞれに特徴がみられる。全国や地方レベルの高文祭に導入された審査制度は、高校生の文化活動のあり方や活動に対する意識に深い影響を与えているといえる。

このような沖縄県高文祭の開催によって、沖縄県の高校生による文化活動の発表の場が確立された。沖縄県高等学校郷土芸能大会も、この沖縄県高文祭の開催を契機に計画されたものである。以下、沖縄県高等学校郷土芸能大会の開催の詳細について説明する。

四　沖縄県高等学校郷土芸能大会

1　沖縄県高等学校郷土芸能大会の開催

一九八〇年、沖縄県高文連は、郷土芸能専門部（以下、県郷土芸能専門部）を設置し、県高文祭にて沖縄県高等学校郷土芸能大会（以下、県郷土芸能大会）を開催した。

最初の県郷土芸能大会は、照明や音響の設備が整っていない学校の体育館で行われた。八重山高校卒業アルバム（一九八〇年度）の写真資料から、体育館の床に二段ほど重ねた雛壇を設置し、舞台の背後に紅白の幕を張るといった非常に簡単な作りであったことが確認されている。また、当時の様子について、八重山高校の郷土芸能部の顧問だった高嶺方祐氏は、雛壇を利用した舞台は、踊りと地謡《ぢうてぇ》［42］の距離も近く、さらに照明がなかったため、非常に粗末な印象が強かったと語っている［43］。

それに対して、演じ手の高校生の衣装は演舞に合わせた本格的なものだったことが、一九八〇年の『沖縄県高等学校総合文化祭集録』に掲載された写真資料からわかる。たとえば、琉球古典芸能の場合は紅型の衣装や小道具を身に付け、八重山の民俗芸能の場合は、ムイチャーと呼ばれる綿素材の薄い着物を着用し、頭にはサージと呼ばれる手ぬぐいを巻いている。

当時の県郷土芸能大会はフェスティバル形式［44］で行われていたが、その舞台に立つ高校生の格好や演目を確認すると、参加する学校側は、県郷土芸能大会を単なる発表会として捉えていなかった。一九八二年度の『第六回沖縄県高等学校総合文化祭集録』の県郷土芸能大会に関する記述によれば、郷土専門部関係者らは、県高文連に対して、琉球古典芸能をはじめ民俗芸能を披露するのにふさわしい照明などの設備が整った舞台施設を使用できるよう求めている（一二三頁）。

また、当時の舞台発表のプログラムからは、琉球古典芸能や民俗芸能の演目が発表されていたことが明らかになっている。たとえば、一九八二年の第六回大会では、沖縄本島の六校の高校が合同で出場し、琉球古典音楽の「踊りこはでさ節」に合わせて、琉球古典舞踊の「上り口説《ぬぶいくどぅち》」を演じている。その際、三線、笛、太鼓、箏による伴奏はすべて高校生によって行われている。この演目は、琉球古典音楽や舞踊の基礎を習得している者でなければ演じることが難しく、同様に三線や笛、箏、太鼓も琉球古典音楽の基礎を習得した者でなければ演奏できない。つまり、少なくとも学校のクラブ活動の範囲内で身につけることができる芸能ではない。そして、これらの芸能が研究所で修練するものであることから、研究所に所属し、芸能を習得していた生徒が多くいたと考えられる。

一方、八重山の参加校である八重山高校の郷土芸能クラブ（部員数四五名）は、「人頭税」「まさかい節」「川《かわ》良山節《らやーぶし》」「野《の》とばらーま」「月夜浜節《つきやはまぶし》」「ジッチュ」「クイチャ踊り」など、八重山の民俗芸能を演じた。そこでは、八重山の古謡であるアヨウ、ユンタなどが取り入れられており、八重山の伝統的な唄い方にこだわった演舞が披露された（『第六回沖縄県高等学校総合文化祭集録』一九八三年、一三頁）。このように第六回大会では、沖縄本島と八重山の高校生の演舞は対照的だったといえる。

一九八〇年から一九九〇年までのプログラムの演目一覧を見ると、琉球古典舞踊だけでなく、雑踊《ぞうおどり》[45]や組踊のなかから一部抜粋した演舞、そして八重山の民俗芸能まで、非常に幅広い演目が発表されている（『第七回沖縄県高等学校総合文化祭集録』一九八四年、一二三頁）。このようなことから、県郷土芸能大会は、芸能のレベルや種類について規定せず、沖縄のなかの芸能を幅広く扱うことを重視した発表会であったことがわかる[46]。また、当時は、高校生による伝統芸能や民俗芸能の発表の場が、県高文祭だけだったことから、少なくとも県郷土芸能大会は、日頃の成果発表にとどまらない場として位置づけられていたと考えられる。

2 参加校の高校生と演目の特徴

ここでは、一九八〇年から一九九〇年までの『沖縄県高等学校総合文化祭集録』『第一六回全国高等学校総合文化祭・沖縄』『高文連会誌』の資料をもとに、県郷土芸能大会の参加校や演目の特徴について検討する。沖縄本島と八重山の参加校を比較しながら、県郷土芸能大会の変遷について考察した結果、次の三つの特徴が明らかになった。

第一に、沖縄本島の学校から参加する高校生たちの多くが、学校のクラブ活動ではなく、研究所で琉球古典舞踊や琉球古典音楽を習得していたことである。筆者が行った当時の顧問や関係者への聞き取り調査によると、当時の沖縄本島の高校では、クラブ活動や部活動のなかで琉球古典芸能を指導することはほとんどなかった。特に、沖縄本島の場合、一般成人だけでなく、小学生から高校生までが、研究所で琉球古典芸能を習うことは珍しいことではなかった。そのため、学校は、芸能を教えたり、学んだりする場として位置づけられていなかった。また、学校側も、研究所で琉球古典芸能を習得する生徒たちの活動を、学校外のものであるが高校生の文化活動と見なしていたため、彼らの成果発表の場として県郷土芸能大会は最適であると捉えていた。

第二に、県郷土芸能大会に参加するために、同じ研究所で芸能を身につけた生徒を寄せ集め、一時的に同好会を結成して出場していたことである。同じ演目であっても流派ごとに踊りの所作や楽器の演奏方法が異なるため、ひとつの演目を演じる際には、基本的に同じ流派に属する者同士でなければならない。ところが、学校の場合、研究所で琉球古典芸能を学ぶ生徒が各学年に二、三名程度いたとしても、同じ流派であるとは限らない。そこで、

出　演　校	演　　目	出演者数	備　　考
八重山高校	人頭税	20名	地謡は、三線（生徒2人、顧問・高嶺方祐氏）、太鼓（生徒1人）、笛（顧問・糸洌長章氏）
	まさかい節		
	川良山節		
	野とばらーま（唄）		
	月夜浜節		
	ジッチュ		
	クイチャ踊り		
興南高校（私立）[47]	長寿音頭	21名	
小禄高校、読谷高校、那覇商業高校、那覇高校、南風原高校、首里高校	上り口説	14名	地謡は、三線・歌（小禄高校）、箏（首里高校）、太鼓（小禄高校）、笛（読谷高校）

表④　第6回（1982年度）沖縄県郷土芸能大会舞台発表プログラム
（1982年度『沖縄県高等学校総合文化祭集録』より筆者作成）

このような問題を解決するべく採用された方法が、複数の学校に在籍する同じ流派の生徒たちを集め、「同好会」を結成することだった。また、このことは、県郷土芸能専門部の講評でも指摘されている。たとえば、一九八二年に開催された県郷土芸能大会の講評が収録された『沖縄県高等学校総合文化祭集録』（一九八三年）では、県郷土芸能大会の参加者のうち、沖縄本島出身の生徒の多くが、研究所で琉球古典芸能を学んでおり、学校（クラブ活動や部活動）で芸能を習得する生徒が少ないことが指摘されている。また、研究所で芸能を習得する高校生たちの増加は、県郷土芸能大会を充実させることに繋がっているが、県郷土芸能専門部が目指した学校を主体とした郷土芸能クラブ（あるいは部活動）の活性化が達成されていなかったことも指摘されている。

第三に、右のような沖縄本島の状況と八重山の状況を比較すると、発表演目の特徴だけでなく、大会に参加した生徒数や活動状況が大きく異なっていたことである。

表④では、八重山高校が演じた七つの演目はすべて八重山の民俗芸能で、その半分以上の演目が竹富島の種子取祭で踊られる芸能であった。当時の指導は、郷土芸能部の顧問の高嶺方祐氏が中心となって行っていた。高嶺氏は竹富島出身であり、種子取祭にも毎年、奉納芸能の演じ手として参加している上に、祭りにも詳しい人物である。八重山諸島の各島では、その島の出身者あるいは島にルーツを持つ者だけが、島の芸能を教えたり、習ったりすることができる。そのため、たとえ学校のクラブ活動（あるいは部活動）において行う民俗芸能であっても、指導者は民俗芸能が育まれてきた土地の出身者あるいはその土地に出自を持つ者でなければならない〔48〕。八重山高校の場合、郷土芸能部の顧問である高嶺氏が竹富島出身者であったため、島の民俗芸能を学校で教えることが可能だったのである。

また、八重山の参加校は、八重山の歌や踊りを取り入れた演目だけでなく、地謡においても沖縄本島の参加校とは異なっていた。沖縄本島の参加校の場合、生徒のみで地謡が構成されていたのに対して、八重山は生徒と顧問が合同で地謡を担当していたのである。

地謡を育てる場合、八重山では、「手習い」を通した芸能の教授が重視されている〔山城 二〇〇七〕。この「手習い」とは、ひたすら弾き手の「型」を模倣し、それを繰り返し行い、一通り覚えたらさらに次の段階の模倣へと移る方法である。そして何度も模倣することにより、身体を通して「型」を理解する。また、地謡の場合、工工四を読んで歌うだけでなく、歌や旋律に合わせた三線の調弦を行う技術が身についているか否かが重視される。これらをすべて身に付け、指導者から一人前と認められるまでは、人前で歌うことが許されない〔49〕。そして、この判断は、指導者の経験と力量にすべて任されている。

このような教授の方法が定着している八重山では、たとえ公的な教育機関である学校であっても、指導者である顧問が一人前の地謡として認めない限り、人前で唄うことができない。先述したように、県郷土芸能大会で生徒と顧問が一緒に地謡を務めた背景には、このような「手習い」を通して芸能を習得させる方法が影響していた。

次節で述べる一九九二年の全国高文祭沖縄大会では、八重山高校の郷土芸能クラブの地謡は、生徒たちだけで行われた。また、三線に加え、笛や太鼓などの演奏にも挑戦し、演目の幅を広げている。このことは、八重山の歌を一人前の地謡として歌い上げることができる生徒が一九九〇年代頃から育ってきていたことを示している。

以上のとおり、県郷土芸能専門部は、沖縄県の高校生による芸能の発表の場として、県郷土芸能大会を開催してきた。高校生に成果発表の機会を提供するという前提で大会が行われ、そこでは沖縄本島側の参加校と八重山の参加校には、参加者の属性や演じられる曲に異なる特徴がみられた。それは、それぞれの地域で育まれてきた芸能の教授方法が学校で行われる教育活動にも影響を与えていたからであった。

その後、県郷土芸能大会は、一九九二年の全国高文祭沖縄大会の開催を契機に、大会の内容やその運営を充実させるための活動のあり方を大きく変化させている。以下では、その詳細をみていく。

五　全国高等学校総合文化祭沖縄大会

1　全国高等学校総合文化祭沖縄大会の開催とその経緯

県高文連は、一九八八年に沖縄県で開催された全国高文祭第一六回大会（以下、沖縄大会）を境に、会則の改定や専門部の追加を行い、組織体制の強化を図った。その背景には、沖縄県が計画していた日本本土復帰二〇周年記念事業があった。

一九八七年、沖縄県では、日本本土復帰二〇周年記念事業として、沖縄の文化と伝統を象徴した「文化の祭典」の計画が立てられた。沖縄県は、全国レクリエーション大会を沖縄県に招致することを希望していた。しかし、この行事は、一〇年先まで開催地が決定されていたため、結局、実現には至らなかった〔50〕。そこで沖縄県は、一九九二年の全国高文祭を沖縄県で行うための計画立案を沖縄県教育庁と沖縄県高文連に指示した。そして、沖縄県高文連は、全国高文連に対して全国高文祭の開催地として沖縄県を選定する要望を出した。しかし、全国高文祭の開催予定地はすでに埼玉県に決定しており、ちょうど文化庁と全国高文連が埼玉県と調整を終えたばかりだった。沖縄県は、このような状況にもかかわらず、開催地選定の再検討を全国高文連に要請した。それに対して全国高文連は、①沖縄県には適当な施設がないこと、②県高文連の経験が未熟であること、③地理的条件に伴う経費負担の問題があることを理由に、県高文連の要望を断った。沖縄県教育庁と県高文連はこの回答を受けて、以下の趣旨を理由に全国高文連と埼玉県高文連に対して再検討の要請を行った。

①沖縄は好き好んで沖縄戦の犠牲になり、米国の施政下に入ったのではない。
②戦争犠牲と二七年間の異民族支配の責任は、日本政府と国民全体にある。
③沖縄は一九七二年に県民の悲願かなって祖国復帰を果たした。
④戦中・戦後と、苦難な生活を強いられた沖縄県民の苦労をねぎらい、復帰を祝福するのは、政府並びに全国民の責務ではないか。
⑤一九九二年は、復帰二〇周年に当たる年である。
⑥沖縄日本本土復帰二〇周年記念事業は全国高等学校総合文化祭が望ましいと、県民総意の下に取り組んでいる。

⑦しかしその年は、埼玉県開催にきまっているようだが、一年繰り下げていただきたい。復帰記念事業はその年でなければならないからである。

⑧他県での開催は、繰り上げは困難であっても、繰り下げることは可能だと思う。

［沖縄県高等学校文化連盟 二〇〇〇：二五―二六］

全国高文連はこのような県高文連の要望を受け、急遽、一九九二年の全国高文祭の開催地の再検討を行った。そして、全国高文連の協議会の場で、当時の文化庁の担当課長が述べた「沖縄県の復帰記念祝賀事業は、全国民が総力を挙げて支援し、祝福すべきである」［沖縄県高等学校文化連盟 二〇〇〇：二六］という一言が大きく影響し、開催地が急遽変更された［51］。

このように、沖縄県は全国高文祭を沖縄日本本土復帰二〇周年記念事業として位置づけ、沖縄県全体で全国高文祭の開催準備が進められた［52］。

一九九二年の全国高文祭の開催に向けて沖縄県高文連は、組織の拡充と強化のために、沖縄県高文連規約を全面的に改正した。具体的には、スポーツ以外のすべてのクラブ・同好会を高文連傘下に組み入れ、専門部の増設を行った［沖縄県高等学校文化連盟 二〇〇〇：二六］。専門部の増設によって、沖縄県の高校生における文化活動の種類は多様になり、活動自体も活性化した。

2　沖縄県郷土芸能専門部による沖縄県高等学校郷土芸能大会の開催

全国高文祭の沖縄県開催の決定は、県郷土芸能専門部の組織運営やその後の大会開催にも大きく影響を与えた。

たとえば、沖縄県高文祭における県郷土芸能大会は、一九八〇年から一九九〇年までの一〇年間は、複数の専門部との合同発表会として開催されていた。しかし、一九九一年からは、郷土芸能専門部単独の大会として県郷土芸能大会が開催された。これは、全国高文祭の沖縄大会に向けて、県郷土芸能専門部が「沖縄の独特な歴史と文化の中に伝承されてきた伝統的な郷土芸能を高校生に普及し、郷土芸能関係クラブの育成を図る」〔沖縄県高等学校文化連盟 二〇〇〇：一二四〕ことを目的に大会を開催したためである。そして、その際、大会名称を「舞台発表・郷土芸能」から「沖縄県高等学校郷土芸能大会」へ変更している。それまで問題となっていた舞台環境の改善も行われ、各市町村の市民会館や劇場など、舞台施設が整えられた会場で県郷土芸能大会が開催されるようになった〔53〕。

また、一九九一年の県郷土芸能大会は、翌年の全国高文祭沖縄大会のリハーサル大会として開催されたため、沖縄県内の多くの学校が県郷土芸能大会に参加した。この年の大会には、次の二点の特徴がみられる。一つは、クラブ活動（あるいは部活動）で琉球古典芸能や民俗芸能を行っていなかった学校が、全国高文祭沖縄大会の開催に合わせて、芸能の経験のある生徒を集め、一時的な同好会を結成し参加していたことである〔第一六回全国高等学校総合文化祭沖縄県実行委員会 一九九二：三〇七―三〇八〕。もう一つは、一九九二年の全国高文祭沖縄大会が、全国高文連が主催する「文化の祭典」であることに加え、沖縄県側では、日本本土復帰二〇周年記念事業の一つとして位置づけられていたため、開催の準備段階から力が入れられていたことである〔54〕。たとえば、県郷土芸能専門部では、沖縄の伝統芸能を象徴する舞台になるよう、琉球古典芸能を中心にプログラムが構成されたり、洗練された技を身に付けた生徒の演舞が行われたりなどした。

このことは、琉球古典芸能を身につけた高校生の技のレベルが、高くなっていたことも表している。たとえば、一九九〇年の県郷土芸能大会集録に掲載されている講評には、「研究所で琉球古典芸能を学ぶ高校生のレベルが上がっている」と記されている。つまり、この時期には、八重山の高校生の演舞の熟達度が上がっていたことだけでなく、研究所で琉球古典芸能を身につけた沖縄本島の高校生の演舞の熟達度も上がっていたことがわかる。

熟達度の高い生徒による琉球古典芸能の演舞は、沖縄県外から全国高文祭に参加した学校や大会関係者から非常に高い評価を受けた。そして、このような県外の評価は、その後の県郷土芸能専門部の事業の展開に大きく影響を与えた。特に、全国高文祭沖縄大会以降、県郷土芸能専門部は、講評会や表彰式だけでなく、琉球古典芸能家や芸能研究者による審査も導入した。一九九〇年から二〇〇〇年までの沖縄県代表校一覧や講評および審査の結果をみると、高校生の技が著しく向上していることがわかる。

このように、県郷土芸能大会は、全国高文祭沖縄大会以降、フェスティバル形式から競技的な側面の強いコンクール形式に転換している。以下では、県郷土芸能大会や全国郷土芸能大会に導入された審査制度が、沖縄県の高校生による伝統芸能や民俗芸能の活動に与える影響について考察する。その際、琉球古典芸能を研究所で習得する高校生の芸歴にも着目しながら、新聞社主催の芸能コンクールが高校生の文化活動に与える影響についても検討する。

六　審査制度がもたらした影響

第二章で述べたように、戦後沖縄における伝統芸能の復興には、沖縄県の地元新聞社による芸能コンクールの開催が大きく影響していた。また、この芸能コンクールには、研究所で琉球古典芸能を習得する高校生も参加していた。そして、県郷土芸能大会に参加した高校生のうち、琉球古典芸能を披露した生徒のほとんどが、芸能コンクールで受賞歴のある生徒たちだった。

一九八〇年から一九九〇年までに行われた県郷土芸能大会のプログラムを確認したところ、一九八五年以降、芸能コンクールで受賞歴のある高校生が毎年出場している。そして、受賞歴のある生徒の演目をみると、「上り口説」「かぎやで風」「かせかけ」「ゼイ」「加那《かな》ヨー」「花風」[55]など琉球古典舞踊が中心で、各演目のレベルも初級から上級まで幅広いものであった[56]。たとえば、「かぎやで風」は、沖縄本島の祝いの席で必ず踊られる古典芸能として知られているだけでなく、基本的な所作を習得するための古典舞踊でもある。一方、「花風」は、古典舞踊のなかでも速度の遅い曲に合わせて踊る古典舞踊のため、摺り足や指先の動きなど、細かい所作を習得した熟達度の高い者だけしか踊ることができない。

琉球古典芸能以外の演舞を発表するのは、主に八重山からの参加校だった。八重山の高校生たちは、八重山の歌や踊りを中心とした民俗芸能を発表していた。県郷土芸能大会のプログラムに見られる演目を比較すると、県郷土芸能大会が開催された一九七八年から二〇一一年までの三三年間に見られた大きな特徴は、沖縄本島の参加校は琉球古典芸能を中心に発表し、八重山からの参加校は八重山の民俗芸能を発表していることである。

全国郷土芸能大会に出場した沖縄県代表校をみると、一九八〇年代から一九九〇年代半ばまでは、沖縄本島と八重山の両方の地域から合わせて三校から五校の学校が毎年参加していた。しかし、一九九七年から全国郷土芸能大会に出演できる各都道府県の団体数が二団体までに制限されると、沖縄県代表校の選抜の結果に変化がみられる。たとえば、沖縄県代表校として選ばれる二校のうち一校は、必ず八重山の高校になっている（表⑤）。このことから、八重山の三高校の技の熟達度が上がってきたことがわかる。

大会年度	沖縄県代表校
1997	八重山高校
	興南高校
1998	八重山高校
	球陽高校
1999	八重山農林高校
	南風原高校
2000	八重山高校
	興南高校
2001	八重山農林高校
	南風原高校
2002	八重山高校
	八重商工高校
2003	八重山高校
	南風原高校
2004	八重山商工高校
	南風原高校
2005	八重山農林高校
	八重山商工高校
2006	八重山高校
	南風原高校
2007	八重山商工高校
	南風原高校
2008	八重山商工高校
	八重山高校
2009	八重山農林高校
	南風原高校
2010	八重山農林高校
	南風原高校
2011	八重山商工高校
	向陽高校

表⑤　全国高等学校郷土芸能大会における沖縄県代表校一覧
（1997年から2011年までの沖縄県高等学校郷土芸能大会プログラムより筆者作成）

また、一九九六年の全国郷土芸能大会で、八重山の参加校が文化庁長官賞を受賞し、東京公演の出場校に選ばれた。それ以降、八重山の三高校のいずれかの郷土芸能部が、地方大会だけでなく、全国レベルの大会においても高い評価を受けている［57］。そして、八重山の参加校が「東京公演」に出場したことをきっかけに、県郷土芸能専門部が県郷土芸能大会に審査制を導入するなど、大会の運営方法にも変化が見られるようになった。

このように、一九九〇年から全国高文連によって導入された東京公演の開催は、全国郷土芸能大会レベルだけでなく、地方大会レベルにも影響を与えている。

以下では、一九九一年の審査制度導入以降、県郷土芸能大会で定められた基準の変化が参加校の演舞に与えた影響についてみていく。特に、その中でなぜ八重山の高等学校の郷土芸能部が高い評価を得るようになってきたのかという点に注目する。

1　沖縄県郷土芸能大会における審査制度の導入

前述したように一九九一年から琉球古典芸能家や芸能研究者による講評および審査が行われるようになった。基本的に県郷土芸能大会の審査は、全国郷土芸能大会の審査条件に準じて行われる。全国郷土芸能大会の審査条件は明文化されていないが、以下の点が、全国郷土芸能大会に出場する最低限の条件である。

- 高校生による演舞であること
- 生演奏であること
- 上演時間を一五分以内に収めること
- 各都道府県の出演団体数は二団体までとすること

先述したように、一九九〇年の全国大会において審査制度が導入されたのは、東京公演に参加する学校を選抜しなければならなかったからである。以降、一九九七年には最優秀賞や優秀賞、優良賞が設けられるなど、賞制度の整備もすすめられていったが、最低限の条件は依然として右の点に従っていた。

一方、県郷土芸能専門部は、一九九〇年から始められた東京公演に伴う審査制度導入に対して、大きな関心をもっていた。当時の県郷土芸能大会は同じく芸能の祭典である新聞社主催のコンクール等に比べると、まだ知名度が低かった。筆者の聞き取り調査によれば、当時の県郷土芸能専門部では、一定の規準を設けて審査を行うことが、県郷土芸能大会開催に対する関心を高めることに繋がると考えられていた[58]。そのため、一九九一年の県郷土芸能大会から、琉球古典芸能家や芸能研究者によって審査が行われるようになり、以降、審査を経た参加校が全国大会へ派遣されるようになった。ただし、このような審査制度の導入の背景には、沖縄ならではの事情が影響を与えていたと考えられる。そのひとつが、第二章四節で述べた研究所を主体とした地元新聞社主催の芸能コンクール〔59〕の存在である。

すでに述べたように、県郷土芸能大会の審査員には、琉球古典芸能家や芸能研究者が採用されていた。プロの審査員によって行われる評価形式は、新聞社主催の芸能コンクールでも採用されているものであった。ということは、県郷土芸能専門部も身近なモデルとして新聞社主催の芸能コンクールの形式を意識していた可能性が高い。

また、県郷土芸能大会の主催者だけではなく、参加者の側にも同様の意識がみられた。たとえば、一九九〇年の県郷土芸能大会のプログラムには、以下のような参加者の紹介文が掲載されている。

> 私は、琉球舞踊研究所で六才の頃から琉舞を習っており、去年、琉球新報主催の琉球古典芸能コンクール、琉舞の部門で新人賞をいただき、今年八月には、山梨県での全国高等学校総合文化祭に出場させていただきました。これからも、自分が一番得意とする琉舞を通して社会に奉仕したいと思います。（一八頁）

このような参加者の紹介文が、一九九〇年代後半まで県郷土芸能大会のプログラムに掲載されている。右の例のように、全国大会に参加した生徒たちの紹介文には、どこの研究所で学んだのかというような芸能歴について述べられたものが多く、芸能コンクールで受賞歴がある生徒も珍しくなかった。そのため、県郷土芸能大会は、参加する生徒やその関係者から「高校生版」の芸能コンクールと捉えられていた可能性が高い。

以上を踏まえると、県郷土芸能大会に参加する生徒たちは、地域にある研究所で洗練された芸能（特に琉球古典芸能）を身につけた者が多いことがわかる。一方、表⑤で挙げたように、県郷土芸能大会へ毎年のように派遣されているのは、主に八重山の三高校であった。八重山には芸能コンクールもない上に、参加校の生徒たちは学校が主体となったクラブ活動（部活動）を通して八重山の民俗芸能を身につけた者ばかりだった。なぜ、彼らが沖縄県代表校として全国郷土芸能大会に出場するまでになったのだろうか。その理由として、県郷土芸能大会において生徒たちの演舞に対する評価が変化してきたことが挙げられる。以下、それを確認したい。

2　沖縄県高等学校郷土芸能大会の審査内容

先述したように、県郷土芸能大会では、著名な芸能家や芸能研究家によって審査が行われてきた。審査の際には、全国大会と同じ条件が重視されたが、それ以外は審査員それぞれの基準に委ねられてきた［60］。

初めて審査制度が導入された一九九一年の県郷土芸能大会は、一九九二年の全国高文祭沖縄大会のリハーサル大会として位置づけられたものだった。そのため、これまでにないほど多くの学校が参加し、演目の数や内容も豊富だったことから、メディアでも大きく取り上げられ、注目を集めた［61］。

特に、一九九一年の県郷土芸能大会の特徴として挙げられるのが、演目の変化とそれに対する評価の変化である。これまでの県郷土芸能大会では、琉球古典芸能が多く上演されていたが、一九九一年の県郷土芸能大会では沖縄県内全域でみられる民俗芸能の演舞も数多く発表された。また、同大会には、宮古島の高等学校（三校）がはじめて参加し、宮古島の民俗芸能も発表された。県郷土芸能専門部は、沖縄本島や八重山以外の地域からの参加があったのみならず、このような幅広い芸能が県郷土芸能大会で発表されるようになったことについて、「地域の芸能に学校一体となって取り組んだことは、学校教育の部活動としての『郷土芸能部』の活動として望ましいあり方である」［第一六回全国高等学校総合文化祭沖縄県実行委員会　一九九三：七三］と評価している。

そうした動きを受けて、一九九一年の県郷土芸能大会以降、学校のクラブや部活動［62］を通して地域の芸能を学び、習得することが望ましいとされるようになった。そして、県郷土芸能専門部は、伝統芸能や民俗芸能を実践する学校を高く評価するようになった。

それに加えて、一九九六年の全国郷土芸能大会の沖縄代表校（八重山高校）が、文化庁長官賞を受賞し「全国一位」を獲得したことをきっかけに、専門家による審査にも変化がみられるようなった。たとえば、沖縄県では、代表校を選定する際、学校単位で活動を行っているかどうかについても評価の対象となった。一九九五年の時点で、学校のクラブ活動や部活動で芸能に取り組んでいた学校は、八重山の三高校だけであった。筆者の聞き取り調査によれば、研究所で芸能を学ぶ高校生たちの演舞は、踊りや歌、三線の奏法が洗練されている一方で、流派の影響を受けたものや新聞社の芸能コンクールの審査基準を意識し過ぎた生徒が多かった。そのため、審査員は、学校を主体とした取り組みであることに加え、特定の流派や新聞社の芸能コンクールに左右されない演舞を期待するようになった［63］。

このような審査員の期待に合致したのは、沖縄本島の参加校と対照的だった八重山からの参加校だった。八重山からの参加校は、まず学校を主体とした部活動を通して八重山の民俗芸能に取り組んでいた。そして、踊り、歌、楽器の伴奏も生徒だけで行っていた。高校生による地謡は、県郷土芸能大会の審査員からも高い評価を受けていた。

八重山の参加校が、演舞や演奏を高校生たちだけで行うようになったのは、全国郷土芸能大会の審査条件が影響していた。つまり、全国郷土芸能大会の審査条件を満たすために八重山の参加校が取り組んできたことが、結果的に県郷土芸能大会での演舞に変化をもたらした。

また、全国大会で定められた上演時間や参加校数の制限も、県郷土芸能大会における審査基準に影響を与えるようになった。全国郷土芸能専門部は、一九九八年以降、各都道府県からの参加校数を二校までと制限した際に、上演時間を「一五分以内」に設定することを定めている〔社団法人全国高等学校文化連盟編 二〇〇六：一〇〇〕。それ以降の全国郷土芸能大会のプログラムをみると、すべての演目が「一五分間」で行われている。

県郷土芸能大会の場合、上演時間を「一五分以内」にするというようなルールは定められていないが、全国高文祭に出場することを目標としている参加校は演目の時間を「一五分以内」にしている。そして、二団体という狭き枠をめぐって参加校が競うようになると、県の審査員側も「一五分以内」で演舞を行う学校を、沖縄県代表として選定するようになった。つまり、県郷土芸能大会から代表を選出する際には、学校を主体とする活動や生徒だけによる演舞といった審査基準の他に、上演時間についても審査の対象になっていったのである。

このように、全国郷土芸能大会に設けられた出演団体数「各県二団体以内」、上演時間「一五分以内」などの条件は、地方大会の目的や参加校の活動にも大きく影響を及ぼしていることがわかる。このような審査制度の導入によって、県郷土芸能大会に参加する生徒や教員が、地方大会レベルの段階で東京公演の出場を意識したり、国立劇場の舞台で演舞を行うことが目標になったりする状況が生み出されている。さらに、上演時間の規定内で行う演舞には、限られた時間内でどのように技を見せるかなど、演出の工夫が行われている。このような状況下で行われる芸能大会は、もはや当初想定されていた「沖縄県の高校生による文化活動の成果発表の場」としての芸能大会とは大きく異なっている。

以上みてきたように、一九八九年に全国高文連が導入した審査制度は、東京公演に出場する学校を選抜するためのものだったが、結果的に、全国郷土芸能大会だけでなく、地方レベルの郷土芸能大会の審査制度の内容を規定することにもなった。さらに、県郷土芸能大会においては、高校生の文化活動に、沖縄特有の研究所や芸能コンクールの存在が大きく影響していた。これは、沖縄の高校生による民俗芸能の取り組みが、国レベルと地方レベルの双方から影響を受けて展開していることを示している。

3　八重山の三高校への沖縄本島の参加校からの影響

筆者の聞き取り調査から、八重山の三高校の郷土芸能部の生徒が、琉球古典芸能を研究所で身に付けた沖縄本島の生徒たちの影響を受けていたことも明らかになっている。かつて、商工高校の郷土芸能部の顧問だった岡山睦子氏は、県郷土芸能大会の協議会の席で、沖縄本島の参加校の顧問から「八重山には、八重山の民俗芸能があるでしょう」と言われたことをきっかけに、八重山の民俗芸能に力を入れるようになったと語っている。また、八重山には、琉球古典芸能の研究所がほとんどないため、沖縄本島の高校生のように、琉球古典芸能を学ぶ環境がなかった。さらに、岡山氏は、当時を振り返りながら、技に磨きをかけた沖縄本島の高校生と同じ舞台にたつためには、八重山の高校生たちに八重山の民俗芸能を教えることが自分の役割だと強く感じたと語っている[64]。これは、研究所で技を磨き、芸能コンクールで受賞歴のある沖縄本島の多くの高校生たちの存在が、八重山の高校生や教員のモチベーションを上げることに影響を与えていたことを表している。

このように、県郷土芸能大会に導入された審査制度は、全国高文祭の審査制度に伴い取り入れられたものであったが、その審査の規準を定めた背景には、沖縄特有の研究所や芸能コンクール、さらに、受賞歴のある高校生たちの存在が大きく影響していた。

小括

高等学校における文化系の部活動では、全国高文連が主催する全国高等学校総合文化祭の開催が、生徒たちが同年代の仲間と交流を深め、活動に対するモチベーションを高める機会になっている。全国郷土芸能大会における高校生による演舞は、「高校生らしさ」を求めつつも、審査制度の導入によって日本の新しい芸術文化の創造に寄与するものとして捉えられるようになった。そして、地域の文脈のなかで育まれてきた民俗芸能は、地域の伝統的文脈といった地域性に依存することなく、審査制度の基準にもとづいて、指導者や演じ手である高校生たちによって新たな息吹を吹きこまれた。しかしながら、こうした新しい芸能は、伝統的文脈から完全に逸脱したものではなく、地域社会からの要望や期待を受容しながら生み出されている。本章では、八重山の三高校の郷土芸能部と地域社会との錯綜する関係性を、全国高文連主催のコンクールにおける審査制度を通して概観し、その特徴について明らかにしてきた。次章では、教育課程のなかで教えられている八重山芸能を「学校芸能」という視角から考察する。

［1］現在、「郷土芸能」は、主に学校教育のなかで教えられる民俗芸能を指す言葉として用いられている。そのため、本書でも序論で定義した民俗芸能の概念と同じ意味で「郷土芸能」の語を用いる。

［2］ここでいう地域社会には、研究所が含まれている。研究所は、特定の流派をもち、師匠と弟子の関係性のなかで技の伝達が行われている。しかし、研究所は、地域から独立したものではなく、地域社会と関わりながら芸能の教授が行われる場

として、地域の人びとからも認識されている。

[3] 一九七七年に開催された第一回大会の記録に記された八都道府県が、どのような経緯で大会に参加したかは、全国高文連の資料に記されていないため不明である。

[4] 一九八〇年八月六日に金沢市で開催された。

[5] なぜ二四都道府県を超えることが目指されていたかについての詳細は、全国高文連設立に関する資料に記載されていないため不明である。

[6] 行政の場で文化や芸術の振興をめぐる議論がされて以降、「文化芸術」と「芸術文化」の二つの言葉が用いられるようになったが、その違いについて明確な説明がいまだないため、使い分けは難しい［上原 二〇〇九：二］。文化庁は二〇〇一年に公布した文化芸術振興基本法で「文化芸術」という言葉を用いているが、その定義は明確に示されていない。ただし、文化芸術振興基本法の前文において「文化芸術は、人々の創造性をはぐくみ、その表現力を高めるとともに、人々の心のつながりや相互に理解し尊重し合う土壌を提供し、多様性を受け入れることができる心豊かな社会を形成するもの」などの説明が見られる。一方、「芸術文化」は、地方自治体レベルの条例のなかで使用されたり、条例の名称で用いられたりしている。たとえば、小金井市芸術文化振興条例は第二条で、この条例における「芸術文化」とは、「人間の感性を豊かにする知的かつ創造的な活動で、多様な芸術文化領域を含むもの」とし、「芸術文化活動」とは、「広く芸術文化を鑑賞し、創造し、またはこれに参加することをいう」としている。上原は、芸術文化活動のあり方に関する論文のなかで、助成金や寄付金の対象となる芸術家などの活動に言及する際に「芸術文化活動」と表記している［上原 二〇〇九：二―九］。本書では、文献および資料に従って「文化芸術」「芸術文化」の二つの言葉を適宜用いる。その際、文化庁や全国高文連、各都道府県の高文連が意味する文化活動が、芸術に限定した文化ではなく、さまざまな分野を並立なものとして捉えていることから、地域社会の人びとや高校生が主体となる文化活動を含む言葉として用いる。

[7] この文化活動は、高等学校の文化活動とは異なり、地域社会の人びとが個人の趣味を楽しんだり、極めたりする活動や、地域のためのボランティア活動などを含んだ「国民が主体となる活動」を指す言葉として用いられている。

[8] 『文化時報』第一二〇六号［文部省大臣官房編集 一九七七］に収録された「特集・芸術文化の振興」の「座談会 長期的

観点に立った文化行政の課題」。文化庁次長の吉久勝美の他、劇作家の内村直也、福島県会津若松市長の高瀬喜左衛門、東京混声合唱団事務局長の滝淳、社会教育審議会委員の山本和代、栃木県立美術館副館長・評論家の大島清次の六名によって、文化行政に関する今後の計画が討議された。

[9] 文化庁による「参加する文化活動」の推進についての詳細は、『第三回全国高等学校総合文化祭—大分からの報告—』の「2. 関係各県による態勢づくり」[大分県教育委員会 一九八〇：五〇] で述べられている。実態調査の結果については、その詳細を知る術がないためここで触れることができないが、一九七〇年の『指導要領』でクラブ活動が必修科目として位置づけられたことから、クラブ活動（スポーツ系のクラブ以外）を対象に実態調査が行われたのではないかと推測される。

[10] 各都道府県別の高文連結成時期については割愛するが、全国高文連の設立が検討され始めた一九八〇年ごろ、都道府県単位では、北海道、青森、山形、栃木、東京、石川、福井、岐阜、滋賀、島根、高知、大分、宮崎、沖縄の一四都道府県で高文連が結成されていた。一九八一年に山形、山梨、兵庫、徳島、熊本、一九八二年に和歌山、一九八三年に秋田、一九八四年に埼玉、香川、一九八五年に長野、広島の全二五県が高等学校文化連盟を結成した [全国高等学校文化連盟編 一九九七：八]。

[11] 高文連協議会は、全国高等学校文化連盟設立準備委員会を発足させ、役員として会長に中島孝助岩手県教育委員会教育長、委員に先催県と東京都、大阪府の高文連会長（または文化行政主管課長）を任命し、第一回設立準備委員会を開催した。全国高文連のホームページに掲載されている「公益社団法人全国高等学校文化連盟沿革」を参照。

[12] 当時の文化庁文化部長の十文字孝夫氏は、全国高等学校文化連盟設立総会の祝辞で、高校生の文化活動に対して次のように述べている。「日本の芸術文化を振興していくには、国民各層の中に幅広く芸術文化に対する理解を醸成していかなければならない、それが基礎であるということが強く議論されておりまして、そのためには、まずもって、学校教育の果たす役割というものが非常に大きなものがあるという指摘を頂いております。なかんずく高等学校というのは、ちょうど生徒諸君が青年期にあって、大変感受性が鋭い時期でもございます。そういう時に文化活動を行うということは、これはまさに国民の芸術文化活動に対する理解を培う基盤を養うことになると思います。その意味で、今後、全国高等学校文化連

盟が果たすべき役割というのは非常に大きなものがあろうかと思います」［全国高等学校文化連盟編　一九九七：一〇―一一］。文化庁は、全国高文連の設立以降、高校生の文化活動のなかでも、特に全国高文祭の強化に力をいれ始めた。

［13］公益社団法人全国高等学校文化連盟（http://www.kobunren.or.jp/about/index.html#about）。

［14］高校生の文化活動を支援する文化庁の助成事業「全国高等学校総合文化祭国際交流事業」によって、一九八九年に全国高文連による初めての国際交流事業が実施された。

［15］全国高文連は、公益法人制度改革によって、二〇一二年に公益社団法人となった。全国高文連の法人化に関する詳細は、『全国高文連二〇年の歩み』［社団法人全国高等学校文化連盟編　二〇〇六：三八―四三］を参照のこと。

［16］全国高文連の初代会長石川邦夫氏は、一九八五年の全国高文連連絡協議会で「高体連や高野連の活動が大きい教育効果をもたらしている。高文連の全国組織は絶対必要である」［全国高等学校文化連盟編　一九九七：二三］と述べている。全国高文連の設立には、当時の全国高等学校体育連盟や全国高等学校野球連盟の活動が大きく影響を与えていた。

［17］一九七七年の全国高文祭第一回大会の参加校数は一一七校、その後、八年間で七五六校の参加校数にまで増えた。全国高文連の設立後の一九八六年の第一〇回大会では、一一二九校と初めて一〇〇〇校を超えた［全国高等学校文化連盟編　一九九七：三六―三七］。

［18］本書では、千葉県で開催された全国大会を第一回大会とし、全国高文連設置以降に開催された全国高文祭を第一回大会から継続したものとして捉え、大会回数を数えている。

［19］大分県の教育委員会や高文連は、高校生による文化活動（放送、演劇、美術、文芸、吹奏楽、日本音楽、吟詠剣詩舞、囲碁将棋、弁論、新聞、科学、家庭など）の底上げを図るために、成果発表の機会として文化祭を企画した［全国高等学校文化連盟編　一九九七：一五九］。

［20］高校生の文化活動の支援を検討していた文化庁は、大分県の高文連の活動に関心を持っていた。

［21］各機関の名称は、一九八〇年の「第三回全国高等学校総合文化祭実施報告」資料に記載された当時の名称を用いた。

［22］前節で触れたように、文化庁は「参加する文化活動」の推進を行っていたため、高校生が主体となる文化活動および発表会の開催を目指していた。

［23］全国高等学校文化連盟編［一九九七］の資料「年次・部門別参加状況」の一覧（三六頁）を参照。

［24］一九八一年の第五回大会（秋田県）で郷土芸能の舞台発表が行われたが、これは、総合開会式や交流会での「余興」として位置づけられたもので、発表会として扱われるようになったのは、専門部の設立以降からである［社団法人全国高等学校文化連盟編 二〇〇六：一〇〇］。

［25］『第九回全国高等学校総合文化祭の記録』（一九八五年）の郷土芸能部門の報告によると、五県一六校二〇演目におよぶ郷土芸能部門の発表が行われた。演目と参加都道府県は、次のとおりである。「鹿踊り」「鬼剣舞」「早池峰神楽」「釜石虎舞」「早池峰神楽」（岩手県）、「秋田甚句」「秋田おばこ」「秋田大黒舞」「秋田人形甚句」「鳥海からうすからみ」「飾山囃子」（秋田県）、「馬頭祝太鼓」「八木節」「富田節」（栃木県）、「三河御殿万歳」（愛知県）、「貫花《ぬちばな》」「ぺん蟹《がん》取《と》れ節」「揚古《あげく》見《ん》の浦節《うらぶし》」（沖縄県）。

［26］『第九回全国高等学校総合文化祭の記録』（一九八五年、一〇四頁）を参照。

［27］最初の大会は、全国から集まった一六の参加校で行われ、舞台発表部門のなかで最も小規模の発表会だった。

［28］先に見たように、一九八五年に開催された第九回大会（岩手県）の郷土芸能部門の発表会で講評をつとめた文化庁文化財調査官・芸術調査官の田中英機氏の記録が『第九回全国高等学校総合文化祭の記録』（一九八五年、一〇四頁）に記されている。

［29］全国高等学校文化連盟「全国高等学校総合文化祭優秀校東京公演」（http://www.kobunren.or.jp/enterprise/tyo/）。

［30］また、東京公演は、日本芸術文化振興会の助成を受けて開催されている。つまり、助成活動対象の条件である「芸術文化の創造」に該当する活動として認められたものであることがここからもわかる。

［31］一九九二年の第一六回大会は、開催地が沖縄県だったため、参加費用を確保できない学校が多かった。そのため、参加都道府県、参加校数が減っている。ただし、この大会をきっかけに、沖縄県の参加校数は急増している。

［32］この「伝承芸能部門」にあたるのがどのような芸能なのかについて、全国高文連や各都道府県の高文連または郷土芸能専門部レベルで明確な定義は示されていない。ただ、これまで全国・地方で開催された郷土芸能大会プログラムに記載された演目を調べると、「伝承芸能部門」では、それぞれの地域で育まれてきた歌や踊りなど、地域の人びとから民俗芸能と

して認識されているものが発表されている。

［33］沖縄平和行進は、一九七七年から開催されている。これには、沖縄県民を中心に、多くの行政関係者、教育関係者が参加している。その他に、全国からの参加者も多く見られる。

［34］筆者は、二〇〇八年、二〇〇九年に行われた「五・一五沖縄平和行進」に参加した。二〇〇八年は、この行事にどのような人びとが参加しているかに着目しながら参与観察を行った。二〇〇九年は、参与観察に加え高教組の関係者に聞き取り調査を行った。筆者の聞き取り調査から、五・一五沖縄平和行進には、沖縄県の教職員で構成される高教組の会員が多く参加していることが明らかになった。また、高教組に属さない多くの教育関係者も参加していた（二〇〇九年五月一五日・筆者の聞き取り調査より）。

［35］囲碁、将棋、茶道の三つの部門を含んだ専門部の略称。

［36］定時制通信制専門部の略称。

［37］二〇一三年三月現在では、二二の専門部が設置されている。

［38］筆者は、『沖縄県高等学校総合文化祭集録』第六回大会から第一六回大会までを八重山高校郷土芸能部の顧問からご提供いただいた。第一回大会から第五回大会までの資料は散逸し、収集が難しい状況だったため、不明な箇所については『沖縄県高等学校文化連盟20周年記念誌』をもとに可能な限り補足した。

［39］『沖縄県高等学校総合文化祭集録』は、第二三回大会まで発行されたが、二〇〇〇年の第二四回大会から『高文連会誌』に改称し、県高文祭の報告書として発行されている。プログラムの他に、沖縄県高文連の役員による感想や沖縄県高文祭実施に関わる反省点や課題、参加した生徒の感想文が掲載されている。さらに、この資料は、当時の参加校や生徒氏名、学年、顧問や指導者の氏名が掲載されており、沖縄県高文祭の開催に関わる情報以外に、生徒や教員の詳細を把握することができる貴重な資料でもある。

［40］沖縄県高文連では、一九七八年の「第一回沖縄県高等学校総合文化祭」を第一回目の沖縄県高文祭開催として記録しているため、本章でもこの認識に倣いながら、沖縄県高文祭の歴史的変遷を辿る。

［41］その際、全国高文祭に出場した代表校の表彰も行っていた。

[42] 地謡とは、歌・三線を中心に琴・笛・胡弓・太鼓の演奏を担当する者のこと。

[43] 二〇〇九年七月三〇日・筆者の聞き取り調査より。

[44] ここで言うフェスティバル形式とは、コンクールのような審査がない発表会のことを意味する。

[45] 雑踊とは、明治・大正時代に琉球古典舞踊を改作した庶民的な踊りの呼称である。また、琉球古典舞踊と区別するための名称としても用いられている［宜保 一九八三：六〇八］。

[46] 例えば、一九八八年の発表会では、部門としての所属がないバレエ（白鳥の湖）の発表も行われている。その翌年には、八重山民謡「川良山節」に合わせた、いわゆる沖縄風創作バレエと呼ばれるものも発表されている。

[47] 興南高校は、私立の高等学校のため、本書の分析対象として扱わないが、ここではプログラムの記載に従って表示した。

[48] たとえば、本人の出生地や居住地とは関係なく、両親や祖父母が民俗芸能の育まれた地域の出身地である場合、その地域の祭りへの参加やその地域の民俗芸能の習得が許されている。

[49] 筆者が行った当時の顧問への聞き取り調査によると、当時の八重山高校の地謡を担当した生徒たちは、一人前の地謡として務められるだけの実力が伴っていなかった。たとえば、一九八二年の県郷土芸能大会では、高嶺氏が生徒と一緒に歌三線を担当した。このように、顧問と生徒が一緒に歌三線を行う姿は、八重山の参加校に見られる特徴でもあった（二〇〇九年七月三〇日・筆者の聞き取り調査より）。

[50] 沖縄県では日本本土復帰記念事業として、一九七三年の若夏国体や一九八七年の海邦《かいほう》国体など国民体育大会が開催されている。沖縄県は二度の国民体育大会を開催したことから、沖縄日本本土復帰二〇周年記念事業では、沖縄の伝統と文化をテーマにした行事の開催が検討された。しかし、全国レクリエーション大会などの文化をテーマにした行事は、一〇年先まで開催都道府県が決定しているため、それに代わる行事として沖縄県では、全国高等学校総合文化祭を日本本土復帰記念事業の一環として位置づけ、開催の検討が行われた。

[51] 全国高文祭の開催地の変更に対して、埼玉県の高文連会長が「沖縄県には勝てないな」［沖縄県高等学校文化連盟 二〇〇〇：二六］と嘆いていたことが、沖縄県高文連の『20周年記念誌』のなかで記述されている。文化庁の担当者の発言がどれほどの影響力を持っていたかはわからないが、少なくとも記録によれば、文化庁の関係者によるこのような発言によっ

て、埼玉県の高文連会長が発言する余地もなく開催地が変更されたとみられる。

[52] 沖縄県は、三〇〇〇人から五〇〇〇人が収容可能な大型劇場や、市民会館などの大規模な公共施設の建設を一九九一年までに行った。

[53] 一九九一年以降は、沖縄県郷土劇場、琉球新報ホール、東町会館、沖縄コンベンション劇場棟、那覇市民会館、浦添市民会館、宜野湾市民会館、石垣市民会館など、舞台設備の整った場所で行われた。

[54] 『第一六回全国高等学校総合文化祭・沖縄』[第一六回全国高等学校総合文化祭沖縄県実行委員会 一九九三：七九]に掲載された写真資料からは、花笠《はながさ》をかぶり、色鮮やかな紅型衣装に白足袋を履き、両手に四つ竹を持って打ち鳴らしながら華やかに踊る本格的な琉球古典舞踊が高校生によって披露されたことが明らかになっている。また、筆者が、生徒名簿をもとに、当時の状況を知る琉球古典芸能家に聞き取り調査を行ったところ、全国高文祭沖縄大会の総合開会式では、研究所で琉球古典芸能の洗練された技を身に付けた生徒の演舞が行われたことがわかった。

[55] 花城[二〇〇六]が整理した琉球舞踊コンクールの課題演目のレベルを参考にすると、初級が「上り口説」、中級が「ゼイ」「かぎやで風」、上級が「加那ヨー」「花風」となっている。

[56] 筆者の聞き取り調査によれば、琉球古典舞踊のうち、特に「上り口説」「かせかけ」は、演舞の時間が短く、県郷土芸能大会の演目として取り入れやすかったという。また、この二つの演舞は、芸能コンクールの課題曲（新人部門）でもあることから、研究所で琉球古典舞踊を習う高校生たちの多くが、練習曲として用いていたものであった。

[57] 一九九七年、二〇〇二年、二〇〇三年、二〇〇七年、二〇〇九年の全国郷土芸能大会で、沖縄県代表校が東京公演出場校に選ばれている。

[58] 二〇一一年一一月八日・筆者の聞き取り調査より。

[59] 地元新聞社主催による芸能コンクールは、沖縄タイムス社と琉球新報社の二社によって行われている。

[60] たとえば、筆者が観察した二〇〇九年から二〇一一年までに行われた県郷土芸能大会では、継承が危ぶまれている歌や踊りを取り入れた演舞を評価する審査員や、録音された伴奏に生演奏を組み合わせた新しい奏法を評価する審査員がいた。

[61] 一九九一年の県郷土芸能大会の演目は、次のとおりである。かぎやで風、かせかけ、上り口説《ぬぶいくどぅち》、伊良部《いらぶ》とうがに、ゼイ、

花風《はなふう》、湊《んなと》くり節《ぶし》、加那《かな》ヨー、獅子舞、谷茶前《たんちゃめぇ》、＊川満棒踊《かわみつぼうおど》り、ウミンチュ、＊砂川クイチャー、＊屋慶名《やけな》エイサー、舞方《まいかた》、貫花《ぬちばな》、前《めぇ》ぬ浜節《はまぶし》、鳩間節《はとまぶし》、波平大主道行口説《なみひらうふしゅうどうこうくどぅち》、魚売《さかなうい》アン小《ぐぁ》、＊座喜味棒《ざきみぼう》、ラッパ節《ぶし》、＊京太郎《ちょんだら》の二四点である（＊印は、地域に伝わる民俗芸能）。

［62］この時期の高校生の文化活動は、必修化されたクラブ活動と部活動で行われていた。一九九九年度の『指導要領』改訂で高等学校における必修クラブが全面的に廃止され、教育法規上強制力のない部活動で高校生の文化活動が継続されている［小林 二〇一二：一九四］。

［63］県郷土芸能大会は、学校で取り組む伝統芸能や民俗芸能を評価し、さらに、継承者の育成の場に繋がる機会となることを目指している（二〇〇九年一〇月八日・筆者の聞き取り調査より）。

［64］二〇一〇年一〇月一五日・筆者の聞き取り調査より。

第五章　「学校芸能」の創造と教育課程の関係

第四章でみてきたように、全国郷土芸能大会に導入された審査制度は高校生の文化活動に大きな影響を与えた。また、沖縄県の場合、地域ごとに異なる芸能の教授の他に、沖縄固有の研究所、新聞社主催の芸能コンクール、そして、そのコンクールで受賞歴のある高校生たちの存在の影響も大きかった。

沖縄県における高校生の文化活動が、文化庁による文化行政や沖縄固有の芸能教授システムである研究所の影響を受けて展開していることを踏まえ、本章では、「学校芸能」が創造される場に注目し、学校で教えられる八重山芸能と教育課程の編成がどのように関わっているかについて検討する。

一九九九年度『高等学校学習指導要領』（以下、『指導要領』）改訂以降、各学校の裁量で教育課程を編成することが可能になったため、八重山の三高校では、八重山芸能の教育に関わる科目が積極的に導入されている。また、八重山芸能を学校で扱う場合、授業計画は、各学校の裁量で立てられる。指導者の配置は各学校に委ねられている一方で、指導者の採用に関しては、県の意向が反映される。つまり、各学校の裁量で教育課程の編成が可能になったとはいえ、依然として県が教育現場に影響を与えている。

本章では、特に、教育課程の編成に注目しながら、八重山芸能がどのように教授されているのかについて考察する。まず、八重山芸能の指導者や授業内容について検討し、学校で教えられる八重山芸能について詳細な内容を提示する。そして、指導者の採用をめぐる問題にも注目し、沖縄県の教育委員会との関係を探る。これらの検討を通して、八重山における「学校芸能」の創造と展開に、『指導要領』の改訂および教育課程の再編成がどのように関係しているのかを明らかにする。

一　「学校設定科目」と「学校設定教科」

近年、高等学校の教育課程のなかで扱われるようになった民俗芸能は、一九九九年度の『指導要領』改訂に伴って新設された「学校設定科目」「学校設定教科」のなかで実施されている。本書で取り上げる八重山の三高校でも、「学校設定科目」「学校設定教科」のなかで、民俗芸能を取り入れた授業が行われている。

また、「学校設定科目」「学校設定教科」の導入は、各都道府県の教育委員会および教育庁の判断に加え、各学校の裁量によって行うことができる。つまり、『指導要領』改訂によって、部活動だけでなく、教科や科目に民俗芸能を取り入れた授業を行うことが可能になった。以下は、一九九九年度『指導要領』「総則」において示された「学校設定科目」「学校設定教科」の概略である（傍線は筆者による）。

「学校設定科目」

学校においては、地域、学校及び生徒の実態、学科の特色等に応じ、特色ある教育課程の編成に資する普通教育又は専門教育に関する教科に関する科目［1］（以下、「学校設定科目」）を設けることができる。この場合において、学校設定科目の名称、目標、内容、単位数等については、高等学校教育の目標及びその水準の維持等に十分配慮し、各学校の定めるところによるものとする。

「学校設定教科」

学校においては、地域、学校及び生徒の実態、学科の特色等に応じ、特色ある教育課程の編成に資する普通教育又は専門教育に関する教科［2］（以下「学校設定教科」）及び当該教科に関する科目を設けることができる。この場合において、学校設定教科及び当該教科に関する科目の名称、目標、内容、単位数等については、高等学校教育の目標及びその水準の維持等に十分配慮し、各学校の定めるところによるものとする。

（文部科学省『高等学校学習指導要領解説（総則）平成一一年三月』）

新たに導入された右の教育課程には、次の二点に特徴がある。一つは、「学校設定科目」「学校設定教科」の設置が、特色ある教育課程の編成を目指すなかで実施されていることである。もう一つは、学校が必要とする教科や科目の導入の決定が、各学校に委ねられたことである［3］。

また、一九九九年度の『指導要領』改訂では、「特色ある学校づくり」が推進されている。文部科学省が示した資料［4］によれば、「特色ある学校づくり」とは、学校が地域や子どもの実態だけでなく、地域社会のニーズにも対応しながら、創意工夫を生かした教育活動を教育課程のなかで実施することである。そして、この改訂では、各学校が「特色ある教育」を展開し、基礎的・基本的な知識を身につけさせ、自ら学び自ら考える「生きる力」を育むことが目指され、学校裁量の拡大が図られている。つまり、「学校設定科目」および「学校設定教科」の設置は、「特色ある学校づくり」が推進されるなかで、各学校の裁量に委ねられた。

実は、この「学校設定科目」および「学校設定教科」の前身として、一九五一年度の『指導要領』改訂で設置された「その他の科目」および「その他特に必要な教科」という項目がある。以下、表⑥にもとづきながら、『指導要領』改訂における「その他の科目」「その他特に必要な教科」と「学校設定科目」「学校設定教科」について概観する。

一九五一年の『指導要領』(試案)では、農業、工業、商業、水産、家庭技芸の五つの教科の場合、その教科で必要な科目を「その他の科目」で扱えることが示されている。そして、この五つの教科以外で必要な教科は、特別な場合に限り「その他特に必要な教科」で扱えることが示されている。たとえば、音楽に関する専門教育や宗教教育を行う特定の高校を想定し、その学校の教育の目的や目標を達成するために必要な教科の設定が認められている。なお、一九五一年度実施の『指導要領』は「試案」であるため、教育課程の編成は基本的に各学校に任されていた。

一九五五年度の改訂では、「その他の科目」について、一九五一年度の『指導要領』と同様と示されている。しかし、「設けようとする場合には、『指導要領』の職業に関する各教科編に定めるところによる」〔山口編 二〇〇〇：七七〕として、『指導要領』の枠組みにあることが示されている。一方、「その他特に必要な教科」については、それまでの『指導要領』とは異なり、かなり限定的に示されている。たとえば、美術、音楽、体育、電波、商船などの特別な課程において、その教育を達成する場合に限っている。宗教教育を行う私立高校については、一九五一年度の『指導要領』と同様に、宗教に関する教科の設定を認めている。

表⑥『高等学校学習指導要領』改訂に伴う「その他の科目」「その他特に必要な教科」と「学校設定科目」「学校設定教科」の変遷（［山口編 二〇〇〇］より筆者作成）

年度	「その他の科目」	「その他特に必要な教科」	設定者
一九五一（昭和二六）年度	• 教科「農業」「工業」「商業」「水産」に関する必要な科目を「その他の科目」で設置できる。	• 特定の高等学校において、学校の教育の目的や目標を達成するために、特に必要な場合、「その他に必要な教科」で設置できる（音楽に関する専門教育を主とする学校や私立学校における「宗教」）。	各学校に任せる
一九五五（昭和三〇）年度	• 教科「家庭」「農業」「工業」「商業」「水産」に関する必要な科目を「その他の科目」で設置できる。	• 特別な課程（たとえば美術、音楽、体育、電波、商船等の課程）において、教科の目標を達成するために特に必要な場合、「その他に必要な教科」で設置できる。また、宗教教育に行う私立高等学校の場合。 • 設置は特別な場合であることを明記。	各学校に任せる
一九六〇（昭和三五）年度	• 「その他の科目」を設定し得る教科に「外国語」「音楽」「美術」が追加された。 • 学科の特質、学校や地域の事情などにより、既定の科目では当該の学校の教育課程を編成しがたい場合。 • 学校の設置者が、名称、目標、内容、単位数等について定める。	• 普通課程、農業、工業、商業、水産、音楽、美術以外の学科において、学科の目標を達成するために必要がある場合、「その他に必要な教科」で設置できる。また、私立学校において宗教教育を行う場合。 • 学校の設定者が、教科・科目の名称、目標、内容、単位数等について定める。	学校の設置者（都道府県立の学校の場合、各都道府県の教育員会あるいは教育庁）
一九七〇（昭和四五）年度	• 「その他の科目」を設定し得る教科に「看護」「理数」が追加さた。 • 一九六〇年度の『高等学校学習指導要領』と同様、学科の特質、学校や地域の事情などにより、既定の科目では当該の学校の教育課程を編成しがたい場合。 • 一九六〇年度の『高等学校学習指導要領』と同様、学校の設置者が、科目の名称、目標、内容、単位数等について定める。	• 私立学校において宗教教育を行う場合、または、体育に関する学科等において、各学科の目標を達成するために特に必要がある場合、「その他に必要な教科」で設置できる。 • 一九六〇年度の『高等学校学習指導要領』と同様、学校の設置者が、教科・科目の名称、目標、内容、単位数等について定める。	学校の設置者（都道府県立の学校の場合、各都道府県の教育員会あるいは教育庁）

一九七八（昭和五三）年度	・「その他の科目」を設定し得る教科に「英語」が追加さた。 ・一九七〇年度の『高等学校学習指導要領』と同様、学科の特質、学校や地域の事情などにより、既定の科目では当該の学校の教育課程を編成しがたい場合。 ・一九七〇年度の『高等学校学習指導要領』と同様、学校の設置者が、科目の名称、目標、内容、単位数等について定めることを規定。	・私立学校において宗教教育を行う場合、または、演劇、写真、書道、ホテル・観光等、専門教育を主とする学科において、各学科の目標を達成するために特に必要がある場合、「その他に必要な教科」で設置できる。 ・一九七〇年度の『高等学校学習指導要領』と同様、学校の設置者が、教科・科目の名称、目標、内容、単位数等について定める。	学校の設置者（都道府県立の学校の場合、各都道府県の教育員会あるいは教育庁）
一九八九（平成元）年度	・「その他の科目」を設置し得る教科を拡大（普通教育に関する教科も対象に）。 ・「学校や地域の事情」に加えて、「生徒の実態」に応じた設置を明記。「学科の特質」から「学科の特色」に用語が変わる。 ・一九七八年度の『高等学校学習指導要領』と同様、設置者が、科目の名称、目標、内容、単位数等について定めることを規定。	・「その他の科目」と同様、「地域、学校及び生徒の実態、学科の特色等に応じ」た設置を認容。 ・普通科における設置も可能に。 ・情報、職業、技術などに関する教科を例示。 ・一九七八年度の『高等学校学習指導要領』と同様、学校の設置者が、教科・科目の名称、目標、内容、単位数等について定めることを規定。 ・設置にあたっては、「高等学校教育の目標及びその水準の維持等に十分配慮することを」が追加された。	学校の設置者（都道府県立の学校の場合、各都道府県の教育員会あるいは教育庁）
	「学校設定科目」	「学校設定教科」	
一九九九（平成一一）年度	・「その他の科目」から「学校設定科目」に名称が変更。 ・「特色ある教育課程編成に資すること」を明記。 ・各学校が、科目の名称、目標、内容、単位数等について定めることを規定。	・「その他に必要な教科」から「学校設定教科」に名称が変更。 ・「特色ある教育課程編成に資すること」を明記。 ・各学校が、教科・科目の名称、目標、内容、単位数等について定める。	各学校に任せる

一九六〇年度、一九七五年度の『指導要領』改訂では、教科の種類が追加され、「その他の科目」で設けられる科目の幅が広がっている。特に、一九七五年度の『指導要領』には、「その他特に必要な教科」で設定できる内容に変化がみられる。たとえば、演劇に関する学科、写真に関する学科、書道に関する学科、ホテル・観光に関する学科、その他の専門教育を主とする学科がある〔山口編 二〇〇〇：一二二〕。これは、高等学校教育の多様化のなかで、『指導要領』に規定される教科の種類が次第に多くなってきたことを反映している〔飯田・遠藤 二〇〇五：二〕。文部省がまとめた『高等学校教育の改革に関する推進状況』〔一九九六〕によれば、一九八〇年以降、全国の高校で、「その他特に必要な教科」を設定する「特色ある学科」が多く登場している。この時期に実施された「その他特に必要な教科」の設定は、高等学校教育の特色化を目指すなかで行われたのではないかと推測される。

また、「その他の科目」および「その他特に必要な教科」は、各都道府県の教育委員会および教育庁の判断によって設定されることが、一九六〇年度の『指導要領』の改訂で示された。一九六〇年度以降、『指導要領』における教育課程の再編成は、県の統制の影響を強く受けながら実施されるようになった。

そして、「その他の科目」および「その他特に必要な教科」の位置づけに変化があらわれるのは、一九八九年度の『指導要領』の改訂においてである。これまで、特別な学科に限定して例外的に扱われてきた「その他の科目」および「その他特に必要な教科」が、すべての学校に関わる事項として扱われるようになった。それまでの「その他の科目」および「その他特に必要な教科」は、設定を認める範囲が専門教育を主とする学科において、特に学校の教育課程を編成しがたい場合のみに限定されていた。しかし、一九八九年度の『指導要領』改訂では、普通教育に関する教科・科目のなかで必要に応じて「その他の科目」および「その他特に必要な教科」を設けることが可能になった。そして、これまで「その他の科目」および「その他特に必要な教科」は、「学科の特質、学校や地域の実態により」設定されていたが、一九八九年度以降は「地域、学校および生徒の実態、学科の特色等に応じ」設定することが可能になった。ただし、それを設定する場合は、「学校の設置者は（中略）高等学校教育の目標及びその水準の維持等に十分配慮しなければならない」〔山口編 二〇〇〇：一二九〕ことが条件とされている。このような変化には、一九八九年の臨時教育審議会と教育課程審議会の答申で「特色ある学科づくり」の検討が行われたことが関係していた〔飯田・遠藤 二〇〇五：四〕。以降、全国の高等学校では、生徒の実態や地域のニーズに対応した特色のある学科の設定や新しいコースの導入が積極的に行われており、高等学校教育の多様化の動きが強まっている。このように、一九八九年度以降、「その他の科目」「その他特に必要な教科」は、特別な場合に限定されたものではなく、一般的な高等学校教育として位置づけられるようになった。

一九九九年度の『指導要領』改訂では、「その他の科目」「その他特に必要な教科」の設定が、各都道府県の教育委員会及び教育庁から各学校の判断に任されるようになり、「その他の科目」「その他特に必要な教科」は、それぞれ「学校設定科目」「学校設定教科」に改称された。そして、「学校設定科目」「学校設定教科」は、「特色ある学校づくり」と連動し、学校の意向を強く反映しながら教育課程のなかで設定された〔飯田・遠藤 二〇〇五：五〕。

このように、「その他の科目」および「その他特に必要な教科」は、各学校が設定できる教科・科目として「学校設定科目」および「学校設定教科」という新たな位置づけがなされた。

さらに、二〇〇六年一二月の教育基本法改正に伴い、『指導要領』のなかで、「伝統と文化」に関する内容が明記され〔5〕、「学校設定科目」「学校設定教科」のなかで、「伝統と文化」に関する取り組みが積極的に扱われるようになった〔6〕。

本書で取り上げる八重山の三高校では、「伝統と文化」に関する取り組みが、主に八重山芸能の教育のなかで行われている。たとえば、八重山の歌や踊りを学ぶことができる科目がある。そこでは、八重山の島々の歴史を通して八重山芸能の歴史や歌詞の意味も学ばれている。つまり、八重山の三高校における「伝統と文化」とは、八重山の歴史や言葉、そして芸能を指している。

以下では、八重山の三高校で教えられている八重山芸能の事例を通して、次の三つを行う。第一に、八重山芸能が教えられる場において、『指導要領』の改訂と教育課程の編成がどのように関わっているのかについて検討する。第二に、八重山芸能が教授される場において、八重山に所在する研究所がどのように関わっているのかについて注目し、研究所と学校の間の教授関係やその特徴について明らかにする。第三に、学校で八重山芸能の教育がどのように継続されているのかについて考察する。そして、これらの検討を通して、八重山の三高校における八重山芸能の取り組みの特徴を明らかにし、「学校芸能」が創造される場についてみていく。

二　教育課程の再編成と八重山芸能

以下では、八重山芸能が、高等学校の教育課程でどのように導入されているのかについて考察する。まず、普通学科と専門学科を設置する高等学校に区分し、教育課程の再編成とそれぞれの学校で教えられる八重山芸能の取り組みとの関わりについてみていく。

1　普通科を設置する高等学校の事例

八重山の三高校のうち、普通科を設置しているのは、八重山高校だけである。また、先述したように、八重山高校は、沖縄県内のなかでも、いち早く郷土芸能クラブ（のちの郷土芸能部）を結成した学校でもある。

八重山高校では、八重山の地域文化に関わる科目が「学校設定科目」のなかで扱われている。現在、八重山高校の「学校設定科目」では、「郷土の音楽」と「郷土史」の二科目が選択科目として設定されている。八重山高校でこれらの科目が設定されたのは、一九八九年度の『指導要領』改訂（表⑥）がきっかけとなっている。また、このような教育課程の再編成には、当時、八重山高校の郷土芸能部の活動の状況も関係していた。

一九九〇年代初頭の八重山では、八重山高校の郷土芸能部による八重山芸能の演舞が、沖縄県内外でも注目されるようになり、高校生による八重山芸能の取り組みが活発になっていた。このような高校生たちの活動に対して、八重山高校のOB・OG会や教育関係者だけでなく、地域の人びとの関心も高まっていた。

ちょうど同じ頃、沖縄県内の高校では、「特色ある学校づくり」を積極的に活用した高等学校教育の特色化が図られていた。たとえば、序論で述べた沖縄県立南風原《はえばる》高校の郷土文化コースの導入［7］が挙げられる。特に、郷土文化コースの導入について地元メディアが大々的に報じたことによって［琉球新報 一九九三年一〇月六日］、県内の高校では、伝統芸能や民俗芸能に関する科目を教育課程で扱うことに対する関心が急速に高まった。このような流れを受け、八重山高校でも、「郷土の音楽」の科目が導入された。

また、一九九〇年の八重山高校には、一九七〇年代後半から地域の村祭りに貢献する教育を目指した学校づくりに尽力した石垣久雄氏が在職していた。

石垣氏は、一九八〇年代前半に沖縄県教育委員会によって行われた八重山の民俗調査にも調査員として加わった経験のある教員で、特に、村祭りの調査を担当していた。石垣氏は、村祭りの調査を行った際、民俗芸能の継

表⑦　八重山の三高校における教育課程の変遷と履修状況（一九九〇～二〇〇五年度の八重山高校、農林高校、商工高校の『学校要覧』より筆者作成）

年度	普通科を設置する高校	職業学科を設置する高校	
	八重山高校	八重山農林高校	八重山商工高校
一九九一			・人文科を新設 ・「その他の科目」で「郷土の文化」を導入（三年次必修科目）
一九九五		・芸術教科に「音楽Ⅰ」と「郷土の音楽」（「その他の科目」）に三線の学習を導入	・芸術教科「音楽Ⅰ」（一年次必修科目）で三線の学習を導入 ・「郷土の音楽」（二、三年次選択科目）を芸術教科「その他の科目」として設置
一九九六	・「郷土の音楽」と「郷土史」を「その他の科目」として設置（三年次選択科目）		・地理歴史科目「郷土史」を「その他の科目」として設置（二年次必修科目）
一九九八			・人文科の専門必修科目に「郷土の芸能Ⅱ」を「その他の科目」として追加 ・郷土芸能教室が完備される
一九九九			・全学科における総合選択制実施
二〇〇二	・「郷土の音楽」と社会教科「郷土史」を「学校設定科目」として位置づけ継続（三年次選択科目）		
二〇〇四			・人文科の廃科
二〇〇五		・芸術教科「音楽Ⅰ」と「郷土の音楽」（「学校設定科目」）に三線の学習を導入	・商業科に観光コース設置 ・観光コースでは芸術教科「音楽Ⅰ」（三年次必修科目）、「郷土の舞踊」（二年次必修科目、三年次選択科目）を「学校設定科目」として設置 ・商業教科に「郷土の芸能Ⅰ」（一年次必修科目）、「郷土の芸能Ⅱ」（二年次必修科目）を「学校設定科目」として設置

承が危ぶまれている状況について報告している。また、石垣氏は、一九七八年に行われた教育関係者が集まったシンポジウムで、学校教育による文化の継承に貢献できるような人材育成の必要性を訴える意見発表を行っていた〔8〕。しかし、当時の『指導要領』では、このような提案を取り入れることが難しい状況にあった。

その状況が大きく変わるのは、一九八九年度の『指導要領』改訂のときである。先述したように、普通科高校でも、必要に応じて「その他科目」「その他特に必要な教科」の設置が可能になった（表⑥）。つまり、八重山高校の郷土芸能部の活躍に教育関係者や地域の人びとが注目していた頃に、折よく教育課程の枠組みが変わり、普通科を設置した高校でも学校や地域社会のニーズに合わせた教育課程の編成が可能になったのである。そして、石垣氏が提案した地域の村祭りに貢献するような教育は、「その他の科目」の「郷土の音楽」（芸術科目）と「郷土史」（地理歴史科目）の導入により、実現した。

これを受け、八重山高校では、一九九四年度に教育課程の再編成を行い、一九九六年度の三年次を対象に「郷土の音楽」と「郷土史」の科目を選択教科として導入した。そして、二〇〇二年度からは「学校設定科目」として設定し、「特色ある学校づくり」を目指す取り組みの一つとして「郷土の音楽」と「郷土史」の科目を位置づけ、選択科目として実施している（表⑦）。

2　専門教育を主とする学科を設置する高等学校の事例

八重山において専門教育を主とする学科（以下、職業学科）を設置する高等学校は、農林高校〔9〕と商工高校〔10〕の二校がある。沖縄県内の職業学科のある高校における「特色ある学校づくり」導入には、一九九四年度に沖縄県で初めて設置された総合学科が影響していた。総合学科とは、普通科と職業学科の生徒が自由に選択履修できる学科のことである。一九九四年度から総合学科の設置がはじまったことによって、選択履修できる科目が増加し、多様な学習ができるようになった。このような状況を受け、右の二校でも、「特色ある学校づくり」に向けた教育課程の編成が検討された。

農林高校では、一九九五年度から八重山芸能の教育に関わる教科・科目が導入された。たとえば、芸術科目の「音楽I」や「その他の科目」の「郷土の音楽」で三線の学習が導入された（表⑦）。同校の芸術科目は音楽のみのため、全学科の生徒が音楽Iを必修科目として履修することになる。また、筆者の聞き取り調査によれば、音楽科目や「郷土の音楽」では、八重山の歌と三線の演奏法の学習に重点が置かれていた。

商工高校では、一九九一年度に人文科が新設されたことをきっかけに、人文科の社会科目の「その他の教科・科目」に「郷土の文化」が導入された。また、この授業では、八重山の歴史や民俗芸能を学ぶ他に、石垣島史跡・文化財巡りなどの課外実習も導入され、商工高校の独自の学習として地域の人びとから注目された。そして、一九九六年度には、地理社会科目の「その他の教科・科目」で「郷土史」が新たに加わり、より八重山の歴史を学ぶことができる教育課程の編成が行われた（表⑦）。

一九九八年度には、人文科の専門必修科目に「郷土の文化II」が追加された。また、同年九月には、「郷土芸能教室」も完備され、八重山芸能を学ぶための環境整備が行われた。このような施設が完備された背景には、一九九九年度からの学校全体の総合選択制実施に向け、コース制や総合選択科目の設置を決定したことがある［11］。

また、商工高校の学校要覧に収録された教育課程表には示されていなかったが、筆者が行った聞き取り調査から、体育科目のなかでも八重山芸能の教育が行われていたことが明らかになった。当時の体育科教員の長浜和子氏は、琉球大学教育学部在学中の四年間、八重山芸能研究会で活動していた経験があり、八重山の島々の歌や踊りができた。当時の商工高校では、体育科目に沖縄本島のエイサーや八重山舞踊を取り入れた授業が行われていた[12]。そこでは、八重山舞踊は、体育科の「ダンス」として位置づけられていた（二〇〇二年度八重山商工高校要覧）。

その後、二〇〇〇年以降に行われた大規模な教育課程の再編成によって人文科が廃科され、二〇〇五年度には商業科に観光コースが新たに設置された。このような新しいコースの導入には、沖縄県教育庁の県立高等学校再編整備計画に基づいた「新しいタイプの情報技術中心校」の推進が大きく影響していた。この二〇〇五年度の大規模な教育課程の再編成は、沖縄振興推進計画[13]の八重山圏域振興施策に示された趣旨を教育目標に合致させ、地域の求める人材育成を担うための学科を設置することが大きな目的だった[14]。また、商工高校の二〇〇五年度の学校要覧では、「内外に開かれた学校」として地域の教育力・地域の人材活用等、学校と地域社会が連携した「特色ある学校づくり」を目指すことが記載されている。さらに、この学科再編は、関連学科のある学校視察や地域住民（保護者、同窓会、教育関係者、地域産業界）へのアンケート調査、教育関係者（大学も含む）からの意見聴取、行政（沖縄県立学校教育課、石垣市観光課）からの助言を参考にして行われた[15]。

人文科は廃科となったが、これまでの教育実績をもとに、観光コースのなかで八重山芸能に関する教科・科目が引き続き学ばれることになった。観光コースでは、「郷土の芸能」「郷土の舞踊」の科目が必修科目として新たに導入された。観光コースの教育課程の改編の際、科目の名称も「郷土の文化Ⅰ・Ⅱ」から「郷土の芸能Ⅰ・Ⅱ」に変更され、八重山芸能を中心とする授業内容の充実が図られた。さらに、二〇〇一年度からは、「学校設定科目」として「郷土の音楽」「郷土の芸能」「郷土の舞踊」が導入された（表⑦）。

観光コースでは、二〇〇五年度以降、一年次の必修科目に「郷土の芸能Ⅰ」、二年次の必修科目に「郷土の芸能Ⅱ」「郷土の舞踊」、三年次の必修科目に「音楽Ⅰ」、そして選択科目に「郷土の芸能」が「学校設定教科・科目」として設定されている（表⑦）。たとえば、一年次の「郷土の芸能Ⅰ」では三線の基礎を学ぶ〔16〕。二年次では、「郷土の芸能Ⅰ」の応用編として位置づけられた「郷土の芸能Ⅱ」で、八重山舞踊を学ぶ。そして、三年次では、「音楽Ⅰ」で西洋音楽や日本音楽の他に、三線の発展的な演奏法を学ぶ〔17〕。特に、三線の演奏法だけでなく、八重山古典民謡の歴史や歌詞の意味を理解することを重視した指導が行われている。

このように、職業学科のある高等学校では、地域社会の求めに対応した教育課程の編成が行われる過程で、八重山芸能の教育が積極的に行われるようになった。ただし、「郷土の音楽」は、普通科を設置する高校と職業学科を設置する高校の両方で導入されているが、双方で大きく異なる点がある。それは、普通科を設置する高等学校では、「郷土の音楽」のような科目は、「学校設定科目」で扱うものであっても、選択履修にすることが原則になっている。一方、職業学科を設置する高校では、普通科の履修形態とは異なり、「学校設定科目」を選択科目ではなく必修科目として設置することが可能である。そのため、一見するとどの学校に進学しても八重山芸能を学習することになっているかのようにみえるが、実際には八重山芸能を学習する機会を得ることなく卒業する生徒も一定数存在しているのである。つまり、このような違いは、普通教育の教科・科目を主とする高校の教育課程でみられる地域の文化に関わる科目が、教育課程の制約を受けるなかで行われていることを示している。

三　「研究所」と八重山芸能の教育

八重山には、石垣市を中心に三線・舞踊の研究所があり、近年は、小学生から一般成人までが通っている。筆者が調査を行った期間中（二〇〇九年三月から二〇一三年三月）に出会った三つの高等学校の教職員（元教員を含む）や特別非常勤講師は、研究所に所属して八重山芸能を修練する者が九割を占めており、三線または舞踊の教師免状あるいは師範免状を有していた。このことは学校で八重山芸能を教えているほとんどの教員が、研究所で特定の流派に属していることを示している。

以下では、筆者が八重山高校で行った「郷土の音楽」の授業における参与観察と聞き取り調査から得た実例をもとに、八重山芸能がどのように学校で指導されるかについて示していく。教員が学校で八重山芸能を教える際の、研究所特有の教授法や流派などの影響の有無にも注目し、考察する。

1 「郷土の音楽」の科目を担当する指導者

筆者は、八重山高校において二〇一〇年の九月から一二月までの約三ヶ月間、週二回の「郷土の音楽」の授業について参与観察を行った。この授業を担当する糸洌長章氏は、八重山の三高校で地理を専門にする社会科教員で、二〇〇七年三月に退職した後、二〇〇七年四月から非常勤講師として同校で「郷土の音楽」の授業を担当している。また、糸洌氏は、八重山古典民謡の師範免状を有しており、退職後は三線の研究所を開き、数名の弟子をもっている[18]。教育課程のなかで八重山の歌を扱う必要性について、糸洌氏は次のように述べている。

石垣の人口からみると、三線をきちんと弾ける人はだいたい三パーセントから五パーセントくらいじゃないかな。三線を嗜む程度な人はたくさんいるでしょう。石垣は、「鷲の鳥節《ばしんとぅい》」[19]のような、めでたい席での曲は、工工四がなくても耳で覚えているから、感覚で弾ける。でも、その感覚すらもだんだん劣ってきている状態。自己流が多くなっている。研究所に通っているからといって、きちんと弾けるとは限らない。三線を弾くことができても、歌詞の意味を理解せずにただ歌う人が多くなっているから、歌詞の意味、声の出し方、そして、八重山の音楽の歴史をきちんと理解してはじめて「三線を弾く」ことだと私は考えている。
（二〇一〇年五月一一日・筆者の聞き取り調査より）

糸洌氏によると、八重山では、三線を弾くという行為は、「嗜む」ことや譜面通りに弾くだけではなく、歌詞の意味を理解しながら歌を歌い、三線の「音」を聞き分けることまでを含んでいるという。特に、八重山の芸能は八重山に生まれ育った人びとの生活と密接に関係しており、その感覚は身体を通して共有されるものとして把握されてきた〔宮良 一九七九：四二〕。しかし、近年は、その身体的な感覚が失われ、音を聞き分けることができない世代が増えてきていることが、八重山古典民謡のコンクールでも指摘されている〔20〕。そのため、糸洌氏は、その感覚を再び身に付けるための教育も、学校で積極的に行う必要性があると述べている。また、八重山の高校で三線の指導を担当する複数の教員からも「三線を弾くときも歌を唄うときも、生徒それぞれの『感覚』はとても大事だけれども、その感覚だけで三線は弾けない」という声が、筆者の聞き取り調査のなかでも多く聞かれた。

2 「研究所」と八重山芸能の教育の関係

八重山における三線の流派には、八重山古典民謡保存会、八重山古典音楽安室流保存会、八重山古典音楽安室流協和会、八重山古典音楽大濱用能流保存会の四つがある。八重山の高校で三線を指導する教員が研究所で三線を習得している場合、大概このいずれかの流派に属している。

八重山高校の場合、「郷土の音楽」でどのような教材を使用するかについては、担当する指導者に一任されている。先述したように、糸洌氏は、三線の師範免状を有しており、八重山古典民謡保存会に属する研究所を設立している。そのため、八重山高校では、糸洌氏が属する八重山古典民謡保存会が使用する工工四集が教材として使われていた[21]。つまり、三線奏法は指導者が属する流派に即した指導が行われるため、学校で行われる三線の授業には、少なくとも流派の違いが存在しているようである。

ここで問題になるのは、学校で三線を学ぶ生徒が、すでに特定の流派に属している場合である。従来、異なる流派の者が同じ場所で三線を習うことは、皆無に等しい。また、研究所は、特定の師匠から学ぶことを原則としているため、研究所に属する者は、基本的に別の流派の奏法を学ぶ機会はない。

筆者が観察した「郷土の音楽」の履修生のなかには、八重山古典民謡保存会以外の流派の研究所に通っている生徒が数名いた。筆者が行った聞き取り調査によれば、三線の弾き方や歌の歌い方が、自分の所属する流派の奏法とは異なるため、多少のやり辛さは感じるという答えがあった。しかし、一方で、学校では、他の流派の節回しも学べたり、八重山芸能の歴史を学んだりすることができるため、それなりに面白いという回答もあった。指導者の糸洌氏も、自分の流派の奏法を生徒に強要したりすることはなく、あくまでも基本的な弾き方ができるように指導を行っていた。

このように、学校で八重山芸能を教える行為には、次の特徴がみられた。まず、研究所で三線を修練してきた指導者は、特定の流派に属しており、その流派に即した指導が行われている。そして、学校で三線を学ぶ生徒のうち、既に研究所に所属している生徒がいる場合、所属する研究所とは異なる流派の節回しを学ぶことができる。さらに、生徒は、それを面白いと感じている。このような状況に鑑みると、「学校芸能」ならではの状況が生み出されていると捉えることができる。

3 「郷土の音楽」の指導

普段、異なる流派の節回しを習う機会のない生徒が、「郷土の音楽」の授業について「面白い」と感じていた理由は、糸洌氏の特徴的な指導にあった。授業では、三線の節回しや声の出し方に関する技術を修得するだけではなく、八重山の歴史や地理について習得することも重視されていた。これは、糸洌氏が地理と歴史を専門とする社会科の教員であったことが関係している。つまり、糸洌氏による「郷土の音楽」の授業は、三線の指導を通して、八重山の島々の地理的な特徴や歴史についても理解を深め、知識としての八重山芸能を指導することに重点が置かれていた。糸洌氏による授業の一例を、以下に記述する。

糸洌氏は、八重山古典民謡の中から、最もポピュラーな「つんだら節」を題材に取り上げた。この歌が生まれた黒島は、八重山諸島のなかの珊瑚礁に囲まれた平たい地形の島である。歌の歌詞を説明する前に、「黒島は、かつて『サフ島』と呼ばれていました。このサフというのは珊瑚礁という意味ですね。しかし、後にサが抜けて、フーシマと発音され、さらに言葉がなまってフスマと言うようなって、現在はクロシマと呼ばれています」[22]と、黒島の名称の由来について説明した。そして、琉球王朝時代に黒島から石垣島に強制移住させられた「野底マーペーの伝説」[23]を交えながら、黒島の風土と島人の生活について説明した。その後に、「つんだら節」の歌詞を読み上げ、糸洌氏が三線で伴奏する歌に続き、生徒全員で歌った。

次に、三線の持ち方と姿勢、それから工工四の読み方を指導した。「郷土の音楽」の授業で使用する楽器（三線）は、普段、郷土芸能部が使用している三線[24]が用いられており、すべての履修生が三線を使用すること

写真④　八重山高校「郷土の音楽」の授業風景（2010年9月20日、筆者撮影）

写真⑤　八重山高校郷土芸能部の準備室に並んだ三線（2010年9月20日、筆者撮影）

ができる（写真⑤）。
続けて、糸洌氏は、工工四を読みながら、実際に三線の弦をどの指で押さえるのかという実技の指導を行った。その際、履修する生徒全員がよく見える場所に移動しながら行った。工工四は、西洋楽譜のように記号もなく、すべて漢字で表記されているため、特に、初級者にとっては、音や音の強弱を理解することが難しい。そのため、糸洌氏は、工工四に記された漢字を生徒が理解できるようにわかりやすく「ド、ミ、ファ、ソ、シ、ド」と音楽科で用いられる言葉で説明した。そして、「音程をよく聞きなさい」と繰り返し強調しながら、三線の音を聞かせていた。

また、三線は、弾く前にかならずチンダミ（調弦）を行う。チンダミとは、上から順に、女絃《みーじる》、中絃《なかじる》、男絃《うーじる》と呼ばれる三本の弦をそれぞれの曲に合わせた音の高さに調節することである。そのため、この三本の弦の音を耳で覚え、正確に聞き取らなければならない。特に、「郷土の音楽」では、自分の耳で音を確認し、チンダミを一人でできるようになることが学習目標になっている。

ところが、最近では、調弦用の機械があるため、機械に頼る者も出てきている。しかし、学校では、このような機械の使用を認めていない。特に、糸洌氏は、三線のチンダミを一人でできるようになることを重要視しており、生徒を指導するときも、音の高さを正確に聞けるように繰り返し指導を行っていた。そのため、チンダミを行うことに時間を費やす様子がみられ、先述した「身体を通して三線の音を習得する」ことが、学校でも行われていることがわかる。生徒のなかには、すでに三線を弾ける者もいるが、自由に弾きこなしてきたことから、チンダミも自己流になっている場合が少なくない。そのため、授業では、自己流で行う生徒たちに対しては、繰り返し三線の音を聞く練習をさせていた。たとえば、二人の生徒が対になり、互いの音を何度も確認しながら、さらにチンダミの際に用いる「笛」を使いながら音を合わせていた。そして、糸洌氏が調弦した音の高さに合わせて、チンダミができたかどうかを確認した。

このように、八重山高校の「郷土の音楽」では、八重山古典民謡を中心とした歌唱と三線の演奏法の指導が行われていた。歌唱の指導では、その歌が生まれた土地の歴史やエピソードを交えながら、なぜこの歌がここで生まれたのか、そして、どのような場面で歌われてきたのかについて説明する点に特徴がある。八重山の風土や人びとの生き方が、どのように八重山の音楽や歌詞に表れているかなど、八重山音楽を深く理解するために現代社会と比較しながら説明する工夫がなされている。

また、すでに述べたように「郷土の音楽」では、指導者が属する流派の工工四が使用されている。しかし、このような教材の選択は、異なる流派に属する生徒に影響を及ぼすものではなく、むしろ、学校では流派を超えた三線の指導が可能であることを示している。

そして、三線の奏法の指導では、授業の半分の時間を費やして三線の基礎となるチンダミの指導を行っている点に特徴がある。研究所では、曲の練習時間を長めにとるため、チンダミ自体を重視した指導はほとんどみられない。近年は、機械を使って簡単にチンダミが行える。そのため、研究所ではチンダミの重要性が学習者に伝わらないまま、三線の奏法を主とした指導が行われる場合も少なくない。むしろ、学校では、研究所以上にチンダミが重視され、チンダミが三線演奏の基礎的なテクニックであることが強調され、流派の違いに関係なく重要とされている。

以上のように、八重山の高等学校では、一九八九年度の『指導要領』改訂をきっかけに、八重山芸能の教育が学校で積極的に行われていることがわかった。特に、指導者である教員が特定の流派に所属しながらも、技の習得だけでなく、知識としての芸能を身に付けるための教育を行うことが重視されていた。

四　八重山芸能の指導者と授業

学校で八重山芸能が教えられる場合、まず教育課程で設定された教科・科目をどの教員が担当し、指導を行うかについても検討される。特に、「その他の科目・教科」および「学校設定教科・科目」で設定される教科・科目は、一過性のものではなく、学校としての責任を持って継続した運営を行うことが重要とされている［山口編 二〇〇〇：一二九］。つまり、これは、教科・科目の指導を継続して行える教員の確保も考慮して設定を行わなければならないことを示している。

以下では、現職の教員を含め、特別非常勤講師制度を積極的に活用しながら行っている八重山芸能の取り組みについて注目しながら、指導者や指導に見られる特徴について述べる。

1　八重山芸能の指導者

八重山の三高校では、一九八九年度の『指導要領』改訂以降、積極的に八重山芸能に関連する教科・科目が導入されてきた。一九九〇年度から二〇一〇年度までの各学校の学校要覧には、教員名や担当科目、そして教育課程表が載っている。そのうち、八重山芸能の教育に関連した教科・科目を抜き出し、筆者が分類した結果、次の四つの特徴がみられた。

一つ目に、八重山芸能に関する教科・科目を担当する指導者は、普通免許状を有する者を配置することを重視している。その際、本人の専門教科を問われることはなく、各学校の裁量で決められていた。また、退職した教員のうち、八重山芸能に関する科目の指導者として適任と学校長が判断した場合は、特別非常勤講師として採用され、授業を担当していた。

二つ目に、八重山の高校で初めて八重山芸能に関する教科・科目を導入した商工高校では、社会科の教員によってその指導が行われている。社会科の教員が指導していたことについて、詳細を知る教員に確認したところ、一九九一年度に設置した人文科の教育課程を編成する際、八重山の歴史や地理を通して八重山芸能を学習することが重視されていたことがわかった。そのため、社会科の教員が担当する科目として「郷土の文化」が教育課程で編成された。さらに、「特色ある学校づくり」が推進される過程で、音楽科の側から芸術科目の音楽でも八重山芸能の教育を取り入れていこうという気運が高まった。

三つ目に、琉球古典芸能や八重山芸能を指導できる音楽科の教員を指導者として採用していることが挙げられる。特に、商工高校の観光コースでは、八重山芸能を専門的に学ぶためには琉球古典芸能の学習も重要とされていたため、琉球古典芸能も熟知している人材が採用されていた。

四つ目に、学校の教員が、島や村の祭りで、民俗芸能を奉納したり、若者に指導したりするなど、地域でも八重山芸能と深く関わりがある。このことは、現職の教員だけでなく、退職後に特別非常勤講師として採用される指導者でも同様であった。

学校で八重山芸能を教える指導者は、全員が研究所で八重山芸能を修練しており、師範免状や教師免状を有する者も多い。言い換えれば、八重山の学校では、専門的な技術をもった外部の講師に頼ることなく教員だけで八重山芸能の指導を行う環境が整っている。ただし、事例は多くないが、指導者が研究所に所属してない場合も確認されている。たとえば、琉球大学の八重山芸能研究会で八重山芸能を学んできた経験のある教員が行っていた例である。これは、学校裁量で八重山芸能の教育を行うことが可能だからである。また、指導者の専門分野も社会科だけでなく、たとえば、英語や物理、体育などその幅が広いことが明らかになっている。

二〇〇五年度以降、商工高校は、沖縄県立芸術大学の琉球芸能専攻で琉球古典芸能を専門的に学んだ一般の芸能家を、特別非常勤講師として採用している。このことは、普通免許状を有する対象教員を特別非常勤講師として採用している他の高校とは異なっている。筆者が行った聞き取り調査によると、このような採用に至った背景は次のようである。まず、人文科が廃科され、商業科に観光コースが設置されることが決定した際、八重山芸能の教育を重視した教育課程の編成が検討された。その際、八重山芸能だけでなく、琉球古典芸能についても熟知した指導者を採用し、観光コースの特色ある授業内容としたいと音楽科の教員から提案がなされた。その後、八重山芸能と琉球古典芸能のどちらも指導が可能な普通免許状を持たない芸能家が、特別非常勤講師として採用された。

さらに、八重山の三高校で八重山芸能の継続的な教育が可能になった背景には、教員の異動に伴う担当教員の補充の仕方の工夫がある。たとえば、商工高校では、「郷土の文化」の科目を社会科の教員が担当することになっているが、八重山の歴史や文化を充分に指導することが難しい場合は、指導が可能な教員を特別非常勤講師として採用し、二人で授業を行っている。つまり、ティーム・ティーチングの方式（以下、ＴＴ方式）を導入している。これは、「郷土の芸能」や「郷土の舞踊」の場合も同様に行われている。

このように、一九八九年度の『指導要領』改訂以降、八重山の高等学校では、右のような特徴をもつ教員によって、八重山芸能の教育に関連した科目が担当され、指導が行われてきた。特に、特別非常勤講師制度を活用しながら、教員の状況や学習レベルに柔軟に対応しながら、八重山芸能の教育が持続していることが明らかになった。

以下では、八重山芸能の教育がどのように行われているかについて、授業内容に注目しながらみていく。

2　八重山芸能の授業

八重山の各高等学校では、三線や舞踊の実技の授業だけでなく、知識としての八重山芸能を学ぶことも重視されている。たとえば、三節で示した八重山高校の「郷土の音楽」の科目では、八重山の島や村の地理的、歴史的な内容を学習しながら、三線の奏法を身につける授業が行われていた。学校では、なぜ、このような学習が重視されているのだろうか。このことについて、八重山の各高等学校の音楽科目で八重山の歌や三線、舞踊を指導してきた教員は、以下のように述べている。

八重山には、たくさんの芸能があるので、生徒たちが芸能をみる機会は、多いと思います。でも、なぜこの歌がこの祭りで唄われているのか、なぜこの踊りがこの祭りで踊られるのかということを学ぶ機会は、ほとんどありません。三線の奏法でも、自己流でできる子たちが多いので、楽器についての情報や工工四の歴史などについては、きちんと学んだ経験のある生徒は、私の経験では、ほんの一部です。生徒たちは、歌も踊りも上手ですし、何よりも、芸能が、生活の身近なところで行われているので、その影響は大きいと思います。もちろん、祭りが行われている雰囲気のなかで芸能をみて感じ、その感覚を環境のなかで養って行くことも必要なこと。でも、学校は、祭りで芸能を演じる人材を育てる場ではないですよね。これは、地域でやっていることなので。学校の授業では、実技と同様に歌詞や踊りの意味についてもしっかり学習して、八重山の音楽観を理解することを通して、三線の弾き方、舞踊の踊り方を学んで欲しいと思っています。また、こういうのは、学校だからこそできることですね。

（二〇一〇年九月二〇日・筆者の聞き取り調査より）

八重山の高校生たちが、八重山の歌や踊りを身近なものとして捉える背景には、祭りをみる機会が多く、普段の生活と芸能が密接な関係にあることが影響している。ところが、彼らは、祭りで登場する歌や踊りを学んだり、その意味について学習したりする機会がほとんどない。このような状況に対して指導する側の教員は、学校での授業を、八重山芸能をより詳しく学ぶための機会として位置づけ、授業計画を立てている。つまり、授業では、八重山芸能をより深く学ぶ方法として、歌や踊りの実技だけでなく、歌詞や所作の意味などの学習が重視されていた。

五　八重山芸能と教育課程

これまで述べてきたように、八重山の高等学校では、主に、「音楽科目」や「学校設定教科・科目」で八重山芸能が教えられてきた。また、これらの科目では、八重山芸能だけではなく、琉球古典芸能や琉球民謡にも触れる授業が行われていた。このような状況を踏まえて、八重山の三高校における八重山芸能の教育の特徴を明らかにし、「学校芸能」が創造される場について考察する。以下では、まず、その一例として、商工高校の「郷土の芸能」における指導の特徴についてみていく。

1　八重山芸能を中心とした学習内容

商工高校では、八重山古典民謡や八重山民謡の他に、沖縄の童謡や琉球古典民謡、琉球民謡から選曲し、一年間を通して六曲を学ぶ授業計画が立てられている。表⑧は、二〇一〇年度の授業で取り上げられた曲名とその種類を示したものである。

商工高校で使用する教材には、音楽教科教材『ＭＯＵＳＡ１』（芸術出版社）と『八重山古典民謡上・下』（八重山古典民謡保存会）の二つがある。「てぃんさぐぬ花」と「安里屋ゆんた」は、『ＭＯＵＳＡ１』に沖縄音楽として収録されていることから、この二曲は音楽教科書をもとに指導が行われていた。そして、「でんさ節」「安里屋節」は、指導者が複写した八重山古典民謡の工工四を用いて指導が行われていた。

曲　名	区　分
鷲の鳥節	八重山古典民謡
でんさ節	八重山古典民謡
安里屋節	八重山古典民謡
月ぬ美しゃ	八重山民謡
安波節	琉球古典音楽
安里屋ゆんた	琉球民謡
てぃんさぐぬ花	沖縄の童謡

表⑧　商工高校「郷土の芸能」授業の三線練習曲一覧
（2010年度の商工高校「郷土の芸能」授業計画より筆者作成）

このように「郷土の芸能」では、三線の学習だけでも、三つの教材が使用されている。多様な教材を使用する目的について、「郷土の芸能」を担当する音楽科専任の教員である張本直子氏は、以下のように述べている。

音楽科目の教科書では、三線の曲が紹介されていて、今使っている教科書には、「てぃんさぐぬ花」と「安里屋ゆんた」が載っています。しかし、すべて五線譜に落とすためにアレンジされたものが多くて、本来の工工四の節回しとは異なっているんです。私の授業では、工工四を使用して、本来の節回しを先に教えてから、アレンジされた教科書の内容を指導しています。工工四の節回しと五線譜仕様になったものを比べるきっかけにもなっています。

（二〇一〇年一一月二日・筆者の聞き取り調査より）

近年、学校教育でも日本の伝統音楽を扱うようになったことから、音楽の教科書にも沖縄の音楽が紹介されるようになった。しかし、教科書では五線譜で示されているため、これをどのように用いるかは、指導者の工夫が必要である。

また、八重山の高校の三線の授業の特徴として、「安里屋節」と「安里屋ゆんた」の両方を学習していることが挙げられる。「安里屋節」は、八重山の竹富島に伝わる古謡「安里屋ゆんた」に三線の節をつけて歌われたものである。先に述べた『ＭＯＵＳＡ１』に掲載されている「安里屋ゆんた」は、その古謡を改作したもので、一九三四年に日本コロンビアが沖縄民謡のレコードを制作した際、八重山出身者の音楽家によって編曲され、標準語の歌詞を付けて歌われたものである。そのため、八重山では、元歌の八重山の古謡「安里屋ゆんた」あるいは節歌の「安里屋節」と区別するために、改作された歌を「新安里屋ゆんた」と呼んでいる。

しかし、沖縄県内の多くの学校では、「新安里屋ゆんた」だけを学習に取り入れているという状況があり、八重山の三線研究所以外で節歌の「安里屋節」、八重山民謡の「安里屋ゆんた」を学ぶ機会がない。そのため、八重山の高校では、八重山の古謡が元歌となっている琉球古典音楽や琉球民謡を素材として、三線の奏法や歌の歌い方だけでなく、琉球古典芸能と比較しながら八重山芸能の歴史的背景を理解し、八重山の歌を学ぶことが重視されている。たとえば、筆者が観察した授業では、「琉球音階は八重山でも同じように使用するが、工工四や歌の発音が異なっている」というように、琉球古典音楽と八重山古典民謡の違いについて説明を行ったあとに、奏法の指導が行われた。

　また、現在、八重山では、琉球古典芸能や琉球民謡を鑑賞する機会がほとんどなく、それらを修練することができる研究所の数も限られている。先述したように、一九七二年以降の八重山では、八重山芸能が急速に発展してきた一方で、それ以前まで八重山でみられた琉球古典芸能は、ほとんど継承されてこなかった。戦後までは、廃藩置県以降に沖縄本島から八重山に移住した琉球古典芸能家から芸を学んだ八重山出身の弟子たちが存在していたが、その数も次第に少なくなったことに加え、ひるぎの会の活動の影響もあり、八重山では琉球古典芸能から影響を受けて発展した歌や踊りが見られなくなった。このような状況は、八重山で琉球古典芸能を習得する機会が限られていることだけでなく、八重山芸能の発展に琉球古典芸能がどのように関わってきたかを学ぶ機会が、ほとんどないことを示している。

　このような現状に鑑みると、八重山の三高校における八重山芸能の教育は、異なる芸能、つまり、八重山芸能と琉球古典芸能の両方を知るきっかけになっている。よって、八重山芸能の教育に関わる指導者には、八重山芸能だけでなく、琉球古典芸能にも精通していることが求められている。

　以上、学校で教えられる八重山芸能について、指導者や授業の特徴を考察した。特に、一九八九年度の『指導要領』改訂以降、八重山では、八重山芸能を学校教育に積極的に取り入れていたことが明らかになった。

　以下では、このような取り組みが継続した背景として、八重山芸能の教育に関わる指導者の採用に注目する。特に、学校の裁量で授業内容を設置していることが、特別非常勤制度の活用とどのように関係しているのかについてみていく。

2 学校裁量と特別非常勤講師制度の活用

八重山の三高校では、八重山芸能の教育に関わる授業計画は、すべて各学校の裁量で行われている。また、それらの授業のために、常勤の教員以外に、特別非常勤講師として多くの指導者が採用されている。特別非常勤講師の必要性について、音楽科目を専門にする張本直子氏が、次のように述べている。

離島の高校の場合、一つの高校に七年から八年ほど勤務する場合がほとんどで、石垣には高校は三高校しかないことと、音楽教科の本務の確保が難しく、石垣に在住する芸能を指導できる方が非常勤で勤務するか、沖縄本島から音楽教科の教員が赴任する状況です。音楽教科にしても「郷土の芸能」や「郷土の音楽」にしても誰が担当するかによっては、スキルの問題も含めて個人差があり、当然教える内容にも違いがでます。音楽教科の場合は、地域の音楽よりも西洋音楽がどうしても中心になるので、指導者によっては非常勤講師の協力が必要な場合があります。

（二〇一一年二月一〇日・筆者の聞き取り調査より）

八重山の三高校の音楽科目では、西洋音楽に加えて、一九八九年度の『指導要領』改訂以降、三線の学習が「その他の科目・教科」「学校設定教科・科目」のなかで行われている。たとえ指導者が変わった場合でも、その授業を継続して行えるように、指導者の配置を学校内部で工夫していることは前節ですでに述べた。その一つに挙げた特別非常勤制度の活用は、商工高校のTT方式を導入して行う授業にも顕著にみられる。特に、二〇〇五年度から観光コースを設置した商工高校では、特別非常勤制度を積極的に活用しながら、八重山芸能の教育が行われている。たとえば、商工高校の「郷土の芸能Ⅰ」[25]では、一人の教員が三線を持ち、三本の弦を上から順に音をゆっくり鳴らす。その音に合わせて全員でチンダミを行う（写真⑥）。その際、もう一人の教員が教室を周りながら生徒一人一人の指の動きや位置を確認しながら指導を行う（写真⑦）。

また、「郷土の芸能Ⅰ」では、八重山古典民謡だけでなく、琉球古典音楽の学習も行っているため、二つの芸能を熟知する特別非常勤講師が、指導を行っていた。

写真⑥　音楽科目教員と特別非常勤講師がTT方式で行う授業の様子（2010年9月23日、筆者撮影）

写真⑦　チンダミの指導を行う様子
（2010年9月23日、筆者撮影）

筆者の聞き取り調査によれば、「郷土の芸能Ⅰ」の授業計画は、二人の指導者が相談して内容を決め、それぞれが教える内容を役割分担しながら行っていた。また、履修時間が限られているため、三線の奏法などの技術的な学習を通して、いかに琉球古典音楽と八重山古典民謡の双方を学習させるかについても、二人の指導者がアイディアを出し合いながら授業計画が立てられていた。そして、このような授業計画は、学校長の承認を受けて実施されるため、指導する教員だけでなく、授業に対する学校長の理解や協力が最も重要なこととして捉えられている。

3　特別非常勤講師の採用をめぐる諸問題

ところが、特別非常勤講師は、各学校の裁量に従って採用することができない。一九九九年度の『高等学校指導要領』改訂では、「学校設定教科・科目」の設置者が、各都道府県の教育委員会や教育庁から各学校へと変更されたが、そこで示された裁量は、あくまでも教科・科目の設置に限定されたものであり、その教科・科目を担当する指導者の採用については言及されていなかった。つまり、指導者の採用については、各都道府県の教育委員会や教育庁の承認が必要になる。

八重山芸能を学校で教育する際には、八重山芸能だけでなく、琉球古典芸能も学習に取り入れていることから、その分野に長けた特別非常勤講師とともに行う点に特徴がある。ところが、指導者の採用は、沖縄県の教育庁の判断で行われるため、八重山芸能を教育課程に取り入れた理由や特別非常勤講師が必要な理由とその意義を明確に示さなければならない。特に、商工高校では、観光コースの設置以降、八重山芸能の教育に関する授業をすべてTT方式で行うことを学校裁量で決めており、専任の教員以外に特別非常勤講師が必要だった。特別非常勤講師の採用に関する問題について、商工高校の教員は、以下のように述べている。

うち（商工高校）は、観光コースもありますから、八重山芸能の教育を行う指導者の確保は、毎年課題になっています。特に、非常勤講師で授業をまわしているので、指導者の配置について校長先生の理解があっても、実際に採用の許可を出すのは教育庁です。芸術科目は年々予算を減らされているので、この体制を維持するだけでも大変です。単に、授業をこなすだけなら、三線や舞踊ができる人にお願いしますが、私たちがやってきた授業内容は、誰にでも指導ができるものではないですから。授業計画を立てるときは、まず、誰を指導者にするかを決めてから検討するので。うちは、ティーティー（TT方式）で授業を行っているので、八重山芸能に関わる科目は、ほとんど現職の教員と非常勤の先生が一緒に行っています。二人で指導しているからこそ、充分に教えることができています。しかし、沖縄本島では、芸能の科目をティーティーで授業をすることが滅多にないので、県庁（教育庁）にはなかなか理解してもらえない状況もあります。たとえば、八重山は「歌と芸能の島」だから、ティーティーでやる必要はないとか、専任の音楽科の教員で対応することはできないのか、という話が最近はよく出ます。授業料の無償化以降は、非常勤講師の予算も減らされたので、どんどんこちら側の条件も悪くなっています。今の体制を維持するために、校長先生が依頼文書を作成して、年度末の前に、教育庁にお願いをしている状況です。いつまで続けられるのか、わかりません。

（二〇一一年三月三日・筆者の聞き取り調査より）

商工高校の一例ではあるが、右の内容からは、八重山の三高校が力を入れて取り組んでいる教育に対して、沖縄県の教育庁側の理解が必ずしも得られていないことがわかる。また、教育庁側は、指導者を増やすことに対する教育的な価値や意義についても明確な説明を求めていることがわかる。なぜなら、各学校の裁量で設置される教科・科目は、実際に設置する内容については各学校に決定を委ねている一方で、その指導者の採用は、各都道府県の教育委員会や教育庁の判断によって決定されるからである。つまり、一見、学校主体で行われているように見える八重山芸能の教育も、沖縄県の教育庁の制約を受けている。

4　八重山芸能の継承者の育成

八重山の三高校で八重山芸能を教える際、特に配慮される点が、指導者の確保である。先述したように、設置した教科・科目が一過性のものではなく、継続して行う授業として確立させることを目指しているからである。そして、継続した授業を行うことを通して、八重山芸能の継承者を育てることも目的の一つになっている。以下は、商工高校の「郷土の舞踊」の一例である。

商工高校の「郷土の舞踊」では、二〇〇九年度まで商工高校に養護教諭として勤めていた岡山睦子氏が特別非常勤講師として指導を行っている。岡山氏も、八重山高校の高嶺方祐氏と同じく、八重山舞踊の師範免許を有しており、自身の八重山舞踊研究所を開設している。

岡山氏が担当する「郷土の舞踊」では、八重山舞踊を中心とした指導が行われている。練習演目として取り上げられるものは、「黒島口説」「鳩間節」「高那節」といった八重山の古典舞踊を代表するものである。一方でこの三つの古典舞踊は、明治以降に、琉球古典舞踊家たちによって別の舞踊として改作され、それらが沖縄本島の芸能家たちによって継承されていることから、現在は、琉球古典舞踊として定着している。つまり、先述した

「安里屋ゆんた」のように、名称が似ていても、改作され、節回しや所作が異なる曲が多く存在する。岡山氏は、授業のなかで、それぞれの芸能の発展してきた背景について説明を行ったあとに、八重山の「黒島口説」と「鳩間節」の指導を行っていた。また、岡山氏の「郷土の舞踊」では、「郷土の芸能」とは異なり、踊りの所作を専門的に学ぶことを重視した授業が行われていた。そのことについて、岡山氏は以下のように述べている。

> 授業ではしっかり八重山の舞踊の所作を習得することも大事なこと。しかし、実際に踊ったり唄ったりするなかで、いつか島を離れたときに思い出したり、自分のなかに残る芸能であってほしい。八重山芸能を知っているか、知らないかで、島の芸能の継承も左右されますよ。私たちはそのための指導を心がけています。
>
> （二〇一一年一二月二八日・筆者の聞き取り調査より）

八重山では、ほとんどの生徒が高校を卒業すると、進学や就職で島を離れ沖縄本島や本土に渡る。そのため、八重山を離れる前に八重山の歴史や文化を学校で教えることが重視される場合が少なくない。岡山氏による八重山舞踊の指導の仕方にも、このような八重山特有の事情が影響している。特に、岡山氏が八重山芸能を「自分のなかに残る芸能」と表現している点には、単なる記憶としての芸能ではなく、数多くある八重山芸能の一部だけでも、踊りの名称や所作の特徴、歌、節回しを身に付けることを重視する岡山氏の認識が示されている。そして、「島の芸能の継承が左右される」という表現からは、限られた学習であっても、舞踊の所作の習得を通して、八重山芸能の継承を目指す教育観がにじみ出ている。つまり、八重山芸能の教育の目的は、八重山芸能を身体化することにあるのである。さらに、学校で重視されているこのような教育方針は、学校だからこそ可能な教育としても捉えられている。

以上、教育課程で行われている八重山芸能の教育の特徴について述べてきた。特に、八重山芸能の教育では、八重山芸能の基本を学ぶことが重視され、それを身に付けさせる点に特徴がある。また、琉球古典芸能と比較しながら学習が行われていることから、「学校設定科目」でも八重山独自の芸能の習得が重視されていることがわかる。さらに、クラブ活動（あるいは部活動）だけでなく、教育課程のなかで八重山芸能の教育の機会が提供されていることからは、学校が八重山芸能にこだわった教育を目指していることがわかる。そして、このような教育は、少なくとも、八重山芸能の継承者の育成の可能性をはらむものである。

小括

本章では、近年の『高等学校学習指導要領』改訂に伴う教育課程の再編成に注目しながら、学校教育で八重山芸能がどのように教授されているのかについて「学校芸能」の視角から論じた。特に、八重山芸能が教えられる場において、『指導要領』の改訂と教育課程の編成がどのように関わっているのかを、八重山の三高校と沖縄県の教育庁との関係、指導者である教員と地域社会との関係という二つの文脈から捉えた。そして、八重山芸能を教育課程のなかで教えることが可能になった経緯を明らかにし、それを維持するために学校や教育がどのような選択をしてきたのかをみてきた。

その結果、八重山の三高校の教育課程のなかに導入された八重山芸能が、「八重山らしさ」を追求するようになった背景には、八重山内外で活動する郷土芸能部の影響があることがわかった。そして、八重山芸能と対置される琉球古典芸能の存在が、より「八重山らしさ」を強化していた。

次章では、「学校芸能」が顕著にみられる部活動に着目し、八重山の三高校の郷土芸能部の活動について考察する。特に、八重山芸能が学校に取り込まれ、「学校芸能」が生み出されるプロセスを、学校と地域社会の相互作用から考察する。


［1］一九九九年『高等学校学習指導要領』（総則）の二及び三の表に掲げる科目以外のもの。

［2］一九九九年『高等学校学習指導要領』（総則）の二及び三の表に掲げる教科以外のもの。

［3］一九九九年度の『指導要領』改訂以前は、教科・科目の名称、目標、内容、単位数などの決定は、学校の設置者の権限で行われていた。

［4］文部科学省「高等学校教育の個性化・多様化を進めるために」（http://www.mext.go.jp/b_menu/hakusho/html/hpad199701/hpad199701_2_101.html）。

［5］前文には、「我々日本国民はたゆまぬ努力によって築いてきた民主的で文化的な国家をさらに発展させるとともに、世界の平和と人類の福祉の向上に貢献することを願うものである。我々は、この理想を実現するため、個人の尊厳を重んじ、真理と正義を希求し、公共の精神を尊び、豊かな人間性と創造性を備えた人間の育成を期するとともに、伝統を継承し、新しい文化の創造を目指す教育を推進する。ここに我々は、日本国憲法の精神にのっとり我が国の未来を切り拓く教育の基本を確立し、その振興を図るため、この法律を制定する」とある。また、高等学校の『新学習指導要領』では「伝統と文化」に関する課題について、以下の二項目をあげている。①歴史教育（世界史における日本史の扱い、文化の学習を充実）、宗教に関する学習を充実（地理歴史、公民）、②古典、武道、伝統音楽、美術文化、衣食住の歴史文化に関する学習を充実（国語、保険体育、芸術、音楽、美術、家庭）。文部科学省「改正前後の教育基本法の比較」（http://www.mext.go.jp/b_menu/kihon/about/06121913/002.pdf）。

[6] 二〇〇六年度から二〇〇九年度まで国立教育政策研究所が全国の公立の高等学校を対象に行った「我が国の伝統文化を尊重する教育に関する実践モデル事業の研究主題」が記された資料を確認したところ、「伝統と文化」に関する取り組みは、各都道府県の高等学校すべてにおいて「学校設定科目・教科」および「総合的な学習の時間」のなかで扱われている。(http://www.nier.go.jp/kaihatsu/shidou/list/dentou_118-21.pdf)。

[7] 沖縄県立南風原高校は、沖縄県内の普通科高校のなかでもいち早く「特色のある学科・コース」の検討および設置が行われた学校である。同校がこのような新設コースを設置した背景には、当時、高校中退者の増加の問題が関係していた。その解決方法として、学区である沖縄本島南部地域の歴史や文化を学ぶことができる学校づくりが目指された。郷土文化コースでは、「その他の科目」のなかで「琉球舞踊」「郷土の音楽」、そして「古武術」の三つの科目が履修科目として設けられた。国語では、「琉歌・方言」を、地理歴史では「郷土史」が科目として導入した(一九九五年度沖縄県立南風原高校学校要覧)。

[8] 一九七八年九月三〇日から一〇月一日までの二日間にわたって行われた、沖縄県教育文化資料センター開所記念を祝う教育シンポジウムの意見発表の場において、石垣氏は、八重山の各地の祭祀と離島教育の在り方について意見発表を行った[石垣 一九七九:一四七―一五二]。

[9] 農林高校は、二〇一一年度現在、熱帯園芸科、緑地土木科、畜産科、食品製造科、生活科学科があり、すべての学科の芸術科目の音楽の授業で「郷土の音楽」の科目が設定されている。また、「郷土の音楽」は、「学校設定科目」として設定されている。

[10] 商工高校は、一九六七年四月に商業と工業を併設する職業高校として誕生し、一九九一年三月までは、機械科、電気科、商業科の三つの学科で構成されていた。しかし、入学者の定員割れや中途退学の増加などの問題が深刻化したため、学校改革の一貫として一九九一年度から人文科が新設された。

[11] 人文科コース別科目として、郷土文化コース、国際コース、進学コースの三つのコースが設置された。それぞれの履修科目状況を確認してみると、「郷土史」は人文科に在学する一年次が履修対象となっていたが、「郷土文化Ⅰ・Ⅱ」は、郷土文化コースの二、三年次を履修対象にした専門必修科目として設定されていた。また、この教育課程の再編成によって、

総合選択科目の導入が行われると、これまで人文科だけに限られていた「郷土文化Ⅰ・Ⅱ」が、全学科の二、三年次を対象に履修することが可能になった。

[12] 二〇一一年六月一〇日・筆者の聞き取り調査より。

[13] 第三次沖縄振興計画書（一九九二―二〇〇一年）(http://www.ogb.go.jp/sinkou/shinkou-kaihatu/dai3ji_shinkou.pdf)。

[14] 二〇一〇年一二月一日・筆者の聞き取り調査より。

[15] 二〇一〇年一二月一日・筆者の聞き取り調査より。

[16] 三線の基礎的な調弦「本調子《ほんちょうし》」を学ぶ。

[17] 三線の発展的な調弦「二《に》揚《あ》げ」を学ぶ。

[18] 筆者は、糸洌氏が学校と研究所でどのように八重山古典民謡を指導しているのかを明らかにするために、二〇一〇年八月から一〇月までの二ヶ月にわたり、糸洌氏の研究所に通って三線を習った。また、糸洌氏の研究所に通う数名の弟子の練習の見学も行った。

[19] 「鷲の鳥節」は、八重山の代表的な座開きの曲である。

[20] たとえば、八重山古典民謡コンクールの審査講評をみると、受験者の多くが、舌音や八重山独特の発音を聞き分けることができないと指摘されている。

[21] 糸洌氏が八重山古典民謡保存会で使用されている工工四集から、初級、中級の歌を選択し、その工工四を複写し、資料として配布していた。

[22] 二〇一一年四月一九日・筆者の聞き取り調査より。

[23] 野底マーペー伝説とは、黒島から石垣島に強制移住させられたマーペーという娘の話である。伝説の内容は次のとおりである。マーペーは黒島に残してきた恋人を思い、移住先の村の野底岳から島を眺めようとした。しかし、石垣島で一番高い於茂登岳にさえぎられ、島の姿さえが見えず、絶望してしまう。野底岳で恋人を慕い、そのまま山頂で石になった。

[24] 学校備品として購入された三線が四〇丁あり、「郷土の音楽」を履修するすべての生徒が一丁ずつ使用できるようになっている。

［25］商工高校の場合、二〇一〇年度の「郷土の芸能Ⅰ」の授業計画では、履修生の数を定員二〇名に設定し、少人数制で行われていた。

第六章 「学校芸能」の現在

本章では、八重山の三高校の郷土芸能部で行われている「学校芸能」の創造と展開の過程をみていく。まず、八重山の三高校の郷土芸能部が、全国郷土芸能大会で活躍するようになった二〇〇〇年以降の活動内容について具体的な事例を示す。そして、そこで行われている八重山芸能の教授や継承の過程を検討し、その際、何が重要とされ、どのような取り組みが行われているのかを解明する。そして、八重山芸能が学校に取り込まれ、新たな継承形態が生成されるプロセスを、学校と地域社会の間の相互作用に着目して考察する。これらの検討を通して、民俗芸能を継承・創造する主体としての学校がもつ機能と役割について明らかにする。

一 三高校の郷土芸能部の活動

第三章で述べたように、一九六四年に八重山高校で郷土芸能クラブが結成されて以降、一九六〇年代の八重山では、すべての高校に郷土芸能クラブ（のちに郷土芸能部と名称変更）が誕生した。

近年、八重山における三高校の郷土芸能部の活動は、「八重山芸能の継承の一端を担う活動」として、地域の人びとから認識されている。たとえば、農林高校の郷土芸能部は、石垣島の祭祀行事の一つである「四カ字の豊年祭」で、奉納芸能を行う役割を担っている（写真⑧）。また、商工高校は、豊漁祈願を行う海人祭《かいじんさい》の余興で演舞を行っている（写真⑨）。このような祭りの場で演舞を行うことが可能になった要因には、次の二点が挙げられる。まず、祭祀儀礼が行われる地域に学校が所在しており、奉納儀礼に参加することを地域の自治組織から認められていることである。次に、郷土芸能部の活動が、沖縄県内外において高く評価されたことから、「奉納芸能としてもふさわしい演舞」として地域の人びとから認識されるようになったことである。

その他にも、地域の祭りを中心に、石垣島の観光イベント、自治体の行事、慰問公演、国際交流事業に伴う海外公演など、幅広い活動が見られる。筆者が石垣島の白保集落に長期滞在（約一三ヶ月間）していた二〇一〇年から二〇一一年までの間、足を運んだ石垣島の祭りや商業イベント、自治区主催の行事などの舞台プログラムには、必ず三高校のうち、いずれかの郷土芸能部による演目が組み込まれていた。今日、三高校の郷土芸能部は、学校行事や県郷土芸能大会の発表だけでなく、数多くの石垣島の観光イベントの場で、八重山芸能の洗練された技を披露する芸能集団として、地域の人びとから認識されている。このように、三高校の郷土芸能部の活動は、非常に幅広い場で行われていることがわかる。

また、そこで披露される演舞には、八重山芸能だけでなく、県郷土芸能大会で行う「発表用」の演目が含まれている。この「発表用」の演目は、全国郷土芸能大会の審査基準に即して構成された一五分間の演目のことである。たとえば、研究所や地域の祭りの場では、「黒島口説」「まみどーま」など奉納芸能としてふさわしいとされる八重山舞踊が、それぞれ一点ずつ演じられる。一方、「発表用」の演目は、郷土芸能部の生徒や顧問が、全国

写真⑧　「四カ字の豊年祭」で奉納芸能を行う農林高校の郷土芸能部
（2010年7月22日、筆者撮影）

写真⑨　石垣市字登野城の海神祭で演舞を披露する商工高校の郷土芸能部
（2011年6月5日、筆者撮影）

郷土芸能大会の場に合うように複数の八重山舞踊を組み合わせて創作されたものである。

そして、各学校の郷土芸能部の活動の位置づけも、演舞を行う場や鑑賞者によって異なっている。特に、全国郷土芸能大会などの競技的な側面が強い場では、自分たちの活動に対する評価を意識しながら演舞が行われるため、八重山の内と外では活動に対する意識にも差異がみられる。つまり、三高校の郷土芸能部の活動は、芸能が演じられる場の特徴や条件に柔軟に対応しながら行われている。

二　三高校の郷土芸能部における演目と演出の特徴

1　三高校の郷土芸能部の演目

近年、三高校の郷土芸能部は、県郷土芸能大会で沖縄県代表校として選ばれるようになり、全国郷土芸能大会に出場する機会が増えている。このようなことから、二〇〇〇年以降、各郷土芸能部の演目に、ある特徴が見られるようになった。それは、全国大会の審査基準である「一五分以内」という条件のなかで、郷土芸能部の顧問や生徒によって新しい八重山芸能の演目が創作されていることである。このような新しい八重山芸能は、全国大会出場校に選ばれるようになった二〇〇〇年以降から確立され、現在は、それぞれの郷土芸能部独自の「作品」として受け継がれている。表⑨は、二〇〇〇年以降、県郷土芸能大会で沖縄県代表に選ばれた年度、学校名、演目名、人数、全国大会における受賞歴を示したものである。

八重山の三高校の演目名にある「みなとーま・黒島口説」「稲粟の稔り～いに　あわぬ　なうり～」「八重山の海

大会年度	沖縄県代表校	演　目　名	出演人数	全国大会での受賞歴
2000	八重山高校	みなとーま・黒島口説	20名	優良賞
	興南高校	安里フェーヌ島	15名	
2001	八重山農林高校	稲粟の稔り 〜いに　あわぬ　なうり〜	30名	
	南風原高校	長者の大主	32名	
2002	八重山高校	竹富島の庭の芸能	35名	最優秀賞および文化庁長官賞（東京公演）
	八重山商工高校	果報ぬ世ば給うられ	29名	
2003	八重山高校	竹富島の庭の芸能	30名	最優秀賞および文化庁長官賞（東京公演）
	南風原高校	歓待の舞	28名	優良賞
2004	八重山商工高校	八重山の海人かりゆし	29名	
	南風原高校	歓待の舞	30名	
2005	八重山農林高校	稲粟の稔り 〜いに　あわぬ　なうり〜	34名	
	八重山商工高校	八重山の海人かりゆし	27名	優良賞
2006	八重山高校	竹富島の庭の芸能	29名	
	南風原高校	歓待の舞	36名	最優秀賞および文化庁長官賞（東京公演）
2007	八重山商工高校	果報ぬ世ば給うられ 〜八重山の種子取祭の芸能より〜	25名	最優秀賞および文化庁長官賞（東京公演）
	南風原高校	遊び念仏者 〜エイサー由来〜	39名	
2008	八重山商工高校	八重山の海人のかりゆし	27名	優良賞
	八重山高校	竹富島の庭の芸能	32名	
2009	八重山農林高校	稲粟の稔り 〜いに　あわぬ　なうり〜	25名	最優秀賞および文化庁長官賞（東京公演）
	南風原高校	八福の舞	29名	
2010	八重山農林高校	稲粟の稔り 〜いに　あわぬ　なうり〜	28名	
	南風原高校	八福の舞	31名	
2011	八重山商工高校	果報ぬ世ば給うられ 〜八重山の種子取祭の芸能より〜	24名	優良賞
	向陽高校	毛遊び 〜あしびでぃきらさ〜	22名	

表⑨　県郷土芸能大会における沖縄県代表校の演目等一覧
（『第26回沖縄県高等学校郷土芸能大会プログラム』より筆者作成）

学校名	演　目　名	テーマ
八重山高校	「みなとーま・黒島口説」	黒島の豊年祭
	「竹富島の庭の芸能」	竹富島の種子取祭
農林高校	「稲粟ぬ稔り～いに　あわぬ　なうり～」	四カ字の豊年祭
商工高校	「八重山の海人かりゆし」	海人祭
	「果報ぬ世ば給うられ～竹富島の種子取祭の芸能より～」	竹富島の種子取祭

表⑩　三高校の郷土芸能部の演目でみられる「テーマ」
（2000～2011年度の『高文連会誌』より筆者作成）

人かりゆし」「竹富島の庭の芸能」「果報《かふ》ぬ世《ゆ》ば給《たぼ》うられ～八重山の種子取祭の芸能より～」は、それぞれの学校で創作された八重山芸能である。また、これらの演目名は、舞台での演出に合わせて設定された「テーマ」を反映したものとなっている（表⑩）。

また、右の演目は、八重山の地域の人びとから、三高校の郷土芸能部が独自に創作した八重山芸能の一つとして認識されている。そして、これらの演舞の特徴は、一五分間という制限時間内に複数の八重山芸能を組み合わせて構成され、さらにそれが郷土芸能部の部員によって継承されている点にある。たとえば、農林高校の「稲粟の稔り～いに　あわぬ　なうり～」の場合、八重山芸能のなかから、農作業を行う情景に合う歌と踊りを選択し、一五分間で構成されている。そして、農林高校のオリジナルの「舞台作品」として代々の部員たちに継承されている。

このような三高校の郷土芸能部は、全国レベルの大会に出場する機会を通して、各郷土芸能部のオリジナルの「作品」を創り上げている。そのため、各学校の郷土芸能部の演目名には、作品の特徴が顕著に現れている。以下では、全国郷土芸能大会のプログラムで紹介された学校別の演目の説明を引用する。

八重山高校

「みなとーま・黒島口説」

最初に演じる「みなとーま」は、戦後廃村になった西表西部の崎山村に伝わっていた崎山ユンタと新村節に振付けられた踊りです。崎山村は、一七七五年に琉球王府の人頭税政策のため、波照間島から強制移住させられた人びとによって創建されました。その浜辺で若い男女が浜遊びに興じ、女達は籠を持って貝や海草を拾い、男達は網を持って魚捕りにかこつけて女達を網で巻き上げるというものです。続く、「黒島口説」は、周囲一二㎞ほどの小さな黒島の、四季折々の人びとの生活をコミカルに表現したもので、八重山を代表する民俗舞踊の一つです。踊り手が囃しを歌いながら踊るという沖縄の舞踊のなかでも独特なものです。

（二〇〇〇年度『高文連会誌』六頁）

「竹富島の庭の芸能」

竹富島の庭の芸能を「祈り・清め・祭芸能」として構成した。祈りは神司と村役人が「とぅんちゃーま」という古謡を歌って、「ニライ・カナイ」の神様を迎える「世迎い」の祈りをし、箒と桶、柄杓を持った舞踊「掃除かち」で庭を清め、「まみどうま、じっちゅ、馬乗《うまぬ》しゃ」の奉納舞踊を踊る。ヘラ、鍬、鎌を持った農作業を舞踊化した「まみどうま」、五風十雨の潤いを願い、久葉笠《くばがさ》を持ち「シチュ」と掛け声をかけながら軽快に踊る「じっちゅ」、馬首を前にかけて手綱をとり、太鼓の合図でヒーヤと掛け声をかけ、飛び跳ねて踊る「馬乗しゃ」など、踊りは単純だが、素朴で躍動感あふれ、神様への感謝と弥勒世果報の到来を願う島人の姿を舞台で演じます。

（二〇〇二年度『高文連会誌』八頁）

農林高校

「稲粟の稔り～いに　あわぬ　なうり～」

八重山地域の伝統行事の豊年祭は、島人たちは五穀豊穣を祈ります。遥か、ニライ・カナイの神々により授かった稔りに喜びと感謝を捧げ、五風十雨の潤いを祈り、来夏世《くなつゆ》も豊年満作であることを願います。農作業を舞踊化した「まみどーま」、「稲摺節《いにしり》」を軽快に踊り、ドラや太鼓、ションコを合図に旗頭を囲み、「クイチャーガーリー」を踊り、八重山の島人たちの力強さを表現します。

（二〇〇五年度『高文連会誌』一〇頁）

商工高校

「八重山の海人かりゆし」

琉球王国の時代、八重山の人びとは過酷な社会制度のもとで、生きる糧として「謡い」、季節ごとに祭り事で踊り、独特の民俗芸能文化を創造し、継承してきました。その中に、庶民の精神生活・豊かな人情を見ることができます。四方海に囲まれた八重山に南風が吹くと、年貢を積んだ船が出港します。波の音に乗せて「とぅぐるだき」を謡い、航海安全の祈りを捧げます。豊穣な海の幸をもたらす神への感謝を表す奉納祭事「海神祭」があります。囲い綱、追い込み漁を表現する「シビラオーザ」、海の幸に喜ぶ「新村ユンタ」、パーランクーとエークを持ち、海人の心意気や大漁のうれしさを「久高節」に合わせて、「嘉利吉《かりゆし》、かりゆし」と威勢良く謡い、踊ります。伝統舞踊を漁師生活が偲ばれるように創造的に構成・発表しました。

（二〇〇五年度『高文連会誌』一〇頁）

「果報ぬ世ば給うられ〜八重山の種子取祭の芸能より〜」

八重山の島々の豊年祭や国指定重要無形文化財である竹富島の「種子取祭」に見られる豊かな稔りへの喜び

と神への感謝、新たな年への豊穣の願いを「果報ぬ世ば給うられ」と題して表現します。「世迎い」では、村人が一体となり神を迎え、次にくわ、かま、へらなどを巧みに扱い、力強く農耕に取り組む「マミドーマ」。稲穂を持ち、美しく奉納を表現する「仲良田《なからだ》」。独特な口上で豊年満作を願い神への感謝を表す「世果《ゆが》報《ふ》口説《くどぅち》」。「ゆらてぃく」では四つ竹を軽快に打ち鳴らします。最後に、「クイチャー」「ガーリー」などの乱舞は、収穫の喜び、人びとの健康、さらなる幸せの願いをこめ元気いっぱい踊ります。

（二〇〇二年度『高文連会誌』八頁）

右で示した演目の説明をみると、三高校で共通している点は、神への祈りを基底とした芸能が選択されており、特に、五穀豊穣、航海祈願、村落共同体の健康祈願などを表現した歌や踊りで構成していることである。また、各学校の演目にも特徴が見られる。八重山高校は、一九九〇年後半から二〇〇〇年半ばにかけて在職していた社会科教員の糸洌長章氏が顧問を務めており、八重山の歴史や古謡にこだわった歌を取り入れて演舞を構成している。また、糸洌氏は黒島の出身者であることから、琉球古典舞踊の「黒島口説」ではなく、八重山舞踊の「黒島口説」を通して、黒島の人びとの生活の様子を表したものにしている。さらに、八重山高校の郷土芸能部の創設に関わった高嶺方祐氏が竹富島の出身者だったことから、竹富島の芸能を取り入れている点も特徴的である（写真⑩）[1]。

農林高校は、主に農業に関わる職業学科が設置された高校であることから、農業に関連した演目をつくりあげていることが特徴だといえる。たとえば「稲粟の稔り～いに あわぬ なうり～」では、稲の植え付けから収穫までに関わる芸能を取り入れて構成している。また、「稲摺節」に合わせて踊る際には、稔った稲を臼でひく表現

写真⑩　種子取祭の庭の芸能で「馬乗しゃ」を踊る保存会の男性たち
（2010年10月7日、筆者撮影）

がともなうが（写真⑪）、これは、「四カ字の豊年祭」での臼ひきの所作が取り入れられている。

そして、商工高校は、航海祈願に関する演舞と竹富島の芸能のなかから、豊穣祈願と村落の人びとの健康祈願に関する演舞を取り入れている。ここでも、竹富島の芸能が取り入れられているのは、この演目を創作した教員が竹富島の出身者であったからである。

このように、三高校の郷土芸能部の演目には、大別して二点の特徴がある。まず、五穀豊穣、航海祈願、村落共同体の健康祈願などに関係する歌や踊りを取り入れる際、その演舞には「テーマ」が設定され、それに合わせて歌や踊りが構成されていた。もう一つは、各学校の演目が、八重山芸能を基本としながら顧問や生徒たちによって創作されていたことである。その際、演目に取り入れられる芸能は、顧問の出身地あるいは出自をもつ土地のものとなる。これは、第四章で述べたように、八重山では、特定

写真⑪　稔った稲を臼でひきながら「稲摺節」を歌う農林高校の郷土芸能部
（2010年7月22日、筆者撮影）

の地域の芸能を習うには、その芸能が育まれてきた土地の出身者あるいはその土地に出自を持つ者でなければならないからである。つまり、八重山芸能の教授には、八重山内部の地縁関係が重視されている。

さらに、これは、研究所を単位とする芸能の教授でも同様である。たとえば、ある集落の一部の芸能が、その地域に設立された研究所で継承されていることがある。研究所は、特定の流派を継承しながら芸を修練する場であると同時に、地域の芸能と密接に関わっているのである。郷土芸能部は、研究所の芸能家の協力を得て演目の創作を行う場合がある。その芸能が研究所のものなのか、地域のものなのかの区別は非常に複雑である。また、研究所の協力を得て創作した演目や地域から取り入れた芸能は、郷土芸能部の作品として継承しなければならない。それらは、郷土芸能部員が勝手に歌い方や踊り方を変えてはいけないものとして認識されている。つまり、三高校の郷土芸能部の活動は、八重山の地域や研究所の制約を受けながら行われていることになる。

2　三高校の郷土芸能部の演出

二〇〇〇年以降、全国郷土芸能大会に出場するようになった三高校の郷土芸能部の演舞には、特徴的な演出がみられる。特に、それは、全国大会用の「作品」として演じられる際に顕著に現れている。たとえば、全国郷土芸能大会の参加校のうち「伝承芸能部門」の審査対象になる演舞は、少なくとも審査基準である「一五分間」の条件を満たした作品である。さらに、全国大会では、東京公演の出場をめぐって競い合うため、それぞれの参加校は、学校のオリジナル「作品」を発表する傾向が強い。そして、その「作品」をいかに演出できるかが重要となる。たとえば、農林高校の場合、祭礼の雰囲気を舞台の上でいかに再現するかが意識されていた。前述したように農林高校は「四カ字の豊年祭」で奉納芸能を行っている。そこでは、御嶽の中央の神司が座っている方向に身体を向けて演舞が行われる。その周りには、大勢の観客が見物しているが、生徒たちの顔、手足の向きは、すべて神司の方向に向けられなければならない。換言すると、御嶽での芸能は、観客に見せるための芸能ではなく、神への奉納を目的とした儀礼である。

一方、全国大会の舞台では、自分たちの演舞を会場の観客や審査員に向けてどのように表現するかが問題になってくる。その際、演じる芸能の「伝統」を保ちながら、舞台に合わせた「創作」が行えているかが重視される。県大会や全国大会では、そもそも、御嶽がない場所で、奉納芸能が行われる雰囲気を作らなければならない。たとえば農林高校の「稲粟の稔り～いに　あわぬ　なうり～」は、幕が上がると薄暗い舞台の上で、神から五穀（稲、粟、麦、大麦、甘藷）を授かる三人の巫女の場面から静かに始まる。そこから田植えの場面に切り替わり、地謡に合わせて農耕の様子を表現する。そして、厳しい農作業を乗り越え、立派に稔った稲を見て喜び、その稔りに感謝を込めて歌い踊りながら、八重山の人びとの農耕に対する一連の作業を表現する。つまり、全国郷土芸能大会の場では、実際に演じられる場とは異なる文脈で民俗芸能が演じられながらも、神と祈りという八重山芸能の基底を強く意識した学校独自の「作品」となるよう、演出に工夫が凝らされている。このような傾向は八重山の高校に限られたものではなく、「伝承芸能部門」で技を競う参加校の多くが、祭礼と深く関係のある民俗芸能を発表している。表⑪では、その一例として二〇〇九年に行われた全国大会の演目を示した。

各参加校の演目は、それぞれの地域で継承されている民俗芸能であると同時に、そのほとんどが学校を主体として創作された作品であった。また、継承が危ぶまれている芸能を取り入れた演舞もあった〔2〕。しかし、全国郷土芸能大会では、全国各地の民俗芸能が披露されるため、民俗芸能の地域ごとの特異性は、評価の対象になっていない。このような点は、地方大会と全国大会で大きく異なっている点である。沖縄県の例を挙げると、県郷土芸能大会では継承が危ぶまれている民俗芸能に取り組んでいる学校（部活動）は、比較的高い評価を受ける。特に、八重山の三高校の演舞に取り入れられた古謡などは、八重山芸能の継承者の育成に貢献しているという点で高い評価を得てきた。ところが、全国大会の場では、このような点について講評で感想が述べられることはあっても、東京公演の出場権を獲得するための評価とは切り離して扱われていた。

それでは、全国郷土芸能大会では、学校独自の「作品」として演出された演舞を審査する際、何が重視され評価が行われているのだろうか。審査員の評価の詳細については、個々の審査員ごとに着眼点は異なっているが、筆者が二〇〇九年から二〇一一年まで行った全国郷土芸能大会の観察から大まかにまとめると、一つ目は、テンポの乱れやそれに伴う演舞と演奏の不調和など、練習時とは異なるハプニングが起きがちな、緊張した舞台の上

都道府県名	演　目　名
青森県	田子の杜の芸能
岩手県	葛巻神楽「権現舞」
宮崎県	戸取り・舞開き
秋田県	なまはげ太鼓
	仙道番楽「鶏舞」・西音馬内盆踊り
山形県	むらやま徳内ばやし
神奈川県	三増の獅子舞
新潟県	佐渡民謡～芸能と文化の島より～
富山県	越中五箇山民謡（こきりこ、といちんさ、早麦屋、麦屋節）
静岡県	三社祭礼囃子
三重県	猟師町かんこ踊り
大阪府	風物ノリ
兵庫県	人形浄瑠璃：増補大江山戻り橋の段
島根県	石見神楽「岩戸」
香川県	こんぴら船々
熊本県	山鹿灯籠
大分県	庄内神楽「日割」
沖縄県	稲粟の稔り～いに　あわぬ　なうり～
	八福の舞

表⑪　全国郷土芸能大会「伝承芸能部門」演目一覧（2009年全国高等学校総合文化祭郷土芸能部門プログラムより筆者作成。都道府県名の順番はプログラムに準じた）

で、演じ手がどのように調和を図り、舞台に立つ仲間と息の合った演舞ができているかである。二つ目は、初めて見る観客もいる中で、彼らを自分たちの演舞の世界にいかに引き込み、演じ手の想いや芸能のリアリティを伝えることができるかどうかである。三つ目は、演じ手と観客が呼応することによって、舞台と会場が一体になる演舞になっているかどうかである。全国大会に出場する各都道府県の代表校が技術的に優れていることは当然であるため、民俗芸能の特異性を発揮することよりも、エンターテイメント性があるかどうかが試される。そのため、全国大会の舞台では、演じ手同士の調和だけでなく、観客との息の合った舞台を創り上げられるかが重要と

写真⑫　三高校の郷土芸能部によるアトラクション「村遊び」
（2010年11月6日、筆者撮影）

されている。非常に抽象的ではあるが、全国大会の審査基準については、右の三点にまとめることができるのではないだろうか。

八重山の三高校の郷土芸能部の場合、踊り手と地謡は、それぞれの動きを予測しながら演じている。たとえば、踊り手は、踊り手同士だけでなく地謡の声やリズムにも注意し、地謡は、三線や太鼓、笛の演奏を踊り手の動きに合わせて行うことを意識している。

このような全国郷土芸能大会における経験は、少なからず、沖縄県の他の参加校にも影響を与えていた。たとえば、二〇〇〇年以降の県郷土芸能大会の参加校に注目すると、八重山の三高校の郷土芸能部のように、「テーマ」を設定して演舞を行う学校が増えている。

八重山の三高校の郷土芸能部は、全国レベルの舞台発表を通して、一層洗練された演舞を行う郷土芸能部として沖縄県内でも注目を集めている。沖縄県内外で、その演舞が高く評価されて以降、県郷土芸能大会の「アトラクション」と称した余興舞台では、三高校の郷土芸能部が合同で「村遊び《むらあしびー》」の演目を行っている（写真⑫）。この演目は、若い男女が三線を持って浜辺や野原の広い場所に集まり、歌い遊ぶ様子を表現したものである。「村遊び」では、三高校の郷土芸能部がそれぞれの持ち歌を即興で披露する。このアトラクションの特徴は、三高校の持ち歌を中心に行われる点である。また、アトラクションでは、異なる調子の曲への曲替えの間に、三線の調弦を素早く行う地謡の技もみどころの一つとして注目されている。

このように、三高校の郷土芸能部が、演じられる場や雰囲気に合わせて演舞を行えるようになった要因には、全国大会に出場したことを通して身に付けた演出の経験があると考えられる。

三　三高校の郷土芸能部の活動に特定の流派が与える影響

第五章で述べたように、学校で八重山芸能を教える指導者（教員）は、特定の流派に属し、研究所で芸能を身に付けていることが多く、また研究所に通う学習者（生徒）も存在する。基本的には、指導者が属する流派に即した指導が行われていたが、学習者が指導者と異なる流派に属している場合もあるため、指導者も自分の奏法を強要したりすることはなかった。このような状況は、三高校の郷土芸能部に共通している。

一方、部活動でも、指導者と学習者、あるいは学習者同士が異なる流派に属する場合がみられた。筆者は、かつて八重山高校の郷土芸能部に所属し、全国郷土芸能大会にも出場経験のあるＯＢから、次のような話を聞くことができた。

研究所と学校は、基本的に分けて考えていました。私の場合は、指導者と流派が異なっていました。もちろん、同じ地謡のメンバーとも異なっていました。全国大会に出場が決まって、とにかく何時間も毎日練習しました。全国大会で一位を取りたいという気持ちがなかったと言えば嘘になりますが、全国の舞台で八重山の歌や踊りを披露するので、とにかく最高の演技を見せたいという思いがありました。私が所属していた当時は、メンバーのなかで一番上手な人の歌の流派に合わせようということになり、そのあたりは、踊り手や地謡同士で相談して決めていました。練習のとき、顧問は、「たまには〇〇流派（指導者の流派）のやり方でやってみるか」など、いろんなパターンでやることも多かったです。今思えば、部活はいろんな弾き方を学べる良い機会だったと思っています。でも、当時は私も子どもだったので、自分の流派でやりたいという譲れない気持ちもありました。

（二〇〇九年七月四日・筆者の聞き取り調査より）

右のOBの話から、学校では、研究所では生徒たちが決して経験することのない、さまざまな流派との接触や交流があり、そこで葛藤や協力を経ながら、八重山芸能の教育が行われていることがわかる。このような学校と研究所との相互作用を通して、「学校芸能」が生み出され、形づくられている。

このように、学校で伝統芸能や民俗芸能を教える際、少なくともその芸能の持つ流派を意識しながら、指導者と学習者あるいは学習者同士の間でやり取りが行われていることがわかる。以下では、学校で伝統芸能の技や知識が教授・学習される際にみられる、研究所とのやり取りがどのように行われているかについて、八重山の三高校の郷土芸能部の事例を通して考察する。その際、沖縄固有の研究所や特定の流派との関わりについても注意しながらみていく。

筆者は、三高校の郷土芸能部の顧問や部員をはじめ、一九九〇年代に郷土芸能部に所属していたOB・OGに対する聞き取り調査を行った。そのなかで、石垣島内にある八重山芸能の研究所や特定の流派が、郷土芸能部の活動にも影響していることが明らかになった。かつて、郷土芸能部に所属していたOB・OGのうち二人は、流派から影響を受けることについて、以下のように述べた。

小学生のとき、郷芸部（郷土芸能部）の発表会をみて、高校に進学したら郷芸部に入りたいと思っていました。私は、中学のときから三線研究所に通っていました。高校に入って、郷芸部に入りたいと研究所の師匠に相談しました。その時、「手」が変わらないように注意しなさいと言われました。

（二〇一〇年八月二〇日・筆者の聞き取り調査より）

研究所によっては、先生（師匠）が郷芸部に入ることを嫌がることもあります。一番の理由は、「手」が変わってしまうからだと思います。郷芸部に入ると、研究所に行く時間もなくなるほど、部活で時間をとられます。かなりの練習量なので、自分で意識をしていても、注意されることがあります。郷芸部に入るときは、私も師匠に相談しました。

（二〇一〇年八月二〇日・筆者の聞き取り調査より）

右の聞き取り調査のなかで、「手」という言葉がでてくる。この「手」とは、踊りや三線の奏法の所作を指す言葉であり、研究所では、この「手」を重視した指導が行われている。先述したように、三高校の郷土芸能部の顧問のほとんどが、研究所で芸能を修練し、特定の流派に属している。そのため、指導を受ける部員が指導者と異なる流派に属している場合、指導を受ける過程で、「手」が変わってしまうことが問題とされていた。また、県大会や全国大会で発表する演目を、研究所で八重山芸能を教える指導者に創作してもらう場合も少なくない。その場合、作り手の流派に合わせて歌も選定されるため、踊り手だけでなく、地謡も流派の影響を受ける。このようなことから、郷土芸能部で活動する前から、すでに特定の流派に属する場合、二重の流派の影響を受けるため、踊りや歌の歌い方、三線の奏法に関わる所作をめぐる問題が発生していた。

また、郷土芸能部への入部にあたっては、所属する研究所の師匠と相談することが、基本になっているようである。これは、郷土芸能部で活動することについて、研究所の師匠と弟子である高校生が折り合いをつける必要があることを示している。

しかし、郷土芸能部に入部する以前に、研究所で琉球古典芸能を学んでいた生徒の場合は、これとは異なる状況がみられた。このことについて、郷土芸能部のある顧問は、以下のように述べている。

ほとんどの生徒が、八重山古典民謡を習っている場合が多いですが、たまに琉球古典音楽を習っている生徒がいます。もともと、八重山には琉球古典芸能の研究所が少ないので、場合によっては貴重な存在です。特に、八重山の民謡しかしらない生徒もいますから、琉球古典音楽を聞くいい機会だと思っています。また、県郷土芸能大会では、開幕演奏を参加校の地謡で行っているので、琉球古典音楽ができる生徒をリーダーにして、生徒同士で練習していきます。指導者の私も琉球古典音楽はやったことがないので自信がありません。ただ、圧倒的に八重山古典民謡をやっている生徒が多いので、琉球古典音楽を習っていても、郷芸部に入ったあとに、八重山古典民謡に変えた生徒もいました。八重山古典民謡と琉球古典音楽は、全く所作が違いま

すから、その差はどうしても大きいと思います。（二〇一〇年一〇月九日・筆者の聞き取り調査より）

八重山には、石垣島を中心に三線や舞踊の研究所が設立されているが、琉球古典芸能を学べる研究所の数は、八重山芸能と比較すると非常に少ない。そのため、郷土芸能部に所属する部員に琉球古典音楽や琉球古典舞踊ができる生徒がいる場合、非常に貴重とされる。

また、現在、県郷土芸能大会の開幕演奏では、琉球古典音楽の「かぎやで風節」「恩納節《うんな》」「安波節《あは》」の三つが「座開き《ざびら》」の曲として選定されている［3］。ちなみに、沖縄本島、宮古、八重山における座開きの曲はそれぞれ異なっている。たとえば、沖縄本島の代表的な曲として「かぎやで風節」、宮古では「とうがにあやぐ」、八重山は「赤馬節《あかんま》」や「鷲ぬ鳥節《ばしんとぅい》」が挙げられる。このような開幕演奏が行われるようになったのは、一九九一年の県郷土芸能専門部の単独による大会が開催された時からである。一九九一年から二〇〇一年までの一〇年間は、開幕プログラムが二部構成で行われており、それぞれの座開きは、一部では琉球古典音楽から、二部では八重山古典民謡から選曲されていた［4］。しかし、二〇〇六年以降は、一部のみで座開きが行われるようになり、楽曲は琉球古典音楽で統一された。そのため、宮古や八重山の参加校の地謡は、県郷土芸能大会のために、沖縄の座開き曲を練習しなければならないという状況がある。八重山の郷土芸能部では、琉球古典音楽ができる生徒がいる場合、その生徒を中心に、沖縄の座開き曲である琉球古典音楽を学ぶことになり、それは良い機会であると捉えられていた。

また、筆者は、調査期間中に、琉球古典音楽の研究所に通っていた経験のある生徒から話を聞くことができた。

中学のときに、三線研究所（琉球古典音楽）に通っていたけど、八重山古典民謡にも興味があって高校に入ってから郷土芸能部に入部した。研究所の師匠から所作が違ってきていると指摘されたこともあった。八重山古典民謡に専念しようと思ったので、師匠と相談して研究所を辞めた。八重山古典民謡は、郷芸部の地謡のメンバーから教えてもらって一生懸命練習した。
（二〇一一年一月三〇日・筆者の聞き取り調査より）

郷土芸能部の顧問の語りやこの生徒の語りからも、そもそも、琉球古典音楽と八重山古典民謡が異なる音楽分野であり、その所作、つまり、「三線・節回し」の演唱法も大きく異なることから、同時に学ぶことが非常に難しいことがわかる。また、郷土芸能部で八重山古典民謡を中心とした活動をしながら、琉球古典音楽の学習を継続することは非常に難しいため、どちらかを選択せざるを得ない状況も示している。

このように、郷土芸能部は、研究所や特定の流派の制約を受けながら活動していることがわかる。また、筆者の聞き取り調査によって、八重山の三高校の郷土芸能部では、踊り手よりも、歌、三線、太鼓、笛など、地謡を担当する生徒が研究所に通っていることが多いことも明らかになっている。筆者が長期滞在した白保集落にある三線研究所には、郷土芸能部にも所属する高校生が多く通っていた。研究所の指導者は、研究所と部活動を両立している生徒について、以下のように述べた。

研究所によってもいろいろ考え方はあるが、郷土芸能部は、八重山だけでなく、沖縄（本島）や全国で活躍しているから、高校に通う間は、いろんな経験ができる方がいいと思う。広い世界を見たことで、研究所でも一生懸命練習する生徒もたくさんいる。自分と異なる流派に接することができるのは、学校以外ない。何よりも郷土芸能部が全国レベルに成長したことは、私たちも嬉しい。これからも応援していきたい。

（二〇一一年二月一日・筆者の聞き取り調査より）

確かに、異なる流派の歌い方や三線の弾き方を長期的に学んだ場合、その演唱法が変わってしまうことを懸念する研究所もある。しかし、郷土芸能部の活動が八重山内外で行われていることから、研究所側も生徒たちが見識を広げる良い機会だと捉えていることがわかる。さらに、高校に在学する期間に多くのことを経験して欲しいと考える研究所の指導者もいる。三高校の郷土芸能部の活動は、このように矛盾を含みつつも、研究所が学校の活動に対して理解し、尊重するという緩やかな相互作用のなかで成立している。これは、八重山芸能を大切にし、継承していきたいという考えが研究所と学校の双方で一致しているからであり、流派に関わる諸問題に対して双方が柔軟に対応することが可能になっている〔5〕。

なお、八重山の三高校の郷土芸能部の活動は、学校独自のものである一方で、それぞれの学校が特定の流派に属しているとも捉えられている。たとえば、筆者が現地調査を開始した頃に、「八重山高校と八重山農林高校は、八重山古典民謡保存会、八重山商工高校は八重山古典音楽安室流保存会だから」と説明されたことがあった。

四　地域社会と関わりながら展開する郷土芸能部の活動

三高校の郷土芸能部が、地域社会の人びとから理解を得ている要因の一つに、八重山内部で行われる発表会の機会が多いことが挙げられる。なかでも、三高校の郷土芸能部による「壮行公演」の開催は、地域社会と連携しながら行われている。以下、「壮行公演」の詳細についてみていく。

1 「壮行公演」の開催経緯

八重山の三高校の郷土芸能部が、毎年、県郷土芸能大会に参加するためには、八重山芸能の技を磨くことだけでなく、交通費や滞在費などの諸経費の確保も重要な課題となっている。先述したように、全国郷土芸能大会は、各都道府県が持ち回りで開催しているため、開催地によっては、移動のための諸経費などが大きな負担になることも少なくない。全国大会に出場する参加校に対して、文化庁をはじめ全国高文連や県の教育委員会および教育庁は、派遣費の補助を行っている。しかし、八重山のような離島では、国や県からの補助だけでは、大会に参加することが難しい。

八重山の三高校では、このような問題を解決する一つの方法として、全国大会の出場に関わる派遣費の一部を、「壮行公演」を行うことで賄ってきた。「壮行公演」とは、八重山の三高校の郷土芸能部が中心になって行っている八重山芸能公演のことで、八重山の人びとの間で広く知られている恒例行事の一つになっている。そして、この壮行公演は、郷土芸能部が八重山内外で継続的に活動を行うためにも、非常に重要な機会になっていることが聞き取り調査からも明らかになっている。

この壮行公演は、一九九四年に八重山高校の郷土芸能部によって初めて行われた。この年は、八重山高校の郷土芸能部が創部三〇周年を迎えた年だったことに加え、同年の県郷土芸能大会で沖縄県代表校として全国大会に出場することが決まっていた。このようなことから、創部三〇周年記念を祝う記念発表会と合わせて、壮行公演を行うことになった。壮行公演を企画した当時の顧問糸洌長章氏によると、壮行公演は、派遣費を募る目的以外に、全国大会で披露する八重山芸能を地域の人たちにも鑑賞してもらう機会としても始められた。

2 「壮行公演」のプログラムの特徴

近年の壮行公演は、全国郷土芸能大会の出場校に選ばれた学校の発表公演として定着している。壮行公演は、郷土芸能部員の芸能を中心に、顧問をはじめ教職員による舞台芸能が披露される。そのため、壮行公演は、普段、八重山芸能に接する機会がない教職員にとっても、芸能に接する機会になっている。たとえば、この壮行公演に初めて参加した沖縄本島出身の教員が、「八重山の学校に赴任したら、芸能を避けて生活をすることはできませんよ」と話していたことからも、壮行公演が、郷土芸能部が行うだけではなく、教職員も積極的に関わる学校行事の一つになっていることがわかる。

また、吹奏楽部や野球部、サッカー部など他の部活動の部員による舞台余興や郷土芸能部のＯＢ・ＯＧによる八重山芸能も披露される。そして、卒業生で組織された「ＯＢ会」（尚志会、みずほ会、津梁会）の余興も披露される。さらに、全国大会出場校だけでなく、他の二校の郷土芸能部も「余興チーム」として舞台芸能に参加している。

このように、壮行公演は、三高校の郷土芸能部、教職員、郷土芸能部のＯＢ・ＯＧ、その他の部活動、各学校の「ＯＢ会」による舞台芸能で構成され、約二時間半にわたって行われる。

3 演舞に対する指摘

壮行公演は、郷土芸能部の活動を地域の人びとに伝える場として定着している。特に、学校で八重山芸能がどのように教えられているかを、地域の人びとに見てもらう機会になっている。これは、郷土芸能部の生徒たちが、芸能に対する地域社会の人びととの厳しい目に触れるなかで、八重山芸能に取り組んでいっていることを意味する。

全国郷土芸能大会で発表する「一五分間」の演目は、学校で創作されたものである一方で、特定の島や村の民俗芸能をもとにしている。そのため、地域の人びとから、踊り方や歌い方、小道具の使い方まで、指摘を受けることも少なくない。たとえば、三高校の演舞で共通している「まみどーま」は、竹富島の種子取祭の庭の芸能で行われる「まみどーま」をもとにして、学校で再構成され、各学校のオリジナルの作品として継承されてきた。かつて農林高校の顧問をしていた山根頼子氏は、竹富島の出身者から、次のような指摘を受けたことを、当時を思い出しながら語った。

> 「まみどーま」の演舞は、篦、鍬、鎌をもった踊りが登場するときに、種籾を入れた小さな籠をもった踊り手が先導しますが、その籠の扱い方を竹富島の方から注意されたことがありました。農高では、種籾の入った籠を舞台の下手に置いて踊っていたところ、「竹富では種は上手に置くもの」と指摘されました。壮行公演で指摘されたあと、その所作をどうするか、生徒たちで話し合ってもらいました。全国大会で発表するときは、その種籾の入った籠を上手に置く所作に変えました。（二〇一〇年一二月二〇日・筆者の聞き取り調査より）

なぜ、種籾の入った籠の扱い方を注意されたのだろうか。その理由は、竹富島の歴史にあった。先述したように、かつて、八重山が琉球王国に支配されていた時代には、人頭税が課せられていた。ところが、竹富島は、隆起したサンゴ礁でできているため稲作に適していなかった。そのため、竹富島の人びとは、米作りのために隣の西表島に船でわたる「通い耕作」を行っていた。船で移動しながら稲作を行っていた竹富島の人びとにとって、種籾はとても大事なものとして認識されていた［6］。それに対し、農林高校の「まみどーま」では、その大事な種籾を入れた籠が下手に置かれたため、その扱い方を注意されたのである。その後、顧問を通して、種籾にまつわる話が生徒たちに伝えられた。竹富島の人びとが大切にしてきた種籾への思いに反することがないような所作に変更し、全国郷土芸能大会で発表された。

このように、郷土芸能部による壮行公演の発表は、学校と地域の人びとがコミュニケーションを通して繋がる機会にもなっている。そして、このような機会は、学校と地域が断絶しない八重山芸能の教授と学習を可能にしている。これは、学校と地域社会との相互作用を通じて「学校芸能」が創造されていることを示している。

五　八重山芸能の継承者の育成

民俗芸能を継承するためには、担い手の年齢や性別など継承するために必要とされる条件を満たすことが重要であると考えられてきた。八重山に限らず、沖縄全域における民俗芸能の継承にも、担い手の条件が重視される場合がある。また、それを重視するあまり、社会の変化に柔軟に対応できない場合も数多くみられる。

しかし、近年では、そのような状況も一部の地域では改善されるようになり、民俗芸能の継承を優先させる努力が行われている。その一つとして、学校における芸能教育が挙げられる。

これまで見てきたように、学校における八重山芸能の教育は、地域社会と相互に作用しながらも、学校を主体にした環境のなかで行われている。このような状況は、学校独自の新しい八重山芸能を生み出すきっかけにもなり、また、八重山芸能の継承者を育てることにも寄与していた。以下では、郷土芸能部の活動を通して、八重山芸能の継承者が育成される過程についてみていく。

1　新たなに創造される「与那国の棒踊り」

「与那国の棒踊り」は、一九九八年に県郷土芸能大会の演目として、農林高校に実習助手として勤めていた福仲用治氏［7］によって創作された。この「与那国の棒踊り」は、棒術を取り入れた演舞で、「与那国島の棒踊り」と呼ばれる与那国島の民俗芸能をもとに創作された芸能である。

福仲氏が郷土芸能部の活動に関わるようになったのは、農林高校が一九九五年の県郷土芸能大会に出場した際、「まみどーま・巻踊り」の演目で用いる木製の小道具（鎌、鍬、箆）の製作を手伝ったことだった。福仲氏は、「与那国の棒踊り」を創作したきっかけについて、次のように述べている。

与那国島では、決まった家の男性たちによって、豊年祭のときに棒踊りが奉納される。この棒は、奉納する家がきまっていて、その家のことを与那国では、「棒の血統」と呼んでいる。棒踊りは、血縁関係で組織されているので、与那国島の出身か出自のあるものは、誰も参加することができる。棒踊りは、動作が単純なので、みようみまねでできる芸能である。でも、私は血統ではなかったので、中学まで島にいたけれど、一度も参加することはなかった。私がこの棒踊りに参加したのは、大人になってからだった。石垣島に住む与那国島出身者の郷友会の行事で棒踊りに初めて参加させてもらった。中学を卒業して、ずっと石垣島に住んでいる。たまにしか島に帰れないので、棒踊りをさせてもらったときは、とても感激した。昔、島でみた棒踊りを思い出した。たまたま、一九九七年の年に与那国島から五名の生徒が入学してきた。そのとき、この子たちに島の芸能をさせてみたいと思った。島（与那国）の子は、石垣のように高校がないから、中学を卒業すると必ず島を離れる。僕も高校からずっと石垣で暮らしているけれど、島に帰るのは年に一回程度。島を離れるからこそ、島の芸能に触れることは大事だと思っている。もちろん、島にいても棒踊りのように、実際に経験するとは限らない。実際に経験できる人は限られているから。だから、農林高校に入学してきた与那国出身の彼らに、半ば強引に郷土芸能部に入ることを勧めた。僕が棒踊りをやったときに、ものすごく感激したから、彼らにも与那国の棒踊りをさせてみようかと思った。ちょうど、八重山の郷土芸能部が那覇の大会で注目されていた時期だったので、「那覇に行ってみないか」と誘った。

島の芸能をそのままの形で、それも島の許可を得ないで使うと大変なことになる。島の芸能をそのまま使うことはできないので、「回す、突く、叩く」という動作を入れて、できるだけ与那国島の特徴を意識しながらアレンジし、農林高校の「棒踊り」を作ってみた。与那国島の出身の生徒五名に、石垣出身の生徒、男女合わせて一八名の行う演舞として「与那国の棒踊り」を創作した。しかし、県大会に出場する直前に、与那国島の人びとからこの演目の使用を反対された。男性だけで行う棒踊りに、女子生徒を入れたことが問題になった。しかし、与那国の子どもたちが島の芸能を経験するいい機会でもあったので、島の人びとや郷友会のメンバーを説得し、「与那国の棒踊り」を演目として発表させてもらった。郷土芸能部では、一度きりの演目になってしまったが、今では、中学校で棒踊りが教えられるようになったと聞いている。当時は大変な思いをしたが、一度でもいいから島の芸能を経験できる子どもたちが増えて、よかったと思っている。

（二〇一一年三月三日・筆者の聞き取り調査より）

与那国島には高校がないため、中学を卒業すると進学のために島を離れなければならない。福仲氏の語りからは、与那国島を離れる子どもだからこそ、島の芸能を経験させる機会を提供しようとしていたことがわかる。福仲氏は、「与那国の棒踊り」を創作する際、基本的な動作は島の芸能をもとにしている。そして、演じ手には、男子生徒に限らず、女子生徒も入れていた。このような演じ手の構成は、学校だからこそ可能だった。このような民俗芸能の創作が可能だった背景には、学校が民俗芸能の継承に必要な地域の条件に捕われずに行うことができる場であったことが挙げられる。八重山に限らず、民俗芸能の継承には、年齢階梯制や担い手の性別にいたるまで、さまざまな条件が課せられることが少なくない。なぜなら、地域社会では、民俗芸能の継承にあたって、担い手さえいればよいということではなく、誰が担い手となるかが重要になっているからである〔8〕。福仲氏によって創作された「与那国の棒踊り」で最も重要とされたのは、島で継承者と認められてない者にも、その芸能に参加できる機会を提供することにあった。ここで祭りや民俗芸能に参加するという意味は、大きく二つに分けられる。一つは、祭りのなかで民俗芸能を演じる担い手として参加することである。もう一つは、その祭りを盛り上げる構成員である観客として参加することである。これは、祭りや民俗芸能が、演じる側とそれを見る側、つまり演技者と鑑賞者の両方が揃ってはじめて継承されることを意味している。農林高校の「与那国の棒踊り」の事例は、生徒が、ある地域の民俗芸能の担い手として認められていなくとも、学校ではその地域の芸能に接する機会を得ることができることを示している。また、その経験は、生徒が単に地域の民俗芸能に接するだけでなく、地域の民俗芸能を理解するための機会であると捉えられていた。つまり、民俗芸能の演じることを通して、その芸能を知ることが重視されていたのである。

2　郷土芸能部の活動と祭りへの関心

かつて、郷土芸能部で活動した経験のある東内原聖子氏は、「四カ字の豊年祭」で奉納芸能に参加した経験について、当時のことを思い出しながら、次のように述べている。

私の出身の地域にも豊年祭がありますが、高校で郷土芸能部に入る以前は、あまり興味を持つことはありませんでした。半ば強制的に参加させられていたような記憶があります。小学生の頃は、必ず参加する行事でしたが、中学生になると地域行事に参加することが嫌になり、一時期、離れた時期がありました。高校進学後、郷土芸能部に入り、毎日部活に明け暮れる日々を送っていました。四カ字の豊年祭に参加するまでは、出身地以外の地域行事をあまり見たことがありませんでした。興味がなかったということではなく、地元の行事と日程が重なることも多く、他の地域に（見に）行くということ自体がありませんでした。郷土芸能部として「四カ字の豊年祭」に参加し、たくさんの人の前で踊るときは、地元の豊年祭に参加するときよりも緊張しました。小中学生の頃は、豊年祭の意味をちゃんと理解していなかったので、なんとなく参加していました。（四カ字の）豊年祭の参加を通して、御嶽のなかで踊ることや奉納の意味を学びました。こうした経験は、地元の豊年祭にも興味をもつきっかけになっています。大学は東京の方に進学しましたが、帰省するときは地元の芸能に自分から興味をもって、見にいったり、参加したりしています。

（二〇〇九年八月一二日・筆者の聞き取り調査より）

東内原氏は、郷土芸能部の活動を通して、芸能を演じることだけでなく、実際に芸能が演じられる祭りにも関心を持つようになった。特に、奉納芸能を担った経験が、他の地域の祭りも見に行くようになったきっかけになっていた。そして、東内原氏は、学習で身につけた知識を通して他の地域の祭りを鑑賞したことが、地元の祭りの担い手である演じ手と、鑑賞者の両方の役割をもつようになったことにつながっている。では、東内原氏が経験した「四カ字の豊年祭」では、どのような指導が行われているのだろうか。

先述したように、「四カ字の豊年祭」の奉納芸能は、農林高校の郷土芸能部によって行われている。そこで奉納される芸能は、県大会や全国大会で披露する「稲粟の稔り〜いに あわぬ なうり〜」の演舞である。そして、奉納芸能は一五分間の短い時間で行われている。奉納芸能が行われる場は、普段の舞台とは異なる御嶽のなかである。そのため、そこで踊るためには、まず御嶽について、そして奉納芸能の意味について理解しなければならない。

農林高校の郷土芸能部の練習では、指導者が、ムラの聖地で歌い、舞うということがどのような意味を持っているのかについて生徒たちに何度もくり返し説明を行っていることが確認された。たとえば、指導者が「これは神様に奉納するための芸能」と繰り返し発しながら生徒の演舞指導を行っていた。そして、豊年祭で踊るときのフォーメンションを決める際、指導者は、黒板に御嶽の図を描き、どこに神様が祭られているのか、そして来賓席や観客席の位置などを事細かに示し、生徒たちの入る位置や立ち位置などを確認していた。

郷土芸能部は、普段、八重山の郷土芸能部として舞台の上で演舞を行っている。一方、御嶽のなかでは、地域の芸能を奉納する役割を担い演舞を行う。そこで踊られる演目自体は同じものであるが、芸能の扱い方は、異なっていた。

このように、郷土芸能部の生徒たちは、芸能を演じる場に合わせて、自分たちの演舞を行うことを意識するようになった。なぜなら、芸能の発表が、舞台ではなく、御嶽をはじめ神事と関連する場で行われるようになったからである。特に、地域の自治体から奉納芸能を任されたことによって、郷土芸能部で活動する生徒たちは、御嶽で芸能を奉納する意味について学ぶようになった。このことは、県大会や全国大会の舞台では経験できない、地域の民俗芸能を経験することを示している。

3　演じる側と「見る」側を育む郷土芸能部の活動

三高校の郷土芸能部の活動は、学校という限られた場所だけでなく、島の外へと、その活動の場を広げている。特に、八重山をはじめ県内外、そして海外での公演の経験は、自分たちの演舞が「見られる」存在であることを意識するきっかけになっていた。

筆者は、二〇〇九年から二〇一一年にかけて、奉納芸能に参加した生徒たちに聞き取り調査を行ったが、ほとんどの生徒が、地元の年中行事に関心を持ち始めただけでなく、他の地域の祭りを見にいくようになったと述べていた。その一方で、郷土芸能部の生徒の多くが、地元の祭りに参加した経験がないと答えた。この生徒の言う「参加」は、単に祭りを見たことがないという意味ではなく、直接参加する祭りの構成員ではないという意味であった。このような背景には、特定の人びとによって祭りが継承されているという事実がある。たとえば、八重山では、年齢階梯制によって役割が課せられ、年中行事が執り行われているため、地域によっては、特定の人たちだけで年中行事が催行されることが少なくない。これは、誰でも祭りに参加できるとは限らないことを示している。

しかし、郷土芸能部の活動は、地域の民俗芸能に接する機会にもなっている。先述した「与那国の棒踊り」の演舞は一例に過ぎないが、祭りに参加する条件を満たしていない者であっても、民俗芸能を演じることが学校では可能になっていた。

また、筆者は、竹富島の祭りの調査を行っていた際、偶然、郷土芸能部の部員と会ったことがあった。なぜ、祭りを見にきたのかについて尋ねると、部員たちは「自分たちは郷芸部だから、八重山の芸能についてもっと勉強しなければ」と答えた。

このように、生徒たちは、郷土芸能部が部活動の一環として行っている芸能（活動）だけでなく、地域の民俗芸能にも関心をもち、それを「見る」という行為を通して学び、さらに、そこで学んだものを自分たちの演舞に生かそうとしていた。言い換えると、学校独自の新しい八重山芸能を創り上げるためには、地域の民俗芸能を学び、それを観察することも重視されていた。

郷土芸能大会の場においては、高い評価に繋げるために、大会用の創作舞台として創り上げることが意識されていた。そのため、学校では、地域の民俗芸能をもとにしながら、常に新しい八重山芸能を生み出していた。ところが、郷土芸能部によって創作された新たな八重山芸能は、八重山の祭りの場で行う際、同じ演舞であるにもかかわらず、大きな違いをもつ。たとえば、農林高校の郷土芸能部が、御嶽で演舞を行うときは、いかに奉納芸能にふさわしい芸能を演じるかが意識されていた。さらに、「地元の祭りに興味をもった」、「祭りで踊ったり、歌ったり、三線を弾くことはできないけれど、それを見にいくことが好きになった」と答えた生徒がいた。生徒たちの「他の地域の祭りや芸能に興味を持ち始めた」という語りは、部活動のなかで自分たちが目にしたことのない民俗芸能に触れたことが、その民俗芸能が行われる場に行き、直接「見る」という行為にまで繫がっていることを示している。確かに、生徒たちが、わざわざ民俗芸能を見に行くのは、自分たちの演舞の参考にすることが大きな目的になっている。しかし、このことは結果的に、生徒たちが学校だけでなく、学校と地域社会を往復しながら八重山芸能を学ぶ機会になっている。そして、このような機会は、郷土芸能部の生徒が八重山芸能の演じ手になるための重要な学びとして捉えられている。

また、演じ手を育てることは、必ずしも芸能家を育てることを目的にしているわけではないが、民俗芸能を学んだ者は、その芸能に対して細かい指摘や合いの手を入れることができるようになる。ある民俗芸能を初めてみる人が、民俗芸能についての情報を得たり、理解をしたりする機会がないまま演舞を鑑賞した場合、その多くが受動的な鑑賞になってしまう。しかし、その民俗芸能を経験した者が鑑賞すると、歌の歌い方や手や足の動き方などに反応し、演じ手と同じタイミングで囃子や合いの手を入れたり、手を叩いたりなど、民俗芸能に「参加」することができる。このような「見る」側の「参加」が、民俗芸能を演じる側に自身を「見られる」存在として意識させる。そして、演じ手としての意識が高められ、より洗練された演舞が行われる。つまり、こうした「見られる」側の経験が、将来の芸能の「見る」側を育て、民俗芸能の継承の持続に繋がるのではないだろうか。

八重山の三高校の郷土芸能部の生徒も、自分たちの演舞が「見られる」存在になり、自分たちが八重山芸能の担い手であることを強く意識していた。そのことによって生徒たちは、地域の祭りに足を運び、民俗芸能を学んでいた。つまり、彼らは、演じる側だからこそ「見る」側を経験することができる。

このように、三高校の郷土芸能部の活動は、八重山芸能の演じ手を育てていると同時に、八重山芸能の「見る」側も育てている。言い換えると、民俗芸能の演じ手を育てることでしか、「見る」側を育てることはできない。このように、八重山芸能の演じ手を育てているという点は、学校で「見る」側を育てているという本質と不可分に繋がっている。

小括

本章では、これまで民俗芸能研究においてほとんど注目されてこなかった学校の機能と役割の検討を通して、学校を民俗芸能の継承形態の一つとして捉える必要性を指摘し、「学校芸能」が生み出されるプロセスの解明を試みた。

八重山の三高校における郷土芸能部は、地域の祭りや壮行公演の場で積極的に発表活動を行うことを通して、自分たちの演舞を地域社会の人びとに鑑賞してもらい、活動に対する理解を得ていた。これは、三高校の郷土芸能部が、地域社会の人びとの芸能に対する厳しいまなざしのなかで技を磨き、八重山の地域社会で認められる芸能を目指していることを示している。

郷土芸能部は、全国高文連の主催する全国郷土芸能大会で発表するための演舞を、地域の芸能をもとに創作し、それぞれ学校独自の「作品」として確立させていた。それらは、地域社会から断絶したものでなく、地域社会と親密な関係を築きながら、理解を得ることを通して創り上げられたものであった。これは、八重山の三高校の演舞が、学校内部だけで創作されたものではなく、地域社会の理解を得ながら、八重山芸能の「伝統」と「創作」を取捨選択しながら創り上げられた芸能であることを示している。

［1］八重山高校の郷土芸能部の「竹富島の庭の芸能」では、「掃除かち」「まみどうま」「じっちゅ」「馬乗しゃ」が踊られる。

写真⑩は、竹富島の民俗芸能保存会による「馬乗しゃ」。

［2］これは、筆者が参加した全国高等学校総合文化祭郷土芸能部門（二〇〇九年）において、民俗芸能研究者である審査員が講評のなかで述べていた情報をもとにしている。

［3］「第二一回沖縄県高等学校郷土芸能大会」（二〇〇九年）のプログラム三頁を参照。

［4］宮古島の高校からの参加が、一九九一年のリハーサル大会や一九九二年の全国高文祭沖縄大会以外ほとんどなかったため、座開きの曲は、琉球古典音楽あるいは八重山古典民謡の二つで行われていた。

［5］学校と研究所の間のやり取りについて、二〇〇八年四月から二〇一一年三月まで農林高校の郷土芸能部の顧問をつとめた山根頼子氏は、「郷土芸能部の演舞のうち、研究所の方に創作してもらったものもありますから、作り手の想いに対して配慮しながら活動をしなければならないと考えています。特に、生徒たちだけでやっていると、必ず所作が変わってきます。そのため、年に一度、私と郷土芸能部の部長と二人で作り手のところに行き、直接、指導をしてもらいます。このように確認をしないと、誰の作品かもわからないまま、行われていきますからね。また、研究所の先生方に対してきちんと誠意を見せないとトラブルの原因になります」と述べた。

［6］筆者は竹富島で行った聞き取り調査で、竹富島の人びとが、かつて西表島に渡り、大変な思いをしながら「通い耕作」を行っていたことについて話を聞いた。その際、どれだけ種籾を大事にしながら西表島に渡っていたかなど、竹富島の人びとの種籾に対する思いも聞くことができた（二〇一〇年一〇月九日・筆者の聞き取り調査より）。

［7］福仲氏は、一九七三年に畜産科の実習助手として農林高校で採用された。

［8］民俗芸能のように、地域とそこに暮らす人びとの生活と密接に結びついて成立している芸能は、人びとの生活様式や、産業や交通の発展に伴うさまざまな変容の影響を受けながら、その保存や継承が行われている。そして、その保存や継承のあり方には、地域ごとの特徴がある。たとえば、芸能の継承を担う者の性別や年齢、そして出自など、地域ごとに決まった条件がある。芸能を継承するためには、その条件を満たすことも重視されるため、誰が担い手となるかが重要になっている。

終章　「学校芸能」をめぐる視角

これまで、民俗芸能を創造する場としての学校に着目し、八重山の三高校で展開する八重山芸能の教育について検討してきた。その際、学校と地域社会の相互作用により、新たに生み出される民俗芸能を「学校芸能」と定義した。

本章では、学校における八重山芸能の教育について整理する。そして、民俗芸能を継承・創造する主体としての学校の機能と役割について述べる。

一　「学校芸能」からみる八重山芸能

八重山諸島は民俗芸能への親しみが根強いばかりでなく、「歌と踊りの島」というイメージから脈々と芸能が受け継がれている地域だとされてきた。しかし、その継承形態については、これまで明らかにされてこなかった。そこで、本書では、まず、第Ⅰ部の序章において、民俗芸能の継承をめぐる先行研究を検討し、その問題点と課題を明らかにした。引き続き第一章では、八重山の地理と歴史を概観した。特に琉球王国から沖縄県へ移行していく中で常に従属的な地位に置かれていたことを指摘した。

第Ⅱ部（第二・三章）では、八重山において八重山芸能が成立した過程について述べた。そこで、八重山芸能と呼ばれる芸能体系が古くから存在していたのではなく、琉球古典芸能との接触を通じて生まれてきたものであったことを示した。そして、特に戦後、沖縄との差異が八重山の人びとに意識されるにつれて、知識人を中心に八重山独自の芸能としてつくりあげられたものが現在「八重山芸能」と呼ばれる芸能であることを明らかにした。

第Ⅲ部（第四〜六章）では、八重山独自の教育として、八重山芸能が学校で教えられるとき、そこでは何が重要とされ、どのような取り組みが行われているかを、コンクールの影響力や『指導要領』改訂の変遷、そして地域社会の状況に注目しながら検討してきた。これらの検討を通して、現代の八重山における「学校芸能」の展開について明らかにした。

八重山の高校で「学校芸能」が確立されたのは一九九〇年代後半からだったが、それ以前にもいくつか「学校芸能」を生み出す源泉となる取り組みが行われていた。その一つが、英語教員による郷土芸能クラブの結成であった。一九六〇年代の八重山では、三高校で郷土芸能クラブが誕生した。しかし、一九六〇年代は、学校で芸能を教育することに対する地域社会の人びとの理解を得ることが難しい時代であった。そして、この時期の郷土芸能クラブでは、八重山芸能ではなく、琉球古典芸能を行っていた。

後に、学校で八重山芸能が教えられるようになったのは、一九七二年の沖縄日本本土復帰以降だった。一九七二年以降、沖縄固有の芸能教授システムである「研究所」が、石垣島を中心に開設された。そこでは、八重山固有の芸能を八重山芸能として確立していくために、「八重山らしさ」をいかに表現するかが重要とされた。また、沖縄本島を中心に展開した琉球古典芸能のコンクールの開催が、八重山芸能の確立過程に大きな影響を与えていたことも重要なポイントであった。さらに、一九七五年に開催された沖縄海洋博覧会をきっかけに、八重山芸能は、地域内で行われるだけではなく、観光資源として他者から「見られる」対象となった。以降、八重山芸能は八重山を象徴する芸能として、島内外で発表されるようになった。

このように、八重山芸能の確立に至る直接的な要因はいくつかみられたが、見逃してはならないのは、その確立の過程で対照されるべき他者の存在が意識されていたことであった。その一つが、琉球古典芸能の存在であった。そこには、自らの芸能の核となる「八重山らしさ」を他者（沖縄）と比較することによって、八重山独自の芸能を形成しようという意識が含まれていた。一九六〇年代に八重山の三高校で誕生した郷土芸能クラブも当初は琉球古典芸能の習得に努めていたが、右のような八重山の社会状況の影響を受けて、一九八〇年代以降は八重山芸能の習得を目指すようになった。

しかし、学校教育のなかに導入された八重山芸能の教育は、クラブの結成やその活動に積極的に取り組んだ教員の努力だけで達成されたものではなかった。一九九〇年代に入ると、『指導要領』改訂に伴い、正規の教育課程のなかでも民俗芸能を扱えるようになった。八重山の高校で八重山芸能の教育が正規の教育課程のなかに編成されるようになったのも、この時期のことだった。これは、学校における八重山芸能の教育が、『指導要領』改訂や教育課程の再編成との結びつきなしには、確立し得なかったことを示している。

そして、一九九九年度の『指導要領』改訂では学校裁量の拡大が図られ、学校を主体とした教育課程の編成が可能になった。各学校において独自に編成された教育課程を分析した結果、それぞれの学校の特徴にもとづいた内容となっていたことが明らかになった。

八重山の三高校では、「学校設定科目」で八重山芸能の教育に関する科目が設定された。この科目の設定について、一九九九年度『指導要領』改訂では、学校裁量で決定することが明文化されたにもかかわらず、実際には沖縄県教育庁の理解を得ることが不可欠であった。これは、指導者の採用に関わる問題と関係していた。つまり、教科や科目の設定は各学校にその決定を委ねている一方で、その指導者の採用は、教育委員会や教育庁の判断によって決定されていた。学校を主体に行われている八重山芸能の教育も、文科省の『指導要領』改訂や教育委員会、教育庁の影響を受けていることがわかる。

二　「学校芸能」の創造と展開

近年、学校でも教えられるようになった八重山芸能は、地域で育まれてきた八重山芸能をもとにしながら、学校と地域社会が相互に作用するなかで新たに創造されたもので、特に、それは八重山の三高校の郷土芸能部の活動のなかで顕著に現れていた。筆者は、このような学校と地域社会の相互作用の過程で新たに生み出される民俗芸能を「学校芸能」と捉え、考察してきた。以下では、「学校芸能」の特徴をもう一度確認しながら、八重山の三高校の事例から明らかになった点について述べる。

1　学校と地域社会の相互作用

八重山の三高校における郷土芸能部の活動は、地域の人びとから一定の評価を得ており、生徒らは八重山芸能の継承を担う高校生として認識されている。特に、三高校の郷土芸能部は、地域の祭りや壮行公演の場で積極的

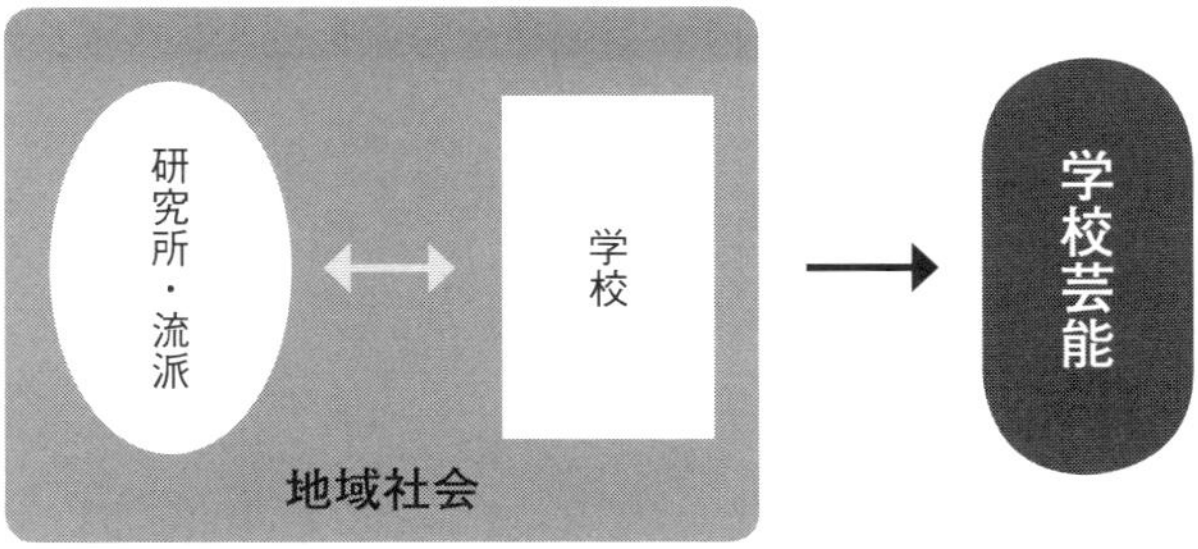

図①　学校と研究所の相互作用、それを包括する地域社会を通して生み出される「学校芸能」

に発表活動を行うことを通して、自分たちの演舞を地域社会の人びとに鑑賞してもらい、自らの活動に対する理解を得ていた。これは、三高校の郷土芸能部が、地域社会の人びとの芸能に対する厳しいまなざしのなかで技を磨き、八重山の地域社会で認められる芸能を目指していることを示している。

また、八重山の三高校では、八重山芸能が地域社会のほかに、沖縄固有の教授システムである研究所の影響を受けながら教授されていた。そのため、学校で八重山芸能が教授される過程には、指導者と学習者の「流派」の違いもみられた。学校と研究所の両者は、相互に影響を受けながら互いの活動に対して理解を示し、容認する関係にあった。ただし、この関係は単なる妥協によるものではなく、異なる流派や交流の過程で生まれる葛藤や協力を経ながら作り上げられたものであった。沖縄固有の継承形態は、技の正当性や伝統性を問う「流派」間の熾烈な競争をも生み出してきたが、少なくとも八重山の学校と研究所の間では、流派による軋轢ではなく、むしろ、相互に関わりながら八重山芸能の教育が行われていた。軋轢が生まれないのは、八重山芸能の教授をめぐって、学校と研究所の間に明確な連携を目指したやり取りが行われていないからである。そして、このような学校と研究所の相互作用の過程で、新たな八重山芸能が生み出されていた。

八重山芸能は、少なくとも特定の流派の影響を受けながら教授されているが、学校は研究所や地域社会とは異なり、教育のために幅広い活動を行う必要がある。そのため、八重山芸能の発展のためには、生徒たちの見識を広げることも重要であると考える地域社会の人びとの理解を得ることが可能になっていた。このように、「学校芸能」は、学校と研究所との相互作用、そしてそれらを包括する地域社会を通して新たに生み出され、形づくられていた（図①）。

2　地域社会以外との相互作用

八重山の三高校で創造された八重山芸能は、文化庁による文化政策の影響を大きく受けていた。それは、全国高文連が主催する全国高文祭への出場がきっかけになっていた。

三高校の郷土芸能部は、全国高文連の主催する全国高文祭で発表するための演舞を、地域の芸能をもとに創作し、それぞれ学校独自の「作品」として確立させていた。八重山の三高校の演舞は、神への祈りを基底とする八重山芸能をもとに創作されている。しかし、全国大会で発表する作品では、「神」への奉仕ではなく、また「八重山の人びと」でもない人びとを観客として想定し、八重山以外の他者の存在を意識した、「八重山らしさ」にこだわった演舞が創り上げられていた。このような傾向は、八重山以外の場所で発表活動を行うようになったことと連動していた。

全国大会に出場する高校生たちの演舞では、民俗芸能の特異性を強調するよりも、むしろ会場の観客を自分たちが創り上げる芸能の世界に、いかに引きこむかが重視されていた。そして、会場の観客の反応に考慮した演舞が心がけられていた。これは、全国大会の審査を意識したものだったが、とはいえ、演舞についてわかりやすい解説をつけたり、方言の歌詞を標準語で歌ったりするわけではなく、ただ単にわかりやすさを重視したものでは

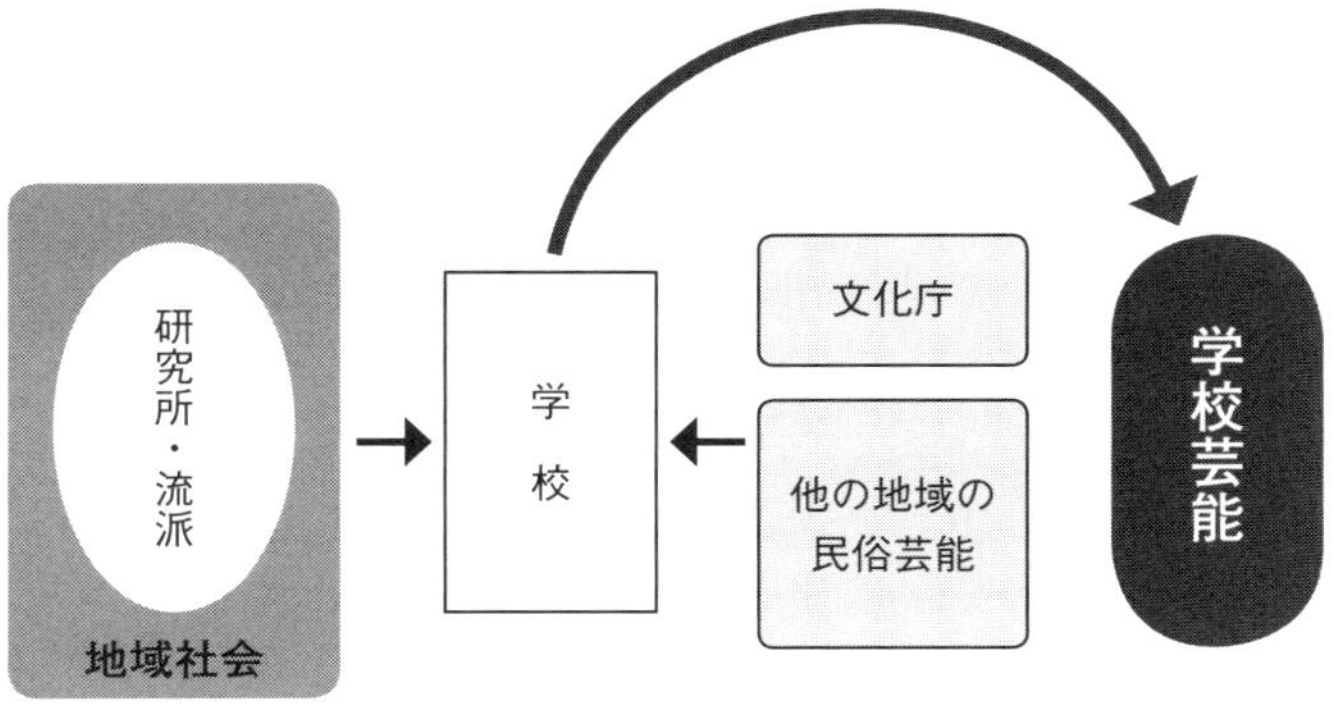

図②　地域社会や文化庁、他の地域の民俗芸能との相互作用を通して創られる「学校芸能」

なかった。

このような全国大会の演舞を「Musicking」の概念から検討すると、そこでは、演じる側と観客が一体となる民俗芸能が創り出されていると捉えることができる。つまり、彼らは演じる場によって演出を変え、そして表現の仕方を巧みに変えながら演舞を行っている。

また、郷土芸能部が創作した八重山芸能は、地域社会と断絶されたものでなく、地域社会と親密な関係を築きながら、理解を得ることを通して創り上げられたものであった。これは、八重山の三高校の演舞が、学校内部だけで創作された芸能ではなく、地域社会の理解を得ながら、八重山芸能の「伝統」と「創作」を取捨選択しながら創り上げられていたことを示していた。

さらに、八重山以外の地域でも積極的に活動を行う八重山の三高校の演舞は、他の地域の伝統芸能や民俗芸能からも影響を受けていた。そして、それらの存在は、八重山の三高校の郷土芸能部の技を洗練させる過程に大きく影響を与えていた。また、一九九二年に行われた全国高文祭沖縄大会の開催は、八重山の三高校の郷土芸能部の活動を活発化させるきっかけにもなっていた。特に、この大会以降、沖縄本島の高校生たちによる洗練された琉球古典芸能が見られるようになった。このような沖縄本島の高校生の存在は、八重山の三高校の郷土芸能部の技とモチベーションを大きく向上させ、より「八重山らしさ」を追求した演舞へと変化させた。つまり、八重山の三高校における八重山芸能は、他者の存在を意識する過程で、新たに創造されているといえる。言い換えれば、学校で創造される八重山芸能は、他者の存在によって新たに生み出され、展開しているのである。

このように、「学校芸能」は、地域社会のほかにも、国の文化政策や他地域からの影響を受けながら展開している（図②）。

3　民俗芸能を創造・継承する主体としての学校の機能と役割

学校を主体とした八重山芸能の教育は、学校が地域社会と意思疎通を図ることで可能になっていることを、本書では示してきた。特に、第五章で取り上げた正規の教育課程のなかで扱われる八重山芸能の事例では、異なる流派との接触や交流を通して、幅広く八重山芸能が学ばれていることが明らかになった。そして、このことから、地域社会でみられる継承形態とは異なる、新たな継承形態が生み出されているといえる。

また、商工高校がプロの芸能家を特別非常勤講師として採用していた事例からは、学校が八重山芸能をより専門的に学ぶための環境を提供していることがわかる。八重山では地域社会だけでなく、正規の教育課程のなかでも八重山芸能の教育を行うことが重要とされていたのである。このように、学校は、八重山芸能を創造・継承するための環境を提供する機能をもっている。そして、このような正規の教育課程における八重山芸能の教育によって、八重山の三高校では、地域社会と乖離するのではなく、互いを必要とする関係が築かれていた。このように、八重山芸能の教育は、学校が地域社会の文脈に取り込まれるなかで行われているのである。言い換えると、八重山における「学校芸能」は、学校を主体としながらも、地域社会の文脈のなかで展開している。

民俗芸能の継承をめぐる「見る／見られる」の概念を用いた民俗芸能研究では、民俗芸能の鑑賞者の存在の重要性について、これまでも指摘されてはきた。しかし、その研究の多くが、時代や社会の変化に伴い、地域社会で新たに生み出される民俗芸能とその担い手の問題についての考察にとどまっており、鑑賞者がどのように育てられていくのかについてはほとんど言及されてこなかった。本書では、八重山の三高校の郷土芸能部の事例を通して、演じ手を育てることが、同時に「見る側」を育てることに繋がっていることを明らかにした。第六章で示したように、生徒たちは、自分の演舞が「見られる」存在であることを意識したことによって、地域社会から認められる八重山芸能の担い手を目指すようになっていった。特に、地域の祭りに足を運び、地域社会の文脈のなかで行われる民俗芸能を見学することを通して、担い手としての誇りや自信が養われていた。そして、そこでは、生徒たちが演じる側であるからこそ、民俗芸能を「見る」ことが重視されていた。このように、三高校の郷土芸能部の活動は、八重山芸能の演じ手を育てていると同時に、八重山芸能の「見る」側も育てていた。言い換えると、民俗芸能の演じ手を育てることでしか、「見る」側を育てることがはきない。このような点に、民俗芸能を創造・継承する学校の役割があるといえる。

三　「学校芸能」の未来と展望に向けて

以上、本書では、学校で新たに創造される民俗芸能を「学校芸能」と捉えることによって、学校と地域社会との関係を読み解き、学校という場がもつ多様な機能と役割について明らかにしたと同時に、新たに創造される民俗芸能の姿を示すことができた。学校は、地域社会から自立した場であると捉えられてきた一方で、地域社会のさまざまな力が働く場であり、地域ごとの特異性が複雑に入り組む場でもある。そのため、学校と地域社会が相互に理解し、互いの活動を容認し合うことは、決して容易なことではない。本書で提示した学校における八重山芸能の教育の例からも、学校と地域社会の関係が、決して一筋縄ではいかないことがわかる。特に、八重山の場合、学校で教えられる八重山芸能に対して、地域からのさまざまな意見がある。たとえば、地域の人びとが、高校生たちの歌い方や踊り方、そして、学校が独自に創作した演目に対して理解を示し、応援する一方で、そのあり方に対して厳しく批判することもある。つまり、そこには、八重山芸能の継承をめぐるさまざまな想いがあり、それが複雑に絡みあうなかで「学校芸能」は展開している。そのため、今後、「学校芸能」がどのように変化していくかについて、引き続き考察する必要がある。

また、従来の民俗芸能研究では、今日消滅ないし著しい変容をみせている現代の民俗芸能を論じるにあたり、地域との関わりのみに着目したものが多数を占め、学校との密接な関わりに焦点を当てた議論がされない状況が続いている。本書でも明らかにしたように、近年は地域社会のみならず、学校などの教育現場でも民俗芸能が学ばれており、民俗芸能の継承をめぐる状況は大きく変化している。学校における民俗芸能の教育をどのように支援し、確立させていくのかという課題は、その社会の歴史や文化の成り立ちを理解しないことには解決しない。

このようなことから、学校を民俗芸能の新たな継承の場として位置づけた上で、現代社会における民俗芸能の継承過程を捉えることが必要である。その際、本書で提示した「学校芸能」の枠組みから考察することによって、これまでの民俗芸能研究に、新たな視座を提供することができると考える。今後、学校における民俗芸能の教育について、長期的な視野に立って検討を続けていきたい。

参考文献

安部崇慶　二〇〇八「わが国における『稽古』の思想と伝統・文化の教育」人間教育研究協議会編『教育フォーラム42　伝統・文化の教育──新教育基本法・新学習指導要領の精神の具現化を目指して』東京：金子書房、三四─四三頁
安良城盛昭　一九八〇『新・沖縄史論』沖縄：沖縄タイムス社
新城俊昭　一九九九『高等学校琉球・沖縄史』沖縄：沖縄歴史教育研究会
安藤直子　二〇〇一「観光人類学におけるホスト側の『オーセンティシティ』の多様性について」『民族学研究』六六（三）、三三四─三六五頁
飯田浩之　二〇〇〇「高等学校の『特色ある学科・コース』における教育の特色化と生徒」『筑波大学教育学系論集』二四（二）、三三─四八頁
飯田浩之・遠藤宏美　二〇〇五「『学校設定教科・科目』の設置とその運営」『筑波大学教育学系論集』二九、一─二五頁
池田弥三郎　一九五四「文献解題」本田安次・郡司正勝編『伝統芸術講座第四巻　民俗芸能』東京：河出書房、二四九─二五七頁
池宮正治　二〇〇〇「組踊に関する資料三件」『日本東洋文化論集』六、三一─四九頁
石垣市史編集委員会　一九九四『石垣市史　各論編　民俗上』沖縄：石垣市史編集委員会
石垣市役所総務部市史編集室　一九九二『石垣市史叢書2　与世山親方八重山島規模帳』沖縄：石垣市役所総務部市史編集室
石垣久雄　一九七九「へき地における教育の実態と問題点」沖縄県教育文化資料センター編『沖縄の教育を拓く』沖縄：沖縄県教育文化資料センター・沖縄県高等学校教職員組合、一四七─一五一頁
上原有紀子　二〇〇九「芸術文化活動への財政支援のあり方」『調査と情報』六二八、一─一一頁
梅田英春　二〇〇一「沖縄観光における『文化』を考える」『ムーサ』二、一二五─一三七頁
大分県教育委員会　一九八〇『第三回全国高等学校総合文化祭─大分からの報告─』

大城学　一九八六「宮古のパーントゥ」『月刊文化財』二六九、一二―一六頁
大城学　二〇一三「沖縄芸能の現状（第二〇回大会 公開講演会 楽劇と楽劇学の現状を考える 能・狂言・文楽・歌舞伎）」『楽劇学』二〇、四一―四六頁
大田静男　一九九三『八重山の芸能』沖縄：ひるぎ社
大田静男・糸洲長章　一九八七「八重山芸能文化史年表」八重山歌工工四編纂百周年記念誌編纂委員会編『あけぼ乃　八重山歌工工四編纂百周年記念誌』沖縄：『八重山歌工工四』編纂百周年記念事業期成会、一二五―一五〇頁
太田好信　一九九三「文化の客体化――観光を通した文化とアイデンティティの創造」『民族学研究』五七（四）、三八七―四一〇頁
太田好信　一九九八『トランスポジションの思想――文化人類学の再想像』京都：世界思想社
沖縄県高教組教育文化資料センター二〇周年記念誌「蘊」編集委員会編　一九九九『蘊――二〇周年記念誌「教育と文化」』沖縄：沖縄県高教組教育文化資料センター
沖縄県高等学校教職員組合組踊部会　一九八七『組踊　公演の記録　第二集』沖縄：沖縄県高等学校教職員組合
沖縄県高等学校文化連盟　二〇〇〇『沖縄県高等学校文化連盟20周年記念誌』
小田野正之　一九九六「戦後の教科教育五〇年――音楽科教育」『創大教育研究』五、九三―一〇一頁
加賀谷真梨　二〇〇七「シマの維持存続をめぐる女性の多様な実践――沖縄・小浜島を事例に」『くにたち人類学研究』二、六九―九〇頁
嘉手川重喜　一九八三「琉球古典芸能コンクール」『沖縄大百科事典　下巻』沖縄：沖縄タイムス社、八七四頁
金城厚　二〇〇四『沖縄音楽の構造――歌詞のリズムと楽式の理論』東京：第一書房
金城厚　二〇〇六『沖縄音楽入門』東京：音楽之友社
狩俣恵一　二〇〇四『種子取祭（竹富文庫Ⅰ）』沖縄：瑞木書房
ギアーツ，C　一九八七『文化の解釈学（Ⅰ・Ⅱ）』（吉田禎吾他訳）東京：岩波書店
喜舎場永珣　一九七七ａ「八重山の音楽と舞踊」『八重山民俗誌　下巻』沖縄：沖縄タイムス社、五―二八頁
喜舎場永珣　一九七七ｂ「八重山芸能と勤王流」『八重山民俗誌　下巻』沖縄：沖縄タイムス社、三六―七三頁

喜舎場永珣 一九七七c「安里屋ユンタ考」『八重山民俗誌 下巻』沖縄：沖縄タイムス社、一六一―一七六頁
喜舎場永珣 一九七七d「東京紀行と八重山の芸術」『八重山民俗誌 下巻』沖縄：沖縄タイムス社、二二七―二六二頁
喜舎場永珣 一九七七e「柳田翁と南島」『八重山民俗誌 下巻』沖縄：沖縄タイムス社、三六七―三六九頁
宜保栄治郎 一九八三「踊こはでさ」『沖縄大百科事典 上巻』沖縄：沖縄タイムス社、六〇五頁
久万田晋 二〇〇〇「イヴェントと民俗音楽」『民俗音楽研究』二五、五七―六八頁
久万田晋 二〇〇七「琉球芸能における諸概念の形成過程――八重山芸能の『第三回郷土舞踊と民謡の会』への出演をめぐって」『沖縄芸術の科学』一九、四三―七一頁
久万田晋 二〇一二『沖縄の民俗芸能論――神祭り、臼太鼓からエイサーまで』沖縄：ボーダーインク
小泉文夫・團伊玖磨 二〇〇一『日本音楽の再発見』（平凡社ライブラリー四一三）東京：平凡社
神末武彦・加藤彰 二〇一二「新石垣空港開設による需要予測と八重山観光に関する研究――航空貨客需要予測」『共栄大学研究論集』一〇、一六九―一八二頁
小林文人・島袋正敏編 二〇〇二『おきなわの社会教育――自治・文化・地域おこし』東京：エイデル研究所
小林誠 二〇一二「学習指導要領からみる部活動に関する一考察」『早稲田大学大学院教育学研究科紀要』別冊一九（二）、一九一―二一〇頁
呉屋淳子（고야준코）二〇〇七「음악하기（musicking）를통해서본국악교육――초등학교음악교과시간을중심으로」『교육인류학연구』一〇（二）、一七一―一九五頁
呉屋淳子 二〇〇八「文化継承としての伝統音楽教育――韓国・小学校における国楽教育を事例として」『沖縄民俗研究』二六、五五―七〇頁
呉屋淳子 二〇〇九「八重山諸島石垣島の郷土音楽教育に関する一考察」『名古屋大学大学院教育発達科学研究科紀要（教育科学）』五六（二）、一三一―一四一頁
呉屋淳子 二〇一一「『生きた文化』の継承者――長寿社会沖縄における高齢者が担う役割と地域の教育力」『豊かな高齢社会の探求 調査研究報告書』一九、一―一七頁

佐藤快信　二〇〇八「島嶼開発における観光開発の影響――八重山諸島の観光を事例に」『長崎ウエスレヤン大学地域総合研究所研究紀要』六（一）、二五―三二頁
澤田篤子　二〇〇三「学校教育の場での日本音楽の学習に音楽学がどうかかわるか」『東京音楽研究』六九、一三四―一三九頁
社団法人全国高等学校文化連盟編　二〇〇六『全国高文連二〇年の歩み』岩手：社団法人全国高等学校文化連盟
菅原和孝・藤田隆則・細馬宏通　二〇〇五「民俗芸能の継承における身体資源の再配分」『文化人類学』七〇（二）、一八二―二〇五頁
セルトー，ミッシェル・ド　一九八七『日常的実践のポイエティーク』（山田登世子訳）東京：国文社
全国高等学校文化連盟編　一九九七『全国高文連一〇年の歩み』岩手：全国高等学校文化連盟
全国竹富島文化協会編　二〇〇三　改訂増補版『芸能の原風景』神奈川：瑞木書房
戦後八重山教育の歩み編集委員会　一九八二『戦後八重山教育の歩み』沖縄：石垣市教育委員会、竹富町教育委員会、与那国町教育委員会
第一六回全国高等学校総合文化祭沖縄県実行委員会　一九九三『復帰二〇周年記念　第一六回全国高等学校総合文化祭・沖縄』
高良倉吉　一九八三「両先島」『沖縄大百科事典　下巻』沖縄：沖縄タイムス社、九五八頁
高良倉吉　一九八七『琉球王国の構造』東京：吉川弘文館
高良倉吉　一九九三『琉球王国』東京：岩波書店
高良倉吉　一九九八『アジアのなかの琉球王国』東京：吉川弘文館
田辺尚雄　一九二三『第一音楽紀行』東京：文化生活研究会
津波高志　一九九六「対ヤマトの文化人類学〈特集〉『琉球』研究を求めて」『民族學研究』六一（三）、四四九―四六二頁
当間一郎　一九八三ａ「組踊」『沖縄大百科事典　上巻』沖縄：沖縄タイムス社、九七二頁
当間一郎　一九八三ｂ「執心鐘入」『沖縄大百科事典　中巻』沖縄：沖縄タイムス社、三七三頁
豊見山和美　二〇一一「［資料紹介］琉球政府立法院の発足」『沖縄県公文書館研究紀要』一三、一―八頁
豊見山和行　二〇〇三「琉球・沖縄史の世界」豊見山和行編『琉球・沖縄史の世界（日本の時代史18）』東京：吉川弘文館、七―八三

頁
豊見山和行 二〇〇四『琉球王国の外交と王権』東京：吉川弘文館
仲宗根将二 一九八三「人頭税」『沖縄大百科事典 下巻』沖縄：沖縄タイムス社、一四〇—一四一頁
永原恵三 二〇〇三「音楽を『教えること』について——実践と研究の立場から」『東洋音楽研究』六九、一二八—一三三頁
二十五周年運動史編集委員会 一九九六『沖縄県高教組二十五周年運動史』沖縄：沖縄県高等学校障害児学校教職員組合
橋本和也 一九九九『観光人類学の戦略——文化の売り方・売られ方』京都：世界思想社
橋本裕之 一九八九「これは『民俗芸能』ではない」小松和彦編『これは民俗芸能ではない——新時代民俗学の可能性』東京：福武書店、七一—一〇九頁
橋本裕之 二〇一四『舞台の上の文化——まつり・民俗芸能・博物館』大阪：追手門学院大学出版
長谷川正明 一九七七「全国高等学校総合文化祭の意義と課題——第一回大会を終って」『文部時報』一二〇六、二八—三六頁
花城洋子 二〇〇六「琉球舞踊コンクールの課題作品の重要性と特性についての考察——国立劇場琉球芸能公演・沖縄県芸術祭公演における上演率の分析より」『比較舞踊研究』一二（一）、五四—六五頁
ハンドラー，R&リネキン，J 一九九六「本物の伝統、偽物の伝統」（岩竹美加子訳）『民俗学の政治性——アメリカ民俗学一〇〇年目の省察から』東京：未来社、一二五—一五六頁
俵木悟 一九九七「民俗芸能の実践と文化財保護政策——備中神楽の事例から」『民俗芸能研究』二五、四二—六三頁
外間守善 一九七一『沖縄文化論叢 第四巻 文学・芸能編』東京：平凡社
外間政彰 一九九七「琉米文化会館」『沖縄大百科事典 下巻』沖縄：沖縄タイムス社、九五六頁
外間守善・宮良安彦 一九七九『南島歌謡大成Ⅳ 八重山篇』東京：角川書店
ホブズボウム，E 一九九二「序論——伝統は創りだされる」ホブズボウム，E&レンジャー，T編（前川啓治訳）『創られた伝統』東京：紀伊国屋書店、九—二八頁
本田安次 一九六〇『圖録日本の民俗藝能』東京：朝日新聞社
本田安次 一九六二『南島採訪記——沖縄の信仰と藝能』東京：明善堂書店

三木健　二〇〇〇『八重山を読む』沖縄：南山舎
三木健　二〇一〇『「八重山合衆国」の系譜』沖縄：南山舎
三隅治雄　一九八一「民俗芸能」仲井幸二郎編『民俗芸能辞典』東京：東京堂出版、二四―二六頁
宮城文　一九七二『八重山生活誌』沖縄：沖縄タイムス社
宮良賢貞　一九七九「大鞁、小鼓、太鼓の段のもの」『八重山芸能と民俗』東京：根元書房、一二三―一二八頁
森田真也　一九九七「観光と『伝統文化』の意識化――沖縄県竹富島の事例から」『日本民俗学』二〇九、三三―六五頁
森田孫栄　一九九九『八重山芸能文化論』沖縄：森田孫榮先生論文集刊行事業委員会
諸見里道浩　一九八三「沖縄タイムス芸術選賞」『沖縄大百科事典　上巻』沖縄：沖縄タイムス社、五五三頁
文部科学省　二〇〇七『高等学校教育の改革に関する推進状況（平成一九年度版）・特色ある学科・コース等を設置する高等学校』
文部省　一九九三『高等学校教育の改革に関する推進状況Ⅰ――高等学校の個性化・多様化の進展』
文部省　一九九三『高等学校教育の改革に関する推進状況Ⅱ――高等学校の個性化・多様化の進展』
文部省　一九九六『高等学校教育の改革に関する推進状況』
文部省大臣官房編集　一九七七「特集・芸術文化の振興」「座談会　長期的観点に立った文化行政の課題」『文化時報』第一二〇六号、九―二七頁
八重山歌工工四編纂百周年記念事業期成会　一九八七『あけぼ乃　八重山歌工工四編纂百周年記念誌』沖縄：『八重山歌工工四』編纂百周年記念事業期成会
八重山地方庁編　一九六七『八重山開拓記念誌　入植十五周年』沖縄：琉球政府農林局
矢野輝雄　一九七四『沖縄芸能史話』東京：日本放送出版協会
矢野輝雄　一九八八『沖縄舞踊の歴史』東京：築地書館
山内盛彬　一九五九『民俗芸能全集』民俗芸能全集刊行会
山口満編　二〇〇〇『高等学校学習指導要領「総説」総集編』東京：学事出版
山里純一編　一九八六『琉球大学八重山芸能研究会創立二十周年記念　八重山芸能と私たち』沖縄：琉球大学八重山芸能研究会

山里純一編　一九九七『琉球大学八重山芸能研究会創立三十周年記念誌　八重芸』沖縄：琉球大学八重山芸能研究会
山下晋司　一九九六「『楽園』の創造――バリにおける観光と伝統の再構築」『観光人類学』東京：新曜社、一〇四―一一二頁
山下晋司　一九九九『バリ　観光人類学のレッスン』東京：東京大学出版会
山城千秋　二〇〇七『沖縄のシマ社会と青年会活動』東京：エイデル研究所
山田陽一　二〇〇五「音楽する身体の地平」『民博通信』一一一、二―三頁
山田陽一　二〇〇八「序――音楽する身体の快楽」山田洋一編『音楽する身体』京都：昭和堂、一―三七頁
柳田国男　一九九〇「日本の祭」『柳田國男全集』第一三巻、東京：筑摩書房、三五五―五〇八頁
琉球新報社　一九九九『新南嶋探験――笹森儀助と沖縄百年』沖縄：琉球新報社
渡辺美季　二〇一二『近世琉球と中日関係』東京：吉川弘文館
渡辺春美　二〇〇八「戦後古典教育実践史の研究――沖縄における組踊『執心鐘入』の場合」『全国国語教育学会発表要旨集』一一五、二二一―二二四頁
Small, C 1998 *Musicking: the Meanings of Preforming and Listening*. Hanover: University Press of New England Prospect.

【参考資料】

沖縄県高等学校文化連盟　一九八〇〜一九九一『沖縄県高等学校総合文化祭集録』
沖縄県高等学校文化連盟　一九九七〜二〇一一『沖縄県高等学校郷土芸能大会プログラム』
沖縄県高等学校文化連盟　二〇〇〇〜二〇一〇『高文連会誌』
沖縄県八重山支庁編　二〇〇九『八重山要覧』（平成二〇年度版）
沖縄県八重山支庁編　二〇一三『八重山要覧』（平成二四年度版）
沖縄県立八重山高等学校　一九六九『一九六九年度　沖縄県立八重山高校卒業アルバム』
沖縄県立八重山高等学校　一九八〇『一九八〇年度　沖縄県立八重山高校卒業アルバム』
沖縄県立八重山高等学校　一九八九『八重山高等学校創立四五周年記念誌』

沖縄県立八重山高等学校　二〇〇三『八重山高等学校創立六〇周年記念誌』
沖縄県立八重山農林高等学校　一九七〇『一九七〇年度　沖縄県立八重山農林高校アルバム』
沖縄県立八重山農林高等学校　二〇〇九『のやし』第二四号
沖縄県立八重山農林高等学校　二〇〇九『平成二一年度学校要覧』
沖縄県立八重山商工高等学校　一九六九『一九六九年度　沖縄県立八重山高校卒業アルバム』
沖縄県立八重山商工高等学校　一九八〇『一九八〇年度　沖縄県立八重山高校卒業アルバム』
沖縄県立八重山商工高等学校　一九九一～二〇一〇『八重山商工高等学校　学校要覧』
全国高等学校総合文化祭実行委員会　一九八四～一九八七『全国高等学校総合文化祭の記録』
全国高等学校文化連盟郷土専門部　一九九〇「第二四回全国高等学校文化連盟郷土芸能専門部会・顧問会議」資料

【芸能公演パンフレットおよび記録資料】
「沖縄・八重山の芸能の夕べ　竹富島・種子取祭の芸能　関西公演」会場：守口市市民会館・さつきホールもりぐち（二〇一〇年一一月二八日）
「国立劇場第一回沖縄の芸能公演　八重山の舞踊と沖縄歌劇」会場：国立劇場小劇場（一九八六年一〇月三一～一一月一日）
「第九回サントピア沖縄　祭イン八重山'96」会場：石垣市民会館（一九九六年一一月二四日）
「第一六回石垣市民総合文化祭」石垣市文化協会主催、会場：石垣市民会館（二〇一一年三月四日）
「平成二一年度博物館文化講座」（講演録）会場：八重山市立博物館（二〇〇九年一一月二五日）
「八重山高等学校創立五五周年記念　芸能の夕べ」会場：石垣市民会館大ホール（一九九七年六月二二日）
「八重山商工高等学校郷土芸能部『国立劇場おきなわ』公演プログラム」会場：国立劇場おきなわ（二〇〇八年八月二二日）

【新聞】
『朝日新聞』

『沖縄タイムス』
『八重山日報』
『八重山毎日新聞』
『琉球新報』

【ウェブサイト】
国立教育政策研究所（http://www.nier.go.jp/kaihatsu/shiteikou-h22.html）二〇一三年一二月三一日アクセス
全国高等学校文化連盟「全国高等学校総合文化祭優秀校東京公演」（http://www.kobunren.or.jp/enterprise/tyo/）二〇一二年三月三一日アクセス
第三次沖縄振興計画書（一九九二―二〇〇一）（http://www.ogb.go.jp/sinkou/shinkou/shinkou-kaihatu/dai3ji_shinkou.pdf）二〇一二年四月一日アクセス
中央教育審議会（http://www.mext.go.jp/b_menu/shingi/chuuou/toushin/980303.htm）二〇一三年六月一日アクセス
東京国立文化財研究所芸能部（http://www.tobunken.go.jp/~geino/pdf/kyogikai_report/02kyogikai_report.pdf）二〇一二年一〇月一日アクセス
文化庁国指定文化財等データベース（http://kunishitei.bunka.go.jp/bsys/searchlist.asp）二〇一三年一〇月一日アクセス
文部科学省「高等学校教育の個性化・多様化を進めるために」（http://www.mext.go.jp/b_menu/hakusho/html/hpba200501/002/002/0501.htm）二〇一二年一二月三一日アクセス
文部科学省「改正前後の教育基本法の比較」（http://www.mext.go.jp/b_menu/kihon/about/06121913/002.pdf）二〇一三年三月三一日アクセス
Benesse 教育研究センター（http://berd.benesse.jp/shotouchutou/research/detail1.php?id=3234）二〇一三年一二月一日アクセス
八重山高等学校尚志会（http://syoushikai.jp/index.html）二〇一二年八月三一日アクセス
八重山農林高校（http://www.yaeyama-ah.open.ed.jp/）二〇一一年八月三一日アクセス

年度	沖縄県代表校	演目	人数	全国大会
1995	八重山高校	まみとーま	16名	文化庁長官賞
	知念高校	京太郎	6名	
	南風原高校	大漁	16名	
1996	八重山高校	竹富島の庭の芸能	13名	文化庁長官賞
	興南高校	つらね	7名	
1997	八重山高校	ペンガン捕れ・笠踊り	27名	優良賞
	球陽高校	初春	2名	
1998	八重山農林高校	与那国の棒踊り	18名	
	南風原高校	上り口説囃子	12名	
1999	八重山高校	みなとーま・する掬い	18名	
	南風原高校	国頭サバクイ	12名	
2000	八重山高校	黒島口説・みなとーま	20名	優良賞
	興南高校	安里のふぇーの島	15名	
2001	八重山農林高校	稲粟の稔り～いに　あわぬ　なうり～	30名	
	南風原高校	長者の大主	32名	
2002	八重山高校	竹富島の庭の芸能	35名	優秀賞・文化庁長官賞
	八重商工高校	果報ぬ世ば給うられ	29名	
2003	八重山高校	竹富島の庭の芸能	30名	優秀賞・文化庁長官賞
	南風原高校	歓待の舞	28名	
2004	八重山商工高校	八重山の海人かりゆし	29名	
	南風原高校	歓待の舞	30名	
2005	八重山農林高校	稲粟の稔り～いに　あわぬ　なうり～	34名	
	八重山商工高校	八重山の海人かりゆし	27名	優良賞
2006	八重山高校	竹富島の庭の芸能	29名	
	南風原高校	歓待の舞	36名	優秀賞・文化庁長官賞
2007	八重山商工高校	果報ぬ世ば給うられ～八重山の種子取祭の芸能より～	25名	優秀賞・文化庁長官賞
	南風原高校	遊び念仏者～エイサー由来～	39名	
2008	八重山商工高校	八重山の海人かりゆし	27名	優良賞
	八重山高校	竹富島の庭の芸能	32名	
2009	八重山農林高校	稲粟の稔り～いに　あわぬ　なうり～	25名	優秀賞・文化庁長官賞
	南風原高校	八福の舞	29名	
2010	八重山農林高校	稲粟の稔り～いに　あわぬ　なうり～	28名	
	南風原高校	八福の舞	31名	
2011	八重山商業高校	果報ぬ世ば給うられ～八重山の種子取祭の芸能より～	24名	優良賞
	向陽高校	毛遊び～あしびでぃきらさ～	22名	

（『第26回沖縄県高等学校郷土芸能大会プログラム』より筆者作成）

全国高等学校総合文化祭・郷土芸能部門沖縄県代表校とその演目

年度	沖縄県代表校	演目	人数
1978	浦添高校	谷茶前	2名
	興南高校	上り口説	3名
1979	那覇高校、那覇商業高校、浦添商業高校、小禄高校(合同)	不明	7名
1982	小禄高校、南風原高校、那覇商業高校、那覇高校、読谷高校、北谷高校、首里高校(合同)	四つ竹、上り口説	13名
1983	八重山高校	ゆんた構成家造り	20名
1984	宜野湾高校、読谷高校(合同)	薙刀の舞	2名
1985	宜野湾高校	貫花	8名
1987	宜野湾高校	四つ竹	9名
	八重山高校	不明	20名
1988	八重山高校	野遊び	18名
	八重山農林高校		3名
	八重山商業高校		9名
	宜野湾高校	四つ竹	5名
1989	北谷高校	エイサー	34名
1990	小禄高校	かせかけ	3名
	豊見城南高校	四つ竹	7名
1991	糸満高校	上り口説	5名
	読谷高校	座喜味棒	15名
	首里東高校	貫花	10名
	八重山3高校合同	獅子舞	9名
1992	八重山高校、八重山農林高校、八重山商業高校(合同)	野遊び	53名
	宮古工業高校	棒踊り	23名
	那覇商業高校	四つ竹	21名
	糸満高校	上り口説	7名
	大平高校、浦添高校(合同)	勢理客の獅子舞	9名
	美里高校、嘉手納高校	鳩間節	7名
	小禄高校	浜千鳥	8名
	コザ高校、南風原高校、読谷高校、沖縄工業高校、中部工業高校、球陽高校、普天間高校、浦添商業、豊見城南高校	かぎやで風	20名
1993	八重山高校、八重山農林高校、八重山商業高校(合同)	結願祭狂言始番	18名
	豊見城南高校	松竹梅	7名
	美里高校	かせかけ	5名
1994	八重山農林高校	黒島口説・みなとーま	21名
	興南高校	ぜい	7名
	沖縄女子短大付属高校	鳩間節	8名

回	開催年月日	大会名	優　　秀　　校
第12回	平成13年 8月25日～26日	福岡大会	日本福祉大学附属高等学校
			富山県立平高高等学校
			明徳学園相洋高等学校
			熊本県立牛深高等学校
第13回	平成14年 8月31日～9月1日	神奈川大会	沖縄県立八重山高等学校
			京都橘高等学校
			岩手県立雫石高等学校
			北海道釧路江南高等学校
第14回	平成15年 8月30日～31日	福井大会	日本航空高等学校
			沖縄県立八重山高等学校
			福井県立福井農林高等学校
			富山県立平高等学校
第15回	平成16年 8月28日～29日	徳島大会	富山県立平高高等学校
			北海道釧路江南高等学校
			岩手県立北上農業・北上湘南高等学校
			天理教校親里高等学校
第16回	平成17年 8月27日～28日	青森大会	秀岳館高等学校
			富山県立南砺総合高等学校・平高等学校
			大阪府立芥川高等学校
			熊本県立牛深高等学校
第17回	平成18年 8月5日～6日	京都大会	富山県立南砺総合高等学校・平高等学校
			京都橘高等学校
			沖縄県立南風原高等学校
			光明学園相模原高等学校
第18回	平成19年 8月25日～26日	島根大会	福井県立福井林高等学校・福井県立勝山高等学校
			北海道釧路江南高等学校
			沖縄県立八重山商工高等学校
			富山県立南砺総合高等学校
第19回	平成20年 8月30日～31日	群馬大会	大分県立由布高等学校
			静岡県立修善寺工業高等学校
			岩手県立北上翔南高等学校
			熊本市立必由館高等学校
第20回	平成21年 8月30日～31日	三重大会	熊本県立必由館高等学校
			日本福祉大学付属高等学校
			白頭学院建国高等学校
			沖縄県立八重山農林高等学校
第21回	平成22年 8月28日～29日	宮崎大会	青森県立田子高等学校
			岩手県立北上翔南高等学校
			宮崎県立宮崎高等学校
			京都橘高等学校

（『平成26年いばらき総文2014郷土芸能部門プログラム』より筆者作成）

「全国高等学校総合文化祭優秀校東京公演」出場校

回	開催年月日	大会名	優秀校
第1回	平成2年 8月25日～26日	山梨大会	愛知県立安城農業高等学校 日本航空高等学校 岩手県立岩泉高等学校 熊本県立牛深高等学校
第2回	平成3年 8月31日～9月1日	香川大会	香川県立琴平高等学校 岩手県立北上農業高等学校 高知県立檮原高等学校 栃木県立那須拓陽高等学校
第3回	平成4年 8月29日～30日	沖縄大会	沖縄県立那覇商業高等学校 沖縄県立小禄高等学校 岩手県立水沢農業高等学校 日本福祉大学附属高等学校
第4回	平成5年 8月28日～29日	埼玉大会	兵庫県立三原高等学校 秋田県立由利高等学校 東京都立白鷗高等学校 埼玉県立秩父農工高等学校
第5回	平成6年 8月27日～28日	愛媛大会	沖縄県立八重山高等学校 愛知県立犬山高等学校 岩手県立水沢農業高等学校 日本航空高等学校
第6回	平成7年 8月26日～27日	新潟大会	岩手県立岩泉高等学校田野畑分校 日本航空高等学校 埼玉県立秩父農工高等学校 熊本県立牛深高等学校
第7回	平成8年 8月31日～9月1日	北海道大会	愛知県立犬山高等学校 秋田県立由利高等学校 日本福祉大学附属高等学校 沖縄県立八重山高等学校
第8回	平成9年 8月30日～31日	奈良大会	熊本県立牛深高等学校 日本航空高等学校 岩手県立雫石高等学校 富山県立平高等学校
第9回	平成10年 8月29日～30日	鳥取大会	日本航空高等学校 熊本県立牛深高等学校 兵庫県立三原高等学校 鳥取県立日野産業高等学校
第10回	平成11年 8月28日～29日	山形大会	新潟県立羽茂高等学校赤泊分校 熊本県立牛深高等学校 鳥取県立日野産業高等学校 桐朋女子高等学校
第11回	平成12年 8月26日～27日	静岡大会	熊本県立牛深高等学校 鳥取県立日野高等学校 奈良県立奈良工業高等学校 富山県立平高等学校

写真①　沖縄県高等学校郷土芸能大会のアトラクション（2010年筆者撮影）

写真②　沖縄県高等学校郷土芸能大会、八重山農林高校「稲粟の稔り～いに あわぬ なうり～」（2016年、八重山農林高校郷土芸能部顧問より提供）

写真③　同前

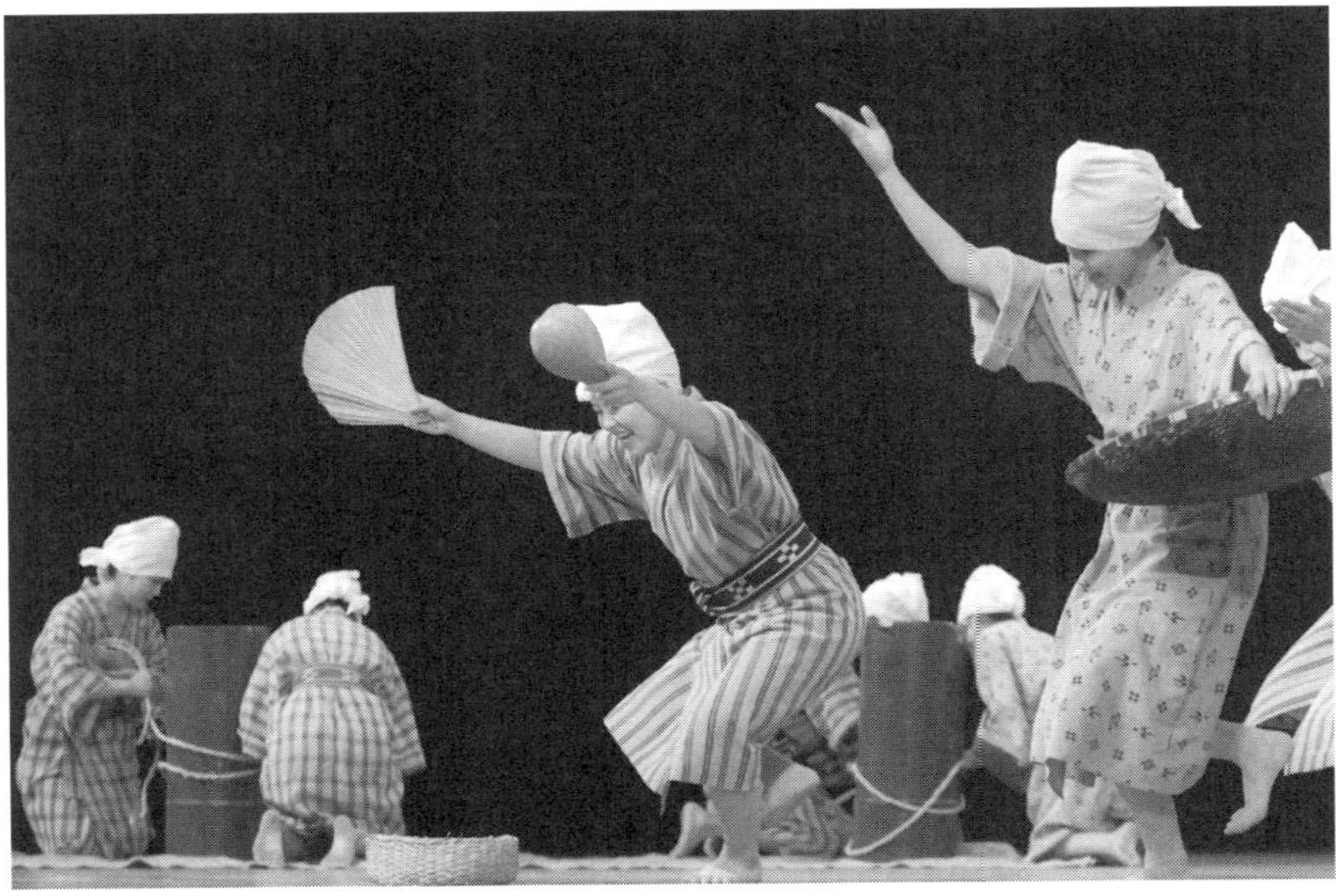
写真④　同前

写真⑤　八重山高校郷土芸能部「東北復興支援・かけはし交流公演」東京公演
（2015年、八重山高校郷土芸能部顧問より提供）

写真⑥　八重山高校郷土芸能部壮行公演
（2016年、八重山高校郷土芸能部顧問より提供）

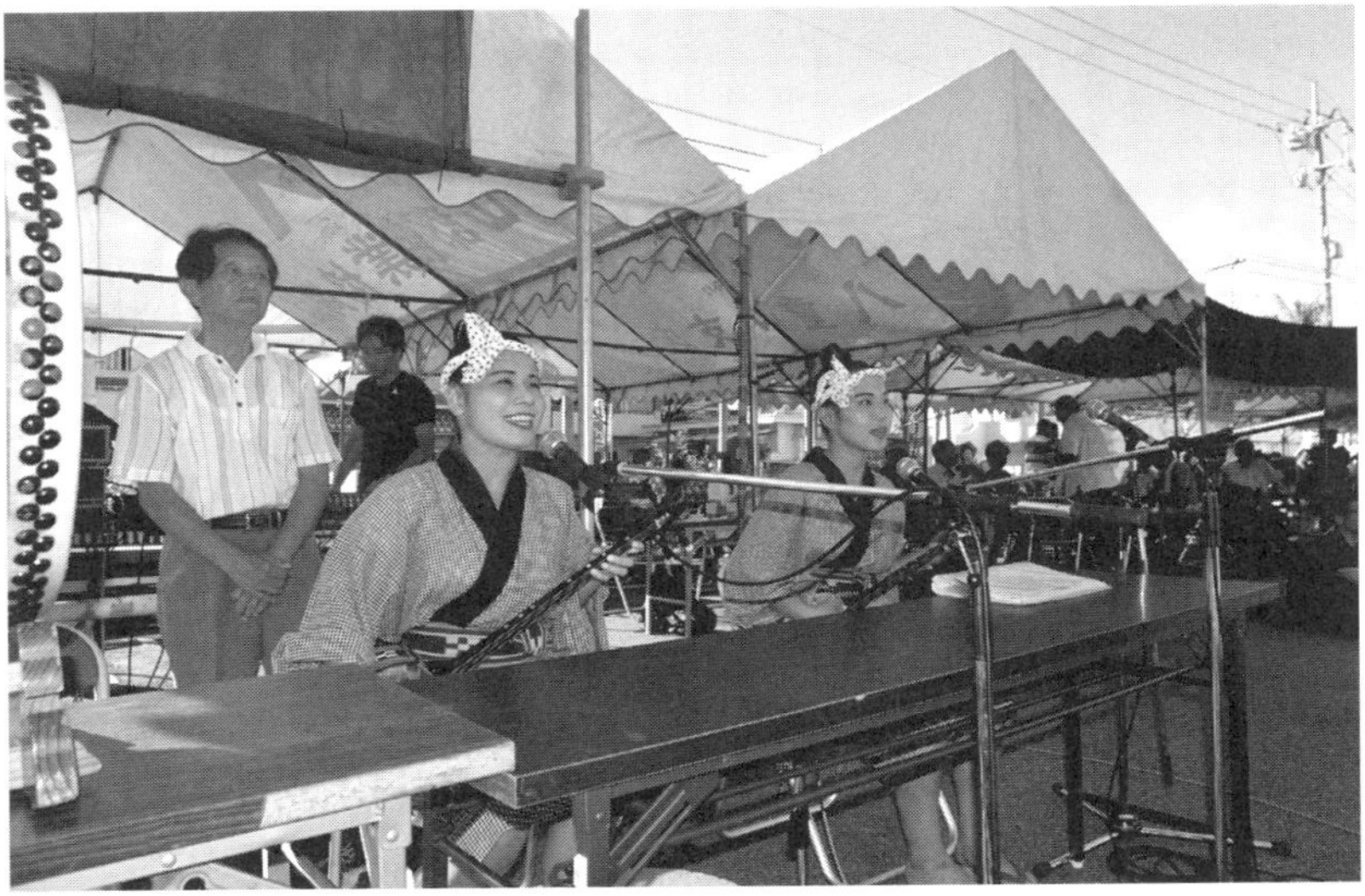

写真⑦　八重山商工高校郷土芸能部「JA まつり」
（2016年、八重山高校郷土芸能部顧問より提供）

写真⑧　同前

写真⑨　八重山商工高校郷土芸能部「海神祭」
（2016年、八重山高校郷土芸能部顧問より提供）

写真⑩　同前

写真⑪　八重山商工高校観光コースの生徒による舞台発表「アンガマ」
（2011年、筆者撮影）

写真⑫　同前

写真⑬　郷土芸能部練習風景
（2016年、八重山商工高校郷土芸能部顧問より提供）

写真⑭　同前

写真⑮　竹富島「種子取祭」の朝のユークイで歌い踊る役員および竹富小中学校の校長（右手前）（2010年、筆者撮影）

写真⑯　竹富島「種子取祭・庭の芸能」で太鼓を披露する教員と中学生（演舞前）（2010年、筆者撮影）

あとがき

八重山での調査研究は、二〇〇九年の春、当時、八重山農林高校の図書館司書をされていた山根頼子先生との出会いをきっかけにはじまった。この出会いをなくして、本書のタイトルにある「学校芸能」という概念は生まれなかった。また、本書で紹介した八重山の三高校で郷土芸能部の顧問をされた九名の先生方や関係者の方々に出会えなければ、博士論文をまとめることも、本書を出版することもできなかっただろう。

本書は、二〇一五年一月に名古屋大学に提出した博士論文「沖縄県八重山諸島における『学校芸能』の創造と展開に関する研究」を加筆修正したものである。本書のいくつかの章は、以下の学会誌や論文集に掲載された拙稿と部分的に内容が重複していることをご了承いただきたい。

第一章

「八重山諸島石垣島の郷土音楽教育に関する一考察――学校教育への導入と人びとの意識の変化」（『名古屋大学大学院教育発達科学研究科紀要（教育科学）』第五六巻第二号、名古屋大学大学院教育発達科学研究科編、一三一―一四一頁、二〇〇九年）

「학교교육에 있어서 향토예능의 실천양상과 교사의 역할――오키나와 야에야마제도사례를 중심으로（学

校教育における郷土芸能の実践様相と教師の役割――沖縄八重山諸島の事例を中心に)」(『교육인류학연구(教育人類学研究)』第一四巻二号、韓国教育人類学会編、一六五―一八六頁、二〇一一年)

第二章

「学校のなかの八重山芸能――人の移動と八重山芸能の成立過程に注目して」(『国立歴史民俗博物館研究報告』第一九九集、国立歴史民俗博物館編、一七一―二一一頁、二〇一五年)

第三章

"Tanedori" of Taketomi Island: Education of Performing Arts and Interrogational Transmission, *International Journal of Intangible Heritage*, Volume 6, pp. 86-94, The National Folk Museum of Korea, 2011

第五章

「『伝統と文化』の教授を巡る教育制度と学校の関係性――沖縄県立八重山高等学校の教育課程の事例から」(『日本研究』第三六輯、韓国・中央大学日本研究所編、二〇一四年)

第六章

「오키나와현 야에야마의 3고교의 향토예능(沖縄県八重山の三高校の郷土芸能)」(『세계연극교육의 현황과 전망(世界演劇教育の現況と展望)』民俗院、二五九―二六八頁、二〇一四年、共著:イ・ポラム、シン・サンギ

ョ他一三名)

本研究を進めるにあたっては、大変多くの方々にお世話になった。まず、筆者と八重山の高校を繋いでくださった沖縄県立嘉手納高校元校長の崎原盛吉先生と沖縄県立八重山高校元校長の仲盛広伸先生に、心より感謝の意を述べたい。崎原先生からは仲盛先生をご紹介頂き、仲盛先生からは山根先生をご紹介頂いた。突然訪ねてきた筆者に仲盛先生は「八重山の郷土芸能部のことなら山根先生に会いなさい」と、すぐに八重山農林高校に電話をかけてくださった。二人の校長先生の巡り合わせのお蔭で、本研究はスタートをきることができた。言葉に言い表せないほど、感謝の気持ちでいっぱいである。

フィールドでは、山根頼子先生、東内原聖子先生、張本直子先生、多宇まどか先生、福仲用治先生、渡久山由希先生、岡山睦子先生、福里喜四郎先生と、郷土芸能部の活動秘話をはじめ数々の笑いと涙のエピソードを共有させて頂いた。顔を合わせれば芸能の話題や談笑で盛り上がった。それは筆者にとってかけがえない時間であり、ますます複雑になっていく人間社会といかに向き合いながら生きていくかを考えさせてくれる貴重な経験であった。また、各高校の郷土芸能部の部員のみなさんにも大変お世話になった。筆者は、彼らが見せる真剣な面持ちに背筋がピンと伸びるほどの緊張感を何度も味わった。また、舞台で見せる最高の演技と堂々とした姿には、心が震えた。彼らが卒業した後も、近況を報告し合う仲になれたことをとても嬉しく思う。

高嶺方祐先生には、学校で地域文化を教え伝える意味やその必要性について貴重なお話を聞かせ頂いた。糸洌長章先生には、郷土芸能部の活動に関わるお話だけでなく、糸洌先生ご自身がスクラップされた貴重な資料をご提供頂いた。また、糸洌先生には、八重山古典民謡をご指導頂いた。八重山独特の発音ができずなかなか上達しない筆者に、厳しくも優しく教えてくださった。筆者が石垣島に滞在中、様々な葛藤や悩みをかかえ、研究がうまくいかず悔しさから涙がこぼれそうになるとき、この方々の励ましに何度となく救われた。

そしてなによりも、筆者が長期滞在した白保地域のみなさんに御礼を申し上げたい。年中行事が多く、常に多忙な状況にもかかわらず快くインタビューに応じてくださった方々、儀礼の場に快く迎えてくださった方々、この方々の協力のお陰でフィールドワークを続けることができた。とくに、白保の集落内を案内してくださった東内原克さん・とも子さん夫妻、いつも家族のように迎え入れ、白保のご馳走をお腹いっぱい食べさせてくださった山城貞雄さん・千賀子さん夫妻、長期滞在の際には素敵な一軒家を提供してくださっただけでなく、いつも温かい居場所を与えてくださった大島淑さん・明子さん夫妻、白保村に伝わる舞踊「鷲の鳥」を丁寧に教えてくださった世持カツ子先生には、深い感謝と敬意を表したい。

韓国で修士課程を修了し、日本で博士課程に進学を希望した筆者を快く受け入れてくださった名古屋大学の服部美奈先生には大変お世話になった。筆者の抽象的で迷走しがちな議論にも熱心に耳を傾け、いつも的確なアドバイスとご指摘を頂いた。また、複数回にわたって行われた博士論文の審査会の後には、励ましのお言葉を何度もかけて頂き、感謝してもしきれない。博士論文の副査として審査を引き受けくださった名古屋大学の西野節雄先生、大谷尚先生にも心より御礼を申し上げたい。

韓国の恩師である国立ソウル大学の鄭向真先生にも御礼を述べたい。鄭先生には、修士課程修了後も、海外での研究発表の機会を幾度となく与えて頂き、多くの経験をさせて頂いた。琉球大学の大城学先生には、本書のもとになった筆者の博士論文を最も丁寧にみて頂き、多くの助言とアドバイスを頂いた。筆者の研究を誰よりも理解してくださった。大城先生からの励ましのお言葉は、心の支えとなっている。博士論文執筆後、すぐに単著として出版できたのは、國學院大學の渡邊欣雄先生のおかげである。博士論文提出後すぐに、渡邊先生より本書の刊行元である森話社をご紹介頂いた。渡邊先生には研究活動のさまざまな場面でご指導頂き、心より感謝を申し上げる。

そして、筆者の研究仲間にも御礼を述べたい。まず、院生時代からの同郷の友人である鹿児島大学の兼城糸絵さんには、論文の原稿に幾度となく目を通してもらい、たくさんの議論に付き合って頂いた。彼女には研究活動だけでなく、プライベートでも支えて頂いた。元同僚であり、良き相談相手である国立民族学博物館の川瀬慈さんには、いろいろな場面で励まされ、助けられてきた。筆者が博士論文提出の直前に父を亡くし意気消沈していたとき、ユーモア溢れる川瀬節に励まされ無事に博士論文を完成することができた。いま振り返ってみると、ここには書ききれない多くの研究仲間や友人に支えられ、恵まれた環境のなかで研究を続けることができた。本書を世に出すことができたのも、多くの方々のご支援のおかげである。この場を借りて、これまでお世話になったすべての方に御礼を申し上げたい。

なお石垣島での現地調査は、財団法人ユニベール財団研究助成事業「豊かな高齢社会の探求」（二〇〇九年度、代表・呉屋淳子、研究課題『「生きた文化」の継承者——長寿社会沖縄における高齢者が担う役割と地域の教育力」）、日本学術振興会特別研究員奨励費ＤＣ２（二〇一〇〜二〇一一年度、研究課題「現代沖縄における文化継承としての伝統音楽教育とその〈再生〉に関する研究」）、琉球大学教育学部特別教育研究・連携融合事業企画研究「二一世紀おきなわ子ども教育フォーラム」（二〇一〇年度、代表・呉屋淳子、申請型プロジェクト「学校と地域における郷土芸能の指導および取組みに関する実証的研究」）、同企画研究「二一世紀おきなわ子ども教育フォーラム」（二〇一一年度、代表・呉屋淳子、申請型プロジェクト「民俗芸能の指導とその継承へ向けた教育的実践活動の模索」）の助成を受けて実施することができた。

また本書の刊行は、日本学術振興会平成二八年度科学研究費補助金（研究成果公開促進費）の助成を受けて実現した。多くの助成に支えられて研究ができたことに深く感謝する。

本書の編集を担当してくださった森話社の西村篤さんには、大変お世話になった。筆者の博士論文を書籍としてまとめることができたのは、ひとえに西村さんをはじめとする森話社の皆様のサポートの賜物である。また、本書の装丁を快く引き受けてくださったグラフィックデザイナーの吉田勝信さんにもお世話になった。筆者のわがままな要求にも応えて頂き、お礼を申し上げたい。

最後に、先の見えない私の研究生活を何も言わずに見守り続けてくれた両親に、心から感謝を捧げたい。

二〇一七年　新春

呉屋淳子

曲目・演目名索引

人名索引

地名索引

［わ］

［アルファベット］

［ま］

［や］

[さ]

事項索引

［著者略歴］
呉屋淳子（ごや・じゅんこ）
1978年生
2007年　国立ソウル大学大学院社会科学人類学科修士課程修了
2012年　名古屋大学大学院教育発達科学研究科単位取得満期退学
2015年　博士（教育学）
専門は、教育人類学と民俗芸能研究。
現在は、山形大学教育開発連携支援センター講師。
民俗芸能を創造する「場」としての学校に着目しながら、2004年から朝鮮半島（ソウル・全羅南道）、2009年から南西諸島（八重山・沖縄・奄美）、2015年から東北（山形・宮城）を中心にフィールドワークを行っている。

主な著書および論文

「学校のなかの八重山芸能——人の移動と八重山芸能の成立過程に注目して」（『国立歴史民俗博物館研究報告』第199集、国立歴史民俗博物館編、2015年）

「오키나와현 야에야마의 3고교의 향토예능（沖縄県八重山の三高校の郷土芸能）」（『세계연극교육의 현황과 전망（世界演劇教育の現況と展望）』高麗大学韓国語文教育研究所編、民俗院、2014年）

“Tanedori” of Taketomi Island: Education of Performing Arts and Interrogational Transmission, *International Journal of Intangible Heritage*, Volume 6, The national folk museum of Korea, 2011.

「学校芸能」の民族誌——創造される八重山芸能

発行日……………………………2017年2月22日・初版第1刷発行

著者………………………………呉屋淳子

発行者……………………………大石良則

発行所……………………………株式会社森話社

〒101-0064 東京都千代田区猿楽町1-2-3

Tel 03-3292-2636

Fax 03-3292-2638

振替 00130-2-149068

印刷………………………………株式会社シナノ

製本………………………………榎本製本株式会社

ISBN 978-4-86405-109-5 C1039